空服務
服概論

高宏、安玉新、王化峰、薛兵旺
編著

崧燁文化

目 錄

前 言

　　根據多年空中乘務專業建設與人才培養的經驗與體會，我們編寫了面向空中乘務專業的學生和有志於成為空服服務人員的年輕人、旨在闡述空服服務全貌、作為專業導論的《空服服務概論》。筆者認為，高質量空服服務人才的培養需要建立在科學的培養模式、合理的課程設置和有效的教學方法的基礎上，而讓學生儘早瞭解與把握空中乘務專業概況，瞭解空服服務內容以及職業要求，建立專業與職業的整體概念，是整個培養過程中必不可少的重要環節。

　　本教材根據國際民航服務的發展趨勢，從空服服務的職業要求出發，系統地介紹了空服服務的內涵與本質，透過對空服服務的目標與思想的介紹，使學生樹立良好的服務意識，同時介紹了空服服務的內容、服務品質、服務補救、職業養成等問題，具有一定的理論前瞻性與可讀性。本書既可作為空中乘務專業的教材，也可以作為空服人員的培訓用書，還可以供有志於投身空服服務事業的人士參考閱讀。

　　目前，業內人士對空中乘務專業的認識以及空服人才的培養還處於探索階段，對空服服務的理解也不盡相同，專業的課程體系也存在差異，加之作者對專業的理解尚淺，學識水準有限，書中若有不足之處，敬請讀者批評指正。

　　編者

第一章 概述

本章導讀

空服服務作為高尚服務的標誌，代表著一個民族的文明與形象，同時特殊的技術性又決定了其職業的特徵。本章全面地闡述空服服務的概念、內涵和特點；從社會價值角度分析空服服務的性質與要求；並根據當代民航服務的發展趨勢，分析中國空服服務存在的問題及對策。透過對本章的學習，學生需要明確：空服服務是技術性、思想意識以及親和力相結合的綜合性工作，它對從業者有著很高的要求。

重點提示

1.明確空服服務的概念與內涵，加深對空服服務的理解，強化對現代空服服務的全面認識；

2.理解空服服務的核心與本質，建立空服服務的完整體系；

3.掌握空服服務的特點，瞭解空服服務的基本要求，明確職業養成的基本問題，建立職業發展的基本思路；

4.瞭解中國空服服務存在的基本問題及對策，建立責任感、使命感，明確從業者的努力方向。

案例

在華麗舒適的空客320客艙內，空姐們面帶微笑、彬彬有禮地迎接著乘客們登機。落座之後的乘客興奮不已，看完客艙內的豪華設施後，乘客們將目光轉移到空姐身上，不時地對空姐「評頭品足」。有人對空姐的外在條件進行審視，讚美其美麗的外表、高雅的氣質；有人對空姐的落落大方、親和力給予高度評價；

也有人對空姐的服務意識與水準給予點評，甚至有好些初次登機的旅客競相與空姐合影留念……從乘客們那關注的眼光和言談之間，以及對服務過程滿意程度的反應，足以看出人們對空姐與空服服務的關注程度遠遠超過服務範疇本身，空姐、空服服務無形之中成為人們對航空公司形象評價的重要標誌之一。不可迴避的是，社會各個層面對空姐關注的背後包含著對空姐以及空服服務的認識與心理定位，也體現著空服服務的服務價值和社會價值。空服服務是一個崇高的職業，同時空姐也是客戶心中美麗天使的代名詞，美麗與服務的完美結合鑄就了空服服務在公眾心中的完美形象。這些一方面增加了空服職業的誘惑力，另一方面也為空服人才的優選提供了最好的市場渲染平台，由此也必然引發我們對空服服務的思考與分析，需要對空服服務進行深刻認識與高層次的理解。

第一節 服務與空服服務

‖ 一、服務概念的解析

服務作為社會運行的基本條件，存在於社會生活的方方面面，時時刻刻滲透在人們生活的每一個角落，體現在人與人之間相互依賴的關係之中。人是以依賴或服務於他人作為基本生存方式的。在複雜的社會系統中，每個人都不是獨立存在的個體，如果沒有他人的幫助，其生活就不會完美；同樣，別人也需要你的幫助。這種人與人之間相互幫助、相互依存、互為存在條件與存在目的的關係，已經成為現代社會的本質。同時，隨著社會與經濟的進步，社會分工更加清晰，服務就成為一個行業、一種職業，推動著社會有效地運行。可以說服務無處不在、無時不在，沒有有效的服務，社會也就停止了運轉。

然而，儘管現代社會中的每一個人都無時不在享受著相互服務的快樂，但人們對服務仍然缺乏全面而深刻的認識，甚至存在著很大的偏見。人們往往將服務與交換相聯繫，與既得利益等同起來，認為服務是交換與利益實現的行為，是主體與客體的等價交換，離開了利益，服務也就不存在了。然而，當我們站在社會的高度考察服務時，不難發現：服務是社會進步的條件，如果僅以「交換」、

「求與得」來衡量服務，就無從談起對服務的滿意與否。每個人的切身經歷告訴我們，服務的內涵遠遠超過交換行為的本身，服務過程伴隨著主體與對象的深刻的內心體驗，這種體驗與服務者、需求者、服務內容、服務過程、服務環境等有著密切的關係。

（一）服務的概念

在《現代漢語詞典》中，對服務有這樣的解釋：「服」，擔任（職務）；承擔（義務或刑法）；承認；服從；使信服。「務」，事情、事務；從事、致力。「服務」就是為集體（或他人）利益或為某種事業而工作；「服務行業」就是為人服務，使人生活上得到某些方便的行業。

可見，服務包含著承擔、承認、服從，並致力於擬完成的事物。分析起來，有以下幾個要點：

①「承擔」指的是責任。就是服務者必須主動承擔應該承擔的責任，履行應盡的職責，而不能將服務視為表面現象。

②「承認」就是從心裡承諾，是一種「欣然接受」，是一種志願的積極行為。

③「服從」就是定位服務中服務者與被服務者的關係，服務過程必須服從需求者的願望與要求，將自己定位在他人意志的實現者的角色。

④「致力」就是想盡辦法將服務做得盡善盡美，要發揮自己的主觀能動性，主動思考，要善於駕馭服務的過程。

可見，服務是以滿足他人利益為目標的心理與行為相互統一的一項工作。離開了心理的欣然接受，服務就是一種形式；離開了服務的具體行為，服務就徒有虛名。所謂服務，既表現在喜悅的心情、熱情的態度，也要透過具體的服務內容表現出服務的意圖與態度。

服務的範圍大到社會服務，小到個體之間的服務。為了明確研究範圍，本教材所分析的服務將限定在企業範圍內。

從企業角度看，服務是以企業經營目標為導向，基於企業精神、傳遞關懷與工作情感，在一定的規範與標準約束下的綜合性活動，是在一定的環境和條件下，透過服務者的活動來滿足服務對象需求的系統性行為。

服務是企業行為，就必然存在明顯的目的性，邏輯上就是透過服務活動讓服務對象獲得滿意的心理體驗（物質與精神上的），並透過服務對象的滿意來為企業獲得近期與長遠的利益（傳播企業信譽，穩定與擴大服務對象群體）。

之所以說服務基於一種企業精神，本質上說明：服務伴隨著服務主體（服務的提供者：提供服務的組織，服務人員只是服務的實施者）對服務對象（服務的需求者）所表現出來的企業精神，服務對象接受服務過程以及延續的內心體驗，因此服務內容是暫時的，而服務精神是永恆的。當服務傳遞著一種友愛、關懷、理解的時候，服務的內容與過程便成為傳遞這些精神的載體，當一種精神滲透在服務內容與服務過程時，服務就成為一種人與人之間交流與互動的快樂體驗，從而體現出了「世間必有真情在，留下愛心照人間」。離開了精神，服務就成為一種機械行為。服務客體（服務內容與過程）是滿足人們需求的途徑，它只是實施服務的形式，而不是服務的全部，當服務主體將一種服務精神滲透到服務內容以及服務過程中時，服務就成為享受，就具有人性的關懷，體現出服務的人性化。

從精神角度理解服務，是與同樣的服務過程給人以不同體驗相聯繫的，也是不同服務主體的本質差別所在。我們知道技術層面的服務，如內容和程序可以透過規範來確定，而為了提高服務品質，這些規範可謂是「盡善盡美」、「完善備至」，但服務實施後給消費者的體驗卻差異甚大，甚至是兩極分化，其根本原因在於支撐服務行為的精神本身以及精神在服務過程中體現出的差異，亦即不同服務宗旨、服務理念的差異導致服務品質與顧客滿意程度的差異。因此，服務不是簡單的行為，而是一種以意識、精神、文化為依託的行為。

案例

二次世界大戰結束後，有一個知名的生產燃煤取暖爐的企業，他們的產品在市場上銷售得非常好，但是其燃煤排渣系統和排煙系統還存在質量問題。有一對老夫妻購買該產品後，由於其嚴重的質量缺陷，造成老夫妻經常處於「煙霧繚

繞」的空間中，雪白的牆壁全部變黑，而且燃燒的排渣將全新的地毯燒出兩個大洞。老夫妻按照產品說明向生產廠家提出產品質量問題的投訴，廠家領導接到投訴，按照公司產品質量保障協議計算，誰都知道這將是一個不小的賠償數字，沒有人敢去面對損失的處理和客戶憤怒的責難。萬般無奈之下，一個年輕的銷售員主動承擔了這個責任。在去之前他已經做好了接受指責的準備，心裡裝滿了歉意和賠償全部損失的誠意。他來到老夫婦家中，看到自己公司產品造成的「黑色世界」，他一再向客戶表示道歉和處理的誠意，提出不僅要賠償夫婦的全部直接經濟損失，而且為了公司的社會形象，再額外給予客戶一些經濟補償。萬萬沒有想到的是，老夫婦聽到年輕人的道歉、看到他的誠意後，主動提出：他們已經退休，房子可以自己粉刷，公司只需提供塗料即可；地毯的洞也不需要補上，只要求公司按照兩個洞位置的大小給予一塊地毯墊上掩蓋即可；至於爐子問題他們只要求公司給修理一下即可。複雜的問題在服務中化解了，也溶解了冰冷的心。

進一步理解，我們還可以看到：服務是系統活動的綜合。服務是技術性、規範性的過程與服務宗旨、理念的完美結合，也就是服務主體以服務的宗旨、理念、目標為基本出發點，透過方案設計形成服務方案，並透過服務過程將其傳遞給消費者，讓消費者的需求得到滿足的過程。另外，服務是在一定的環境與條件下實現的，包括服務環境、氛圍、服務文化、服務設施等都影響著服務品質，服務與服務環境的營造與結合是服務本身的重要內容。

從英文原意看，服務的英文表達為SERVICE，其每個字母都表達著服務的基本要求和豐富的內涵：

S——Smile（微笑）：其含義是服務員應該對每一位旅客提供微笑服務，所以微笑服務是服務的第一要素，也是最基本的服務要求。

E——Excellent（出色）：其含義是服務員應將每一個服務程序，每一個微小細節做得更加完美，服務工作才能做得更出色。

R——Ready（準備好）：其含義是服務員應該隨時準備好為旅客服務，需要具有主動的、超前的服務意識。

V——Viewing（看待）：其含義是服務員應該將每一位旅客看做是需要提供

優質服務的貴賓，尊重旅客的價值。

I——Inviting（邀請）：其含義是服務員在每一次服務結束時，都應該顯示出誠意和敬意，主動邀請旅客再次光臨。

C——Creating（創造）：其含義是每一位服務員應該想方設法精心創造出使旅客能享受其熱情服務的氛圍。

E——Eye（眼光）：其含義是每一位服務員始終應該以熱情友好的眼光關注旅客，適應旅客心理，預測旅客要求，即時提供有效的服務，透過與服務對象的互動過程，使旅客時刻感受到服務員的關心與愛心。

上述對服務綜合性、系統性的描述，充分反映出了服務工作所承擔的責任和完成服務過程應該具備的基本要素。

（二）服務概念延伸

上述對服務的認識是基於服務主體、客體、服務內容的聯繫展開的，是對服務的基本認識。從企業的層面看，企業的發展是建立在消費者利益滿足的前提下的，離開了顧客利益的滿足，企業長遠目標的實現就成為無源之水，無本之木。現代企業組織，利益最大化是經營行為的基本動力和追求的目標，但實現利益最大化不是企業單方面行為所能決定的，特別是面對市場競爭，讓消費者滿意是企業生存與發展的根本所在，這在本質上決定了消費者的需求導向在企業行為中的核心作用。服務作為企業與消費者直接接觸的陣地，所引發的思考必然超越服務本身，並透過對服務概念的延伸尋找架構服務體系的基本思路。這裡有以下幾個方面需要我們思考：

1.企業服務的宗旨、觀念來源於對顧客在企業經營中角色的認知程度

我們不妨從一個極端的實例說起。在某機場的某航空公司的值機櫃台前，曾出現過這樣一幕：由於天氣原因，某航空公司的班機改變航班著陸機場，臨時在某機場降落，等待天氣允許時繼續飛往目的地。乘客等待了近四個小時。這期間，該機場和該航空公司工作人員沒有採取任何措施來安撫等待的乘客，甚至在乘客為了維護自己的利益與該公司值機人員交涉時，工作人員態度怠慢，出言不

遜，致使乘客與航空公司的值機人員發生嚴重的衝突，造成機場一度秩序混亂，最後在保安人員的干預下事態得以平息。氣憤的乘客揚言：讓所有他認識的人不再乘坐該航空公司的航班，而工作人員毫不示弱地說：「缺了你們幾個乘客我們公司照樣運行！」是呀，問題暫時解決了，但帶來的影響卻遠遠沒有完結。我們無法評估這一事件對航空公司的影響有多大，但有一點是肯定的：怠慢消費者，就意味著失去了信譽，損害了自己的形象。其實，引申出來的問題是：消費者價值問題以及企業對消費者價值的認知，是企業決定消費者的行為，還是消費者決定企業的命運？如果從交換的角度看，企業提供的服務應等價於消費者的付費，兌現了基本服務內容，服務就完結了，不必考慮消費者如何思考，企業自主決定為消費者提供什麼樣的服務，也就決定了消費者的滿意程度。而換位到消費者的角度，當消費者面臨多種選擇時，消費者不是「任人宰割」的對象，而是主宰消費行為的「上帝」，只有在接受服務消費的過程中留下深刻的心理體驗，企業的形象才能駐留在消費者的心裡，也才能喚起消費者的重複消費行為和信譽的傳播。因此，企業必須以消費者為導向，充分地認知「上帝」的決定地位，全面樹立為消費者服務的理念，重視消費者的價值，把「全心全意為顧客服務」落實到服務過程的每一個細節，才能真正體現出「上帝」應有的待遇。

案例

只有一個旅客的航班——服務無代價

一架從日本飛往英國倫敦的航班，因故不能起飛，航空公司決定說服乘客改簽其他航班前往倫敦。除一位日本婦女外，其餘乘客順利改簽，搭乘其他航班前往倫敦。只有這位日本乘客，堅持一定要乘坐英航的班機飛往倫敦。機組人員將情況向公司總部作了匯報，很快公司作出決定：從公司總部調飛機前往日本，接這位日本乘客前往倫敦！幾個小時後，只有一名乘客的航班從日本起飛，飛往英國倫敦。第二天，在倫敦的報紙上刊登了有關「只有一名乘客的航班」的消息。大家都為英航不惜成本為旅客服務的舉動所感動，也有很多人百思不解。其實，道理很簡單，失去的可以計算的經濟損失換來了無價的信譽，傳播了英航的服務理念。「服務無代價」感染了無數的乘客，也贏得了市場。

2.服務精神是服務的靈魂，貫穿服務的全過程，決定著服務品質

服務過程是由人來完成的，而人的行為源自於人的精神支撐。服務精神是基於人類的道德和良知，以及企業的社會責任與宗旨，全身心地為他人和社會服務的一種奉獻精神。企業有了服務精神，服務就會系統全面，就會認知顧客的價值，將顧客奉為上帝；服務人員領悟了服務精神，服務就會主動認真，就會體現出關懷與喜悅，就會堅持不懈。否則，表情木訥、機械呆板，何談高雅服務呢？服務精神從根本上決定著服務過程與服務品質，有什麼樣的服務精神，就有什麼樣的服務品質。

在比較空服服務人員服務差異的時候，最大的感受就是空服服務是基於心的服務，感覺親切貼心，服務熱情發自內心，服務傳遞的是一種親情；而有些空服服務是基於服務規範的機械式服務，缺乏感情的自然流露，只是形式上的工作表現。服務人員作為企業服務精神的傳遞者，其服務行為的方方面面，各個細節都無時無刻不在體現著企業的精神；同時，從企業發展的利益出發，企業的精神本身又要求服務人員必須以企業精神為行為的導向與制約，要求每一個服務人員將自己的思想行為統一到企業的精神上。如果我們將服務過程體現出來的東西比喻成「神」的話，服務過程中技術操作就是表現出來的「情」，「情」來源於「神」，「神」、「情」一致就是完美的服務。

3.服務是集職業強制要求與個性理解一體化的行為

服務者對服務的理解與在服務過程中的態度決定著服務品質。如果每一個服務人員僅僅按照服務的規範與要求完成服務的過程，那麼服務就失去了個性的魅力，也就失去了生命力。恰恰是服務者的個性魅力和服務藝術的差異，才使服務充滿了活力與激情。儘管職業要求與服務規範成為一個基本準則，但服務者的個體差異是客觀存在的。從企業的行為來看，遵守基本的規範與制度是對每個服務人員的基本要求；而從事服務的人員也是普通的人，每個人都有自己的興趣愛好、個性和價值。通常情況下，服務過程必然顯現出個性化痕跡，服務個體的人格魅力決定了服務的風格。這就表明：服務是個體服務的集合，個體服務決定服務的整體水準。服務的目的性決定著服務者必須擁有「服務型」的個性，特殊個

體與職業個性的相融合決定著服務滿意度。減少心理、情緒、個性在服務過程的隨機影響，需要服務者用正確的基本理念、堅定不移的信念支配自己的行動。

需要強調的是，服務是細緻入微的工作，是一種付出。服務人員不是要張揚自己的個性，而是要透過個性來展示服務的魅力。所以，對服務者的性格、心理、意志品質等綜合素質有著很高的要求。

4.服務是一種無限追求的過程，優質的服務是無止境的

服務作為一種過程產品，給顧客帶來的是一種心理體驗，這種體驗的心理強度無法用定量的方式衡量。不同的服務過程給顧客帶來的體驗是不同的，即使是同樣的服務，不同顧客的心理體驗也不盡相同，這是由人（包括服務主體與服務對象）的複雜心理過程所決定的。服務所追求的境界是讓消費者滿意，而服務是否能得到滿意的評價，取決於服務者服務心理與服務技能、服務對象、服務環境等多種因素。滿意的服務是就特定環境下、特定的服務主體、客體與對象而言的，是一個動態的過程，沒有絕對標準可言；消費者需求的無限性、可變性和延伸性特徵，消費者期望值、消費時的心理狀態必然影響其對服務滿意度的評價；同時，時代賦予服務的含義也在不斷地變化，特別是對精神文化方面的要求愈來愈高。因此，優質服務是人們追求與渴望的一種境界，是一種不斷攀升的追求目標，是服務品質時空上的延伸，也是服務主體永恆的主題和不斷進步的永恆動力。只有不斷追求與探索，才能達到服務的更高境界。

5.服務是有生命的，是在心靈支配下的主動行為，它傳遞著愛心、真誠與喜悅

服務出發於人而且受益於人，必然承載著生命的主體對其他生命的尊重和重視。在新航的航班上，面對一個蹲式服務的空姐，旅客問道：「你不覺得累嗎？」她的回答很讓人感動。她說：「我在為我的親人服務，不會覺得累呀！」其實，在新航夜航的航班上，時刻可以見到空姐的影子，她們不停地工作著，能不累嗎！但她們把服務與傳遞親情聯繫在一起，透過服務方式來表達對乘客的尊敬，這樣的服務才是有生命力的，服務成為傳遞生命訊息的紐帶，服務成為高尚的心靈的互動行為。同樣的一件事，用不同的心態去對待；同樣的問題，用不同

的心理去理解，其結果必然不同，帶給人們的內心體驗也有很大差異。

其實，服務過程僅僅是一種形式表達，它所包含的是傳遞企業的服務宗旨、企業的信譽，企業的產品質量、企業的品質以及企業文化與信念。當服務形式之中滲透著一種精神，服務就進入了一種偉大的境界，服務成為一種傳遞愛的手段，它會使人體會到一種喜悅，感激之情油然而生，也恰恰是在簡單的服務過程中，滲透著生命的真諦。企業的精神鑄造了服務者的靈魂，在服務者為服務對象付出的時候，每一個細節中，一個程序、一項內容、細微的動作，服務者內心的感受無時無刻不體現在服務之中，閃現著生命的熱情，傳遞著心靈的互動。此時，服務就昇華到一種心理體驗，就是一種享受。

6.良好的服務需要良好的服務系統的支持

服務是企業的行為，而不是簡單的個體行為。企業提供給消費者的不僅僅是孤立的服務過程，而是一個服務的整體，只要與服務相關的任何因素都會影響消費者對服務的體驗，消費者會從企業的整體來全面地評價企業的服務。比如，消費者經常會對某服務人員說：「你的服務無可挑剔，但我們對你們的單位不滿意！」這就是說，消費者對企業的整體評價遠遠超過服務者的服務本身，這也就說明，服務者試圖為消費者提供的各項優質服務活動，需要與服務過程相關因素的密切配合。在服務的現實中，有多少這樣的情景使人遺憾：愉快的服務過程因一句話、一個細節或者一個細微的動作而使接近完美的服務付諸東流。因此，服務是一個整體，是一個系統，不僅需要系統性設計，更需要全部員工的真心投入。

（三）服務的層次

隨著社會的不斷進步，服務的層次在不斷地提高，將服務定位在不同的層次上，服務所達到的水準必然不同。只有高層次的服務定位，才能使服務建立在高標準之上，才能使服務達到更高的境界。服務的層次理論，描述了服務的層次體系，它是一種不斷攀升的過程。

1.用利服務（底層）

就是將服務作為取得利益的一種工具，表現為利益追求的明確性。比如，有些企業十分浮躁、急功近利、目光短淺，甚至見利忘義，對企業行為的不良影響視而不見，對企業的長期利益無所顧忌。搞「一錘子買賣」，利潤至上、急功近利，是企業不能做大做長，行業不能做強的主要原因。這種服務是在眼前利益驅使下的「低劣服務」。

2.用力服務（次底層）

就是在服務過程中著力於企業自身的主導作用，表現為強調自己獨立行為，服務過程過於生硬，缺乏柔性，缺乏對服務對象的考慮。比如，在服務業普遍存在的現象就是把服務當成一種簡單的、程序化的過程，而不顧及消費者的需求心理，過分地依賴制度的作用，忽略消費者的價值。經常聽到的一句話就是：「對不起，這是我們的規定，我無法滿足你的要求！」制度是必要的，但任何制度必須有利於服務，使服務盡展其內在的魅力。目前，相當多的服務企業仍停留在這個層面，這種服務屬於「消極的服務」。

3.用心服務（優質服務）

就是把細微、細緻、細心服務作為服務理念，把服務看做心愛的高尚事業，把消費者當成心愛的值得付出的「人」，與消費者貼心，讓消費者舒心，最後達到價值雙贏。這種服務屬於「優質服務」。

4.用情服務（卓越的服務）

就是用情感打開消費者的心靈之門，服務者情有所動，服務過程以情動人，服務細節與情感相呼應。只有真情投入，為旅客提供體貼入微的服務，才能以真誠贏得旅客的信任，樹立企業良好的形象。這種服務屬於「卓越的服務」。

5.用智服務（至高無上的服務）

就是集智慧之力於服務過程，將服務置於思考之後，主動的、超前的、預見性的服務。智慧是企業經營的靈魂，也是服務的靈魂，它體現著服務文化與藝術，標誌著企業對服務問題的駕馭達到了一定的境界。這種服務叫「至高無上的服務」，是最高層面的服務。

訊息卡

對至高無上服務的追求

原始社會，人們無服務而言，只是在偶爾的交流中閃現出服務的火花，但那不是主動的意識，也就無所謂對服務境界的追求；商品交換產生後，服務更多地體現出利益的驅動；進入工業化社會，服務成為一種發展的手段；進入現代社會，服務成為競爭與實現企業價值的不可替代的有力武器，對服務境界的追求，體現著不同企業的不同發展思路，而對不同服務境界的追求，從根本上決定著企業在行業中的地位。空中服務是服務發展軌跡忠實的記錄者，也是服務本身最好的見證。從國外知名的航空公司（如德國漢莎航空公司、新加坡航空公司），到中國國內的品牌的服務小組（如廈門航空等），都體現著航空服務對至高無上的服務境界的無限探索。隨著社會的進步，行業的發展和乘客需求的變化，可以預見：對至高無上服務的追求，將是航空服務發展的根本選擇。

二、空服服務概念的解析

對空服服務最樸素的理解是基於對服務基本概念的理解而言的，認為空服服務也是一種服務，不過它是一種特殊的服務，或者說是一種特殊行業的服務。但空服服務作為服務行業的標誌，與其他服務行業相比，其服務環境（服務場所）、服務內容與服務對象的特殊性，隱藏著空服服務追求至高無上服務境界的祕密，揭示了空服服務的整體概念。

（一）空服服務的概念

從狹義角度看，空服服務是按照民航服務的內容、規範要求，以滿足乘客需求為目標，為航班乘客提供服務的過程。對空服服務的這種理解，強調空中乘務是一個規範性的服務職業，體現了空服服務作為服務行業的基本特徵。但很明顯，狹義的理解無法涵蓋空服服務的全貌與本質，更無法體現空服服務至高無上的境界。

從廣義角度看，空服服務是以客艙為服務場所，以個人的影響力與展示性為

特徵，將有形的技術服務與無形的情感傳遞融為一體的綜合性活動。這種理解，既強調了空服服務的技術性，又強調了空服服務過程中所不可缺少的情感表達；而對空服服務人員的個人素質與外在形象的特殊要求，以及在服務過程中所表現的親和力與個人魅力，也包含在服務的內容之中。

廣義的空服服務強調：第一，服務過程的完美性。完美即是無缺陷、無可挑剔、無懈可擊的境界。完美必然包括服務與環境的和諧、服務與內容的和諧、服務與人的和諧。在空服服務發展過程中，航空公司不斷地追求著文化理念、服務細節、親情傳遞的完美結合，創造著嶄新的服務境界。第二，服務過程的溫馨備至。溫馨即輕鬆、自然、親切、溫暖與快樂，核心是服務人員將自己的心境完全融合到服務過程中，融合到乘客的情緒之中，心隨乘客心而動，以暫時的自我「丟失」換來乘客的喜悅，以充分的個人展示換取乘客「忘我」的體驗。第三，服務個人魅力的必要性。溫馨的服務氛圍是透過服務者的個人魅力與高超的服務藝術創造出來的。人是服務過程的核心因素，空服服務人員的個性影響力與展示性成為空服服務不可或缺的重要因素。儘管我們不能過多強調空服服務人員外在特徵的重要性，但離開了空服服務人員良好的外在條件，至少可以說缺乏了空服服務的「靈氣」。我們讚譽航空公司的服務，空姐的良好形象是不可缺少的要素之一，空姐的美麗與高雅，在一定程度上代表著航空公司的形象，也是樹立公司品牌的有力武器。

空服服務是個完美的過程，服務的過程除了提供必要的規範的服務之外，它傳遞著一種精神、傳承著一種文化、代表著一個民族的基本特徵。因此，對從業者有著很高的要求，包括文化素質、修養程度、意志品質、技藝水準、機智靈敏和持之以恆精神。

當然，我們在認識空服服務的時候不能脫離服務的本質，因此，我們時刻要銘記空服服務是一種平凡的工作，空服人員是普通的人。

心理學的研究結果顯示：人的心理活動首先來自於外部環境訊息對視覺的影響，外部環境的第一訊息尤為重要，當人展示出自己身上的魅力後，其以後的活動就都具有魅力，亦即稱為「首因效應」，其決定著人的心理活動與情緒變化。

魅力與人的外貌、氣質息息相關。從心理學角度來說，魅力具有感染力，它對服務品質與服務境界具有一種潛移默化的作用，將個性魅力、服務環境與服務內容完美地結合起來，便形成了服務的個性。所以塑造個性魅力，應該是一個優秀空中乘務人員不懈的追求。

訊息卡

「空姐」的來歷

「空姐」是「空中小姐」的簡稱，而「空中小姐」最早出現於1930年5月。早在1914年2月，世界歷史就有了首次航班。1919年6月12日至15日，出現了第一次國際飛行。自1919年8月25日起，定期國際航班開始通航。但在長達2年的時間裡，飛機上的乘客一直是副駕駛員負責照顧的。

1930年5月，美國波音公司駐舊金山董事史蒂夫‧斯邁柏森有一天去一家醫院看朋友，隨後同該醫院護士埃倫‧丘奇小姐聊起天來。埃倫好奇地向他詢問飛機上的有關情況，他卻遺憾地表示：由於旅客對飛機的性能不瞭解，為安全起見，他們喜歡坐火車而不願意坐飛機，即使飛機上的乘客不多，也是什麼樣的人都有，需要各種服務，副駕駛員一個人實在忙不過來。埃倫不由得想起她所照料的那些病人，便脫口而出：「你們怎麼不用一些女空服員來從事這些服務呢？根據姑娘們的天性，是可以改變這一現狀的。」「對！」史蒂夫恍然大悟，驚喜地叫了一聲，連連拍手稱妙。隨後，史蒂夫給波音公司主席的年輕助手帕特發了一封電報，提議招一些聰明漂亮的姑娘充當機上服務員，還給她們起了個美名——「空中小姐」。

公司主席很快便採納了史蒂夫的意見，還授權他先招8位姑娘，建立一個服務機組。史蒂夫高興地將這一消息告訴了埃倫小姐，埃倫又高興地將這一消息轉告給了其他的護士。於是，不到十天，埃倫和另外7位護士就登上了民航飛機，並於5月15日在舊金山至芝加哥的航線上飛行，從而成為全世界第一批「空中小姐」。

其他航空公司見波音公司「新招見奇效」，無不競相效仿，也開始大選「空中小姐」。這一做法很快風行世界各地，「空姐」也便迅速發展為全球性的新興

職業。

（二）空服服務含義延伸的解析

說空服服務是一種普通而平凡的工作，是因為空服服務盡顯服務的本質；說空服服務特殊，是因為空服服務恰恰是服務本質與服務外延的完美結合。空服服務的外延既源自於內涵，又超越於內涵之上；既體現著內涵，又擴展了其意境。空服服務的神祕、高雅、清新等「至高無上」的光環，也恰恰體現在空服服務的特質以及服務本身外延性所體現的意境中，也決定著空服職業定位與職業發展的趨勢。

1.空服服務是傳播理念、傳遞愛心、表現耐心、奉獻真心的過程

第一，空服服務過程是航空公司服務於乘客的重要組成部分，它代表著航空公司對乘客的態度及公司的服務理念，實施著公司乘客服務的整體設計方案。從空服服務的過程與空服服務人員的表現，可以窺見航空公司對乘客的態度與服務宗旨。

第二，傳遞愛心是空服服務的一種境界，是空服服務活的靈魂。愛就是對對方的敬仰之情，對對方無微不至的關懷，願意為對方付出。空服服務中，空服服務人員與乘客的接觸具有持續性，面對個別交流多，沒有愛心就無法體現出關懷。服務人員需要透過一個舒展的動作、深情的眼神、友善的面孔、親切的微笑、細微的服務來體現愛心。空服服務需要愛心，這也是飛行中乘客所處的狀態所決定的。

第三，表現耐心體現出空服服務的另一方面，即空服服務是個艱苦的工作，需要面對複雜的乘客群體，需要具有耐心和堅定的意志。很多業內人士都認為，一個成熟的服務人員，耐心與堅定的意志是決定職業生涯的關鍵因素。美麗的光環背後，其實是踏踏實實、普普通通的工作，即使在任何不利的環境下，必須無條件地堅持，必須有足夠的耐心。

第四，奉獻真心就是「以心換心」，「精誠所至，金石為開」就是空服服務面對乘客時最好的心理寫照。真心才能帶來真實、熱情的情緒，真心才能讓乘客

體驗到「賓至如歸」的感覺，真心才會引發心靈的交流，一切可能的障礙與誤解隨之消失。真心才是消除一切障礙的有力武器。

2.空服服務必須協調各種有利因素，確保航班安全

安全是民航的生命線，飛機安全的重要程度遠遠超過其他運輸工具，沒有安全就沒有飛行。空服服務的各項活動都是在動態的服務時空環境下展開的，飛行狀態（包括飛行前的準備狀態與著陸）、飛行技術、飛行環境的複雜性（空域條件和客艙環境）決定了飛機在執行航班任務時一直處於非確定狀態，而作為航班任務的執行者，機組人員必須在任何情況下，把飛行安全放在首位，空服人員必須具備強烈的安全意識和獻身精神，並具備熟練處置各種危機情況的技巧，確保飛行安全。

3.空服服務具有明顯的國際化特徵

民航是國際化程度較高的行業，國際民航組織與國際聯盟在民航的技術、服務規範等方面均具有國際化的標準與基本準則；同時，各國領空的開放，航班的國際交叉越來越多，交流的機會更加頻繁，各國的空服服務均滲透著文化的痕跡，反映著不同航空公司的服務理念，也就形成了不同服務的風格與服務模式。同時，國際化推動了各國空服服務水準的提高，在空服服務的共同目標和服務規範下，各國民航不斷吸收他國空服服務的優點，推出個性化服務，建立了適合本民族特點的服務模式。如國內航空公司與國外航空公司空服服務人員的交流制度就體現了國際化的趨勢。

4.空服服務展示著一個民族的品質

一個民族在長期的發展中，沉澱了自己的文化與傳統——民族的特徵，這些正是其屹立於世界民族之林的寶貴財富。空服服務作為重要的展示窗口，一方面，透過具有民族特色的服務向各國人民展現其民族特徵，不同的國家人文環境與服務理念的差異，使其服務更具民族性；另一方面，各國人民也是透過空服的窗口，來瞭解一個民族的文化與傳統，認識一個民族的素質、修養、文化與觀念，形成對一個民族特質、素質等整體形象的認識。因此，民族性是每個航空公司空服服務的最大特點。大韓航空公司的空中乘務反映了大韓民族的細膩、溫

馨、內斂、含蓄；新加坡航空公司空中乘務反映了其嚴謹科學的服務追求；德國漢莎航空公司的空中乘務具有浪漫輕鬆的服務氛圍等，均具有鮮明的民族個性。

民族性是空服服務的外延特徵，既超出於服務範圍之外，又體現在空服服務之中，是其職業特點所賦予的基本屬性。與其說空服服務是個服務性工作，倒不如說它是一項展示性工作，是各個國家展示民族魅力的舞臺。空服服務不僅代表著航空公司的形象，更代表著一個民族的整體形象，在小小客艙內，在有限的服務時間內，一個民族的素質盡顯無遺。因此，對空服服務提出更高的要求，對空服人員寄予更多的期望，甚至過於挑剔是情理之中的事情。可以說，這是國家的需要、民族的需要，也是社會的需要。作為空服服務人員，不能隨心所欲地以個人的意志為轉移，必須具有民族的使命感與責任感，在展現個人魅力的同時，從大局著想，不斷完善自己，在自己的行為中凝聚民族的優點。

案例

日航空姐的魅力

1954年2月，日本航空公司開闢了它的第一條國際航線，即從東京至美國舊金山的航線。當時的日航是一家小型航空公司，和美國的泛美航空公司、西北航空公司等大型航空公司相比，日航很難在這條航線上與它們競爭，因為當時國際民航協會規定，各家航空公司的國際航線的票價必須一律按接近統一的價格收費，絕不能公開以低廉的票價作為推銷手段，那麼日航成本較低的優勢無法得以發揮。這樣，規模較大的航空公司，就有能力競相採用最新的機種，並在航線和班次方面以多取勝。

鑑於這種情況，日航覺得在廣告宣傳方面，必須體現出日航獨有的特色，才能在與各大航空公司的競爭中立於不敗之地。於是他們把目光放在了航班的服務上面。當時，各家航空公司的廣告幾乎都無一例外地宣傳自己「有珍饈美酒款待，有精緻點心供應，有腿部可伸屈自如的寬敞座位，有殷勤周到侍應的空中小姐」。日航的廣告代理商——日本BKI公司的策劃人員經過周密的調查和分析後發現了一個看似不相關的祕密：那就是世界各國的人士，都普遍認為日本的女性最具有柔順和體貼的美德。不管這個看法到底正確與否，BKI公司的策劃人員立

即想到這是一個可以利用的宣傳資本。因為無論是美酒還是點心或者機艙設備，都是很容易模仿的，但是日本小姐在人們心目中的這種獨特魅力卻是誰也學不會、拿不走的。

因此，BKI公司形成了一個構想：將日本女性的這些獨特優點，與日航空中小姐的服務聯繫起來，讓空中小姐體現出人們心目中完美的日本女性形象，一定能形成日航的獨特之處，使得日航的服務具有與眾不同的競爭力。這個構想很快得到了日航的認同和採納。身穿和服的日本空中小姐在機艙內待應旅客的優雅形象，立即在世界各大都市的各大傳播媒體上出現。BKI公司更趁勢宣揚廣告裡的空姐中藏有所謂「由美的祕密」及「道子的魅力」等傳奇式的故事。結果這些廣告手法吸引了許多外國旅客搭乘日航的航班，想看看「由美」和「道子」這兩位身穿和服的空中小姐的真面目，享受一下日本女性優雅柔順的款待。

緊接著，日航的廣告又對身穿和服的空中小姐形象不斷加以完善。他們描繪道：「她們深諳款客藝術——相信比任何人更精於此道——因為她們曾受到日本傳統的熏陶。」廣告中還提道：「她們所表現的，是日本的特殊禮儀教育，亦是1200餘年來，殷勤款客的一種生活習慣。」

時隔不久，日航決定將這一取得初步成功的形象再進一步完善，並打算將其設計製作成為一個有連貫性和系統性的可愛又動人的服務形象。經過改進後的日航空中小姐形象仍是一位身穿和服的日本女性，模樣甜美可愛，笑容溫馨動人，待客的姿態儀表十分優雅別緻。日航公司隨後將這個形象在世界各地的各種傳媒中不斷加以強化和宣傳，後來人們常常見到的便是這麼一組畫面：在提供飲料時，這位日本空中小姐笑意盈盈，雙手托盤奉茶；在指導旅客使用筷子時，她的動作和表情溫柔可親；在回答旅客詢問時，她注目微笑，纖手半掩櫻唇低聲答問；在斟酒分菜時，她十分細心。這些宣傳手法都充分展現了日本女性的柔美溫情，從而深深地打動了消費者的心。

自1955年日航和它的廣告代理商BKI採用這種服務形象以來，迄今已有50多年的歷史了。其廣告始終只在這一重點內尋求變化。在世界各地報紙、電視、雜誌、海報、路牌等任何一種媒體的畫面上，都一律採用這樣的服務形象。這種有

計劃、有系統的廣告宣傳手法，使這個形象深深地印入各國消費者的腦海中，造成了很廣的知名度和良好的市場效果。由於日航的業務很快擴大，不斷增闢新航線，換用最新機種，再配合上這麼一個可愛又動人的服務形象，日航在國際民航協會104家會員公司中的地位直線上升。

點評：

（1）每次遇到乘坐過日航班機的朋友，談到對日航的感受時，一般都能聽到這樣的讚歎：「哇！日航的服務真好！」看來，日航的服務已經成了優質民航服務的代名詞。這就給我們一個啟示，一般的商品需要創品牌，服務業則更要創品牌。因為服務是一種「軟」商品，具有模糊和不可比的性質，消費者一旦接受了這種品牌，會比對「硬」商品的品牌更加忠誠。

（2）不過看了這個案例的讀者請不要產生誤會，認為日航的成功是靠廣告宣傳出來的，如果這樣想就有些本末倒置了。因為一個企業的成功絕對是靠過硬的管理、正確的經營理念和優質的服務達到的。可以想像，如果日航的服務非常一般，空中小姐也沒有體現出廣告中宣揚的那種魅力，旅客們在大呼上當之餘，一定不會再來追尋什麼「由美」和「道子」的魅力了。

5.空服服務更強調服務人員的綜合素質

空服服務是個既簡單又複雜的工作。說其簡單，是因為服務過程有明確的規範；說其複雜，是因為服務過程存在著諸多變數，而且這些變數會導致無法預知的結果。比如，多種因素可能導致一名乘客出現不滿情緒。這種不滿情緒，在地面的各種服務中不至於產生多麼嚴重的後果，但在空中這樣特殊的環境下，可能導致始料不及的結果，這就需要空中乘務人員去有效地控制。因此，要保證航班正常、順利進行，需要空服人員具備良好的綜合素質以及靈活機警的應變能力，對客艙狀況有良好的把握。

因此，在選擇空服服務人員時，要注重外在條件與內在的結合。美麗的外貌是展現人的第一要素，是首因，是必要的，對人的心理活動有著深刻的影響力，但不是決定性的。但是如果僅有漂亮的外表，而缺乏內在修養，漂亮就沒有了生命力，會因為視覺疲勞和內在修養的欠缺而很快消失在人們的注意力之外。因

此，空服人員要內外兼修，實現內在美與外在美的和諧統一，保持長久的魅力，充分體現空服服務的價值。

訊息卡

中國空姐誕生

中國首批「空姐」是1955年底，中國民航局在全北京市各個中學裡，祕密精挑細選招收的，共計16名。加上原來從軍隊復員到民航的兩名女戰士張素梅和寇秀蓉，共計18人，後被戲稱為新中國第一代空中十八姐妹。當時，「空姐」是神祕、莊嚴的象徵。由於飛機性能落後，空姐的工作十分艱苦，做好服務是一種政治任務。從一種可望而不可即的威嚴職業，到今天空服服務人員的大眾化，人們對空服服務人員職業形象的定位發生了深刻變化。

6.空服服務是簡單服務細節在高品味目標下的昇華

無論服務的目標如何定位，實現服務目標都離不開服務的細微工作，因為，最讓乘客心動的是服務細節中體現的無微不至的關懷。如果說空服服務與普通服務存在著差異的話，那麼，在空服服務高品味目標下，空服服務的每一細節，如體貼入微的關懷、親切的笑容、優雅的動作等，都傳遞著服務人員對乘客的體貼，傳遞著一種精神，細微之中體現著空服服務的品味。

7.空服服務是一種職業

職業性是從技術層面上對空服服務屬性的確認。任何職業都具職業要求、職業規範、職業生涯設計、職業道德的明確界定，客觀上存在著不同職業之間的差異。我們說空服服務是一種職業，恰恰說明空服服務有明確的職業特性。首先，空服服務的技術性明確，就是說在服務過程中有嚴格的技術要求，如客艙內應急設備的使用，突發事件的處理，服務的技術程序；其次，服務過程具有明確的要求與規範，強調保障安全的核心任務；再次，對職業道德、從業資格有明確的要求；同時，職業生涯設計也有明確的預期。這裡需要特別強調的是，在國際上，空服服務業普遍都被認定為特殊職業，認為它是在特殊的工作環境中付出特殊勞動的職業，也恰恰如此，空服服務人員得到了較高的工作報酬，得到了社會的尊

重。

　　總之，空服服務是一個崇高的事業，它代表的不僅僅是一個航空公司的形象，更代表了一個民族的風範，體現著一個國家的文明程度，承傳著文明與精神。

第二節 空服服務的核心問題與本質

‖ 一、空服服務與一般服務的差異

　　沒有差異就沒有空服服務的生命力，認識空服服務的差異就是尋求空服服務未來的發展空間。與其他服務行業相比，空服服務存在著明顯的特殊性。

　　（一）安全責任高於一切

　　飛行必須安全，沒有安全就沒有飛行。飛行安全涉及機組與乘客全體人員的切身利益，而飛行安全本身涉及人（機組成員、乘客）、機（飛機）、環（飛行氣象環境）諸多因素，其中，人為因素是飛行安全的核心。空服服務人員，既是服務員，又是安全員。在繁雜勞累的服務過程中，必須時刻審視客艙中的安全狀態，即時發現、處理各種安全隱患，與機組人員密切配合，臨危不懼地即時處理各種突發事件，甚至要為乘客的安全而獻身。

　　（二）服務更加複雜

　　首先體現在服務過程的技術性。涉及操作規程、各種設備的使用、服務的技術程序以及與駕駛員的密切配合。其次，服務內容的複雜性。服務的內容事無巨細無所不包，服務的層次至高無上，服務的技術精益求精，服務的環境千變萬化，面臨的情況無法預料。因此，需要乘務人員具備豐富的經驗與靈活果斷的處理突發事件的能力，以應付各種複雜的問題。

　　（三）顧客的期望值高

　　乘機的高費用、對空服服務的高定位和在乘機過程中非常情況出現所需要的

心理支持，決定了乘客對空服服務有高的期望值。機票價格是所有交通工具中最昂貴的，目前對絕大部分消費者來說，乘飛機旅行仍是一種奢侈的消費，「物有所值」是消費者的基本觀點，具有高期望值是情理之中的；空服服務「至高無上」的心理定位根深蒂固，存在著永無上限的心理期待；另外，在飛行過程中，乘客需要心理支持，儘管需求通常呈隱性狀態，但卻構成了消費期望中不可缺少的因素。

▌二、空服服務的核心問題

讓乘客滿意是空服服務的永恆追求。那麼究竟依靠什麼來保證讓乘客滿意呢？

乘客的滿意源自於優質的服務，這取決於兩方面：一是基於公司服務理念與文化的服務體系、服務內容以及服務方式。服務體系、服務內容以及服務方式是服務品質的基本保證，只有將企業的宗旨、理念等服務文化要素滲透在服務過程中，服務才具有活的靈魂；同時，透過潛移默化的影響，激發責任感，將行為統一到全心全意為乘客服務的軌道上。二是空服服務人員個體對空服服務工作的內心感知與責任感，即發自內心地為乘客服務的主動意識與自覺行動，以及對自己行為的良好調節。決定服務品質的因素包括兩個方面：公司的服務文化與人的因素。航空公司作為提供服務的主體，以提供滿意的服務贏得永久顧客為其基本目標。為此，航空公司透過一系列邏輯設計來體現公司的意圖，並透過具體的服務規範形成讓消費者滿意的方案，進而透過服務過程實現公司的宗旨。

可見，空服服務的核心問題就是透過員工的自覺行動，完美地實現服務設計方案，讓乘客感到滿意，亦即透過服務過程將公司為乘客設計的服務系統轉變為乘客所接受的期望收益。

這裡有以下幾個問題需要加深認識：

第一，滿意的服務首先源自於建立在充分認識乘客需求基礎上的服務方案的設計。這就是人們所說的「航空公司業務做得越複雜，對乘客來說就越簡單」。

第二，空服人員的主動意識決定著服務狀態，也決定著服務品質，好的方案需要人去執行，而主動意識又是執行力的關鍵。

第三，乘客的個性差異決定了個性化服務的存在價值，需要乘務人員主動觀察、細心體驗。

第四，完美的空服服務是透過有意識的服務藝術將服務條件、服務內容、服務對象完美地結合起來，這也是空服服務的生命線。

▏三、空服服務的本質

從乘客與空服服務的關係來看，空服服務就是讓乘客滿意，讓乘客的需求與期望得到滿足。

（一）空服服務的兩種境界

從服務主體對服務對象的心理狀態來看，空服服務可以分為兩種境界：發自內心的和諧服務和機械呆板的模式服務。

1.發自內心的和諧服務

發自內心的和諧服務就是服務主體在心靈的支配下，與服務對象的客觀需求達成和諧一致的服從與服侍行為，是服務者的行為與需求者的意願、社會要求、群體規範相符的行為。此時，對於乘客的不違反法律以及不違背社會公共道德的要求，服務員都必須表現出服從，樂於被旅客「使喚」。這時，服務員必須暫時放棄「個性的東西」，全心全意去理解和遵從消費者的價值觀念。服從是服務業員工的天職，所謂「有理是訓練，無理是磨煉」，當服從成為一種行為習慣時，服從就成為一種自覺行動了。

客觀地講，凡是乘客，在飛行全過程都需要照顧。在特定的環境下，老人需要照顧，小孩需要照顧，所有的人都需要照顧與關懷。服務應該是一種互相理解和互相寬容，在主觀意識上永遠想到他人，替他人著想。在航空旅行過程中，乘客是以「弱者」身分出現在服務主體面前的，在陌生的環境中，就像孩子需要母親的照顧一樣，乘客需要服侍者的「呵護」。

這裡需要解釋的是有關服侍問題。服侍就是伺候、照顧。在長期的人類關係中，服侍照顧有兩個屬性：其一，服侍照顧是自然的人類感情，是所有人彼此聯繫的方式。這種自然感情起源於人性，凡是正常的人都有這種服侍照顧的自然情感。但僅限於這種自然情感是不夠的。需要透過教育和努力，將這種自然的感情培養成一種自覺的道德情感。空服人員對旅客的服侍照顧應該是一種自覺的職業道德情感。其二，服侍照顧與道德和社會理想聯繫在一起，例如，人需要受到保護或需要得到愛。在這個意義上，可以將服侍照顧解釋為個人之間存在的一種特殊的愛以及在特定情境下的倫理義務。需要進一步指出的是，空服服務不是個性的表演，而是根據服務的基本規律結合自己所扮演的角色的常規要求、限制和看法，對自己的行為進行適當的調整的過程。服務中不允許抱怨，也永遠不存在服務人員與客人「平等」的問題。這是由空服人員的角色所決定的，即角色定位。抱怨來源於角色定位的錯位，抱怨最根本的錯誤在於：沒有明確自己的角色，總認為旅客是人，我們也是人。實際上，在為旅客服務的時候，服務的提供者永遠不可能與旅客「平等」。因為旅客是消費的主體，而空服人員所提供的服務是有償的。旅客支付費用購買了航空公司的產品，包括：一是實物產品——飛機上某一座位在某一時間的使用權；另一內容是無形的產品——服務，旅客購買服務的目的是要愉快安全地旅行。

同時，作為乘務人員，需要正確理解平等的實踐意義：第一，對所有旅客態度上一視同仁、同等對待；第二，所有乘客獲得的服務內容與服務機會是均等的；第三，只要可能，應滿足所有旅客最基本的需要。第四，乘客支付費用，就應該享受服務；員工付出服務，爭取到的是自己的工資報酬。

2.機械呆板的模式服務

當深入探討導致不滿意服務的原因時，我們很容易發現：服務人員機械的服務是引起人們不滿的基本原因。疲於應付的態度、冷漠的面孔、機械的動作以及按部就班的服務過程，這些機械呆板的服務缺乏主動意識，使整個服務限定在固定的模式範圍內。此時，服務人員為乘客提供個性化的服務成為一種負擔，或者表現出厭煩的心理狀態，這也必然帶來乘客的不滿。

（二）空服服務的本質

上述分析表明，空服服務的本質就是理解並尊重乘客的心理與意識，透過服務行為來滿足乘客的需求，來體現自己的價值，來感受服務的快樂。

第一，高層次的空服服務必須是發自內心的，從內心的情感出發，視乘客為自己的親人，給乘客以無微不至的體貼、關懷、愛護、呵護。

第二，空服服務過程是愛的傳遞，服務內容只是傳遞愛心與真誠的媒介，心靈的互動才是服務的真諦，需要空服人員以航空公司主人的身分去傳遞公司的責任與使命。

第三，要把空服服務作為一種主動行為，淡化個性，服從乘客的價值評價，創造性地改進服務。

案例

「我願意為你服務」

某航班就要起飛了，空服員發現一名心神不安的乘客左顧右盼，似乎在期盼著什麼。經驗豐富的空服員知道他是個需要特殊服務的乘客，需要特別的關心。空服員走到這位乘客面前，投以關切的目光，詢問情況。原來，這名乘客是第一次乘飛機旅行。平時有暈車的現象，另外對飛機的安全情況也不是很有信心，因此，飛機起飛後，他神色緊張，心裡充滿恐慌。為了消除這名乘客的恐慌心理，空服員向他簡單介紹了飛機飛行的情況、安全須知，並親自為他檢查了安全帶，對乘客說：「您放心吧！飛行是最安全的運輸工具，我會多來陪著您的！」空服員還為這名乘客送來了飲料、毛巾和機上讀物。在飛機遇到氣流、出現顛簸的時候，空服員走到這名乘客面前，向他解釋顛簸的原因，並詢問他的情況。乘客的緊張情緒漸漸消除，臉上露出了平靜的微笑。在整個航程中，空服員十幾次來到這位乘客面前，每一次微笑都給乘客傳遞安慰與信心，無微不至的關懷與幫助使這名乘客戰勝了恐懼的心理。

訊息卡

空服服務強化公司形象，創造永久的乘客群

　　據資料顯示，人們乘坐航班時，社會公眾對航空公司的評價成為選擇航空公司航班的重要依據。我們同樣坐航班前往目的地，但在不同的航班上所得到的服務截然不同，一路喜悅，一路歡快，自然得到了享受，可謂是快樂的旅程，記憶猶新，期待著下次愉快的旅程；相反，冷漠的面孔，漫不經心的服務，心中油然而生的是漫長的旅途何時結束，希望這樣的經歷不再發生。這裡，我們可以看到，愉快與否體現著人們接受服務的心理感受，良好的服務可以強化心理感受，接受服務就是一種享受，反之，則形成不良的心理反應。

　　在《商旅（中國版）》雜誌（Business Traveller China）推出的2005年度旅遊大獎評選中，新加坡航空公司被評為「世界最佳航空公司」和「最佳服務亞洲航空公司」。《商旅（中國版）》雜誌頒發的獎項只是新航獲得的眾多榮譽的一部分。新航憑藉其在準時、效率、服務以及兒童設施等項目上獲得的高分，被著名旅遊雜誌Cond　Nast Travellers評選為2005年度「最佳遠程休閒航空公司」。2005年8月，新航還在知名的德國商業雜誌Capital備受矚目的年度調查中，被選為「2005年度最佳洲際航空公司」。

第三節 空服服務的特點

　　空服服務是在特殊的環境下對特殊群體進行的服務，由於環境等因素的限制，空服服務具有自身的特殊性，主要體現在以下幾個方面：

‖ 一、安全責任重大

　　乘客安全抵達目的地，是機組成員的基本任務。空服人員服務於客艙之中，面對形形色色的乘客。正常情況下，乘務人員首先就是安全防範員，擔負著觀察、發現、處理各種安全隱患的任務，擔負著維持客艙秩序、消除各種危機事件對飛行與客艙安全影響的任務，特別是在緊急狀態下，空服人員作為機組重要組成部分，擔負著面對乘客、面對危機的責任。因此，參與飛行安全管理是空服服務人員的基本任務，安全責任重大，遠遠超過其他服務行業。

二、服務環境特殊

客艙是一個特殊的場所，面積狹小，設施功能特殊，人員密集，而且客艙環境既受到飛行狀態的影響，又受到乘客心理狀態的影響，絕大部分服務工作是在運動中開展的，服務過程要受到飛行狀態、各種規範的制約。因此，服務行為既有機動性，又必須符合規範的要求，在服務過程中機組人員要密切配合，發揮團隊精神。

三、技術性強，服務內容繁雜

飛機在飛行中，不同階段有著不同的特性，要求服務過程必須符合技術規範的要求，不允許有隨意性；客艙中的各種設備、設施都與安全密切相關，操作過程嚴緊、規範；服務涉及的範圍廣泛，每個過程與環節均有技術規範要求。

四、個性呵護明顯

乘坐飛機旅行是心理狀態不斷調整的過程，由於在飛行過程中不同階段、不同氣象條件使乘客有不同的心理感覺和身體反應，甚至很多乘客處於緊張狀態，存在著恐懼心理。因此，需要服務人員採取積極措施，進行個性化服務，消除乘客的緊張情緒，穩定乘客的心理，並協助乘客緩解和消除飛行反應。

五、對服務人員的綜合素質要求高

由於飛行環境、服務對象以及服務過程的特殊性，服務過程中會出現複雜多變的各種情況和突發事件，這就要求乘務人員具有穩定的心理素質，臨危不懼，果敢堅定；善於發現問題，果斷處理問題；具有靈活的溝通能力和應變能力，有效地與不同乘客進行溝通；具有很強的親和力和超越自我情感的職業情感，充滿愛心的服務等。這些能力超過了通常的服務範疇，需要空服人員具備良好的綜合素質。

第四節 民航事業發展對空服服務的基本要求

隨著航空事業的發展和人們需求的多樣化，人們對空服服務的要求越來越高，同時，個性化服務的推廣，使得空姐素質與服務品質對航空公司的影響越來越大。因此，審視當代民航事業的發展對空服服務的要求是十分必要的。

一、影響民航服務發展的主要因素

（一）社會進步對航空公司的服務要求越來越高

隨著社會的不斷進步與文化生活的不斷豐富，消費需求向更高層次、多元化以及更細緻全面的方向發展，客觀上對民航服務的要求越來越高，而民航服務作為社會服務的標誌，必將面臨更嚴峻的考驗。

（二）民航國際化的衝擊

隨著領空的逐漸開放，國際航空公司之間的交流與合作日益增加，現代航空服務的理念、先進的管理模式與服務模式，將對中國傳統的空服服務模式帶來很大的衝擊，這種衝擊是不以人的意志為轉移的。如何在中國傳統文化的基礎上，融入先進的服務理念，將決定中國未來空服服務的發展走勢。

（三）運輸行業的全面競爭

民航是現代交通工具的代表之一，其發展受其他交通工具替代的影響。同時，其他交通工具迅速發展以及服務水準的提高，必將對民航運輸市場構成更大的威脅。在眾多交通運輸方式的競爭中，除了交通工具自身的特點外，競爭的就是服務。在火車、快客、輪船推行「星級」服務，空服服務基本模式逐漸成為其他交通運輸服務的基本模式的今天，空服服務模式優勢逐漸弱化，必須不斷創新與完善，才能承擔起服務標誌的責任。

另外，航空公司之間的競爭，將打破壟斷的限制，不同所有制的航空公司將在公平的市場競爭的環境下，施展其經營手段，爭奪同一個市場。而服務競爭將是提升其競爭能力的主要手段之一。透過優質的服務，滿足空服的要求，透過個

性化的全過程延伸服務，創造永恆的服務，這將是未來航空運輸服務的基本發展趨勢。

（四）乘客對民航服務的期望值

儘管乘坐飛機旅行越來越普遍，但消費者對民航服務的期望值不會降低。其一是乘飛機較高的成本，使乘客必然產生「物有所值」心理，追求較高的服務回報是人之常情；其二是乘客需求的多樣化所帶來的期望值的多元化，每個乘客都有自己的期望值，滿足乘客的個性心理是市場對民航服務提出的更高的要求。

（五）民航運輸技術的進步

未來的民航運輸將會向便捷、快速、大機型方向發展，服務過程更加複雜，服務的技術性更高，這就要求在民航服務方面與之相適應，不斷地提高民航服務的水準，為民航事業的穩步發展提供保證。

（六）社會監督機制的不斷完善

民航運輸具有公共事業的屬性，關係到人們的生活質量，隨著社會監督機制的不斷完善，對每個航空公司服務水準的評價將更公正，公眾整體利益將得到進一步保障。

║ 二、民航事業發展對空服服務的基本要求

（一）由「表」及「裡」的服務轉變

空服服務的根本目的是透過讓乘客滿意，樹立與維護公司的良好形象，提高企業的競爭能力，吸引更多消費者，使航空公司取得最大的經濟效益。航空公司能夠吸引消費者的不外乎有四個基本要素：硬體、價格、安全與服務，而空服服務最能直接傳達航空公司對乘客的態度，乘客也是透過接受空服服務來理解與評價航空公司對他的態度的。因此，空服服務的過程必須讓乘客從內心體會到他們在航空公司眼中的重要地位。只有做到服務形式與服務內容的統一、服務人員的內在修養與外在條件的統一才能不辜負人們對空服服務的美譽。

其實，消費者內心是最清楚不過的了，他們不會浪費機票所賦予他們的權利，也不會放棄這些權利所給予的評價權。他們要的是航空公司以他們的價值為核心的服務體系與服務過程，他們所在乎的是：航空公司究竟把他們放在什麼位置上。乘客有能力辨別什麼是發自內心的服務，什麼是敷衍了事，什麼是藉口推辭，即服務過程的點點滴滴都反映出自身的價值。面對這些情況，敷衍的、表面化的服務均不能從根本上解決問題，必須提高內在的服務品質。

由表及裡的服務轉變就是要求將乘客作為「親人」對待，將服務作為呵護親人的基本行為，讓每一個服務細節都能體現出真誠、愛心、奉獻，體現出乘客的支持對企業發展的決定性作用；透過細微周到的服務，讓乘客開心、輕鬆、自然地到達目的地。由表及裡的服務轉變本質上就是提升乘客的地位，將為乘客服務落實在實際行動中，體現於服務過程的分分秒秒。而始終如一的服務作風，更是服務理念的根本轉變。

（二）由模式化向個性化轉變

共性需求滿足是服務規範制訂的基本出發點，也是空服服務的基本準則。但在文化、個性差異日益彰顯的今天，消費者需求呈現的個性差異從根本上決定了服務藝術的真諦，因為共性需求相對個性需求來講，更容易發現，更容易滿足。個性需求在實際服務過程中經常出現，如有些乘客登機後就以休息的方式完成行程，期間不喜歡他人打擾；有些乘客卻不斷地張揚，提出各種怪異的需求。

縱觀優秀的民航服務團隊的風格與個性，不難發現他們的服務模式更著眼於個性化的服務。他們十分重視發現不同消費者需求的差異，提倡「超前」服務的理念，即在消費者的個性需求提出之前，主動地服務到位，使消費者備感親切溫暖，滿意之情油然而生。可見，在大眾化服務趨同的今天，個性化服務必將成為未來空服服務競爭的有力手段，誰能更好地把握消費者的個性需求，並很好地滿足他們，誰就會得到乘客的信任，擁有更多的「永久乘客」。

（三）從重視自身價值向呵護乘客價值轉變

目前，航空公司所設計的服務程序與內容，大多體現著作為特殊的運輸工具、特殊的服務群體所具有的獨一無二的個性。也就是說民航服務更多的是從

「我能為你提供什麼服務」的角度體現自身的優越性。事實上，乘客是一個近乎「挑剔」的群體，與航空公司、空服服務人員，常處於對立狀態，很多矛盾與不滿，恰恰就是在對立情緒下產生的。因此，拉近與乘客的心理距離是服務工作的基本思路，航空公司應該以乘客的價值為導向，站在乘客的角度設計公司的服務內容與服務方式，做到你需要什麼我就提供給你什麼，與乘客建立起親人式的呵護關係。

（四）由單一的服務向綜合性整體的服務轉變

高層次的需求往往表現在需求的複雜性上，高水準的服務體現在服務的綜合性上。從消費需求的角度講，消費者的需求是個整體，是多種需求心理的綜合，只有多種需求得到基本滿足，整個需求心理才能得到平衡，而單一地滿足乘客的某一方面的需求很難讓乘客從內心感到滿意和喜悅。正由於需求的這一特點，未來的民航服務將由單一的簡單服務向綜合性複雜服務方向發展，建立服務整體概念，樹立1%等於100%的服務品質意識。

由單一的服務向綜合性整體服務轉變的另一個方面就是服務過程的連續性。服務是個連續的過程，而不是以完成指定的服務內容為標誌。在有些航班上，只有在特定時段才能見到服務人員，他們所提供的是特定的服務內容，而優秀的乘務團隊無時無刻不在提供服務，他們在細心地巡視與觀察中，不斷地發現服務的機會，在最合適的時機即時地出現在需要者的面前，恰當、即時的主動服務所產生的效果將遠遠超過被動服務所產生的效果。

（五）由「硬」服務向「軟」服務轉變

乘客利益的滿足不僅是需求具體指向上的滿足，更重要的是服務氛圍、服務環境、服務文化所帶來的心理感受提升後所達到的滿足程度，也就是說服務的具體標準是滿足乘客需求的必要條件，而不是充分條件。只有透過服務氛圍去調動乘客的心理感受，昇華乘客的心理感知，才能最大限度地滿足乘客的需求，使乘客的心理滿意達到心理喜悅的程度。如果我們將服務的具體內容比喻成「硬」服務的話，服務過程中的氛圍、環境感染力、傳遞的感情就是「軟」服務。只有「軟」服務到位，「硬」服務才能具有生命力。比如，向乘客遞上一杯茶，這是

「硬」服務，而如果服務人員表情冷淡、眼神游離，那麼乘客的心理感受是不言而喻的；如果服務人員帶著微笑，用熱情的眼神傳達出無微不至的關懷，那麼，乘客感受到的不僅僅是一杯茶，而是品味著一種文化，體驗著一種親情，喚起的是舒心的感受。

由「硬」服務向「軟」服務轉變就是要不斷地增加服務的內涵，並透過服務過程將這些內容傳遞給乘客。這就要求空服服務人員不斷地提高自己的內在素質，提升自己的職業素質與修養，做到心與服務同在，熱情與動作相輝映。

（六）由制度化服務向靈活化服務轉變

服務規範是空服服務的基本要求，是規範乘務服務的基本法規，但這些機械性的條款，面對個性化乘客的時候往往顯得單調，甚至顯得有些笨拙。有效的服務方式就是靈活性與服務規範的完美結合。各個著名的優秀服務團隊，都有一個共同特點——以服務的個性化為基礎的靈活性，即面對多變的服務環境與服務個體時的應變能力（靈活性）。經驗豐富的乘務人員，可以很完美地處理各種複雜的服務問題，正是他們的經驗積累增加了服務過程的靈活性，使他們善於駕馭各種服務環境與服務對象。

靈活性可謂是服務過程的「靈魂」，它駕馭著整個服務過程，體現著服務者的整體水準，這就要求服務人員具備靈敏、機智、果斷、駕馭力強等優秀的品質與良好的綜合素質，這也是今後空服人員選材、培養的基本要求。

三、民航事業發展對當代空服人員的基本要求

空服人員是航空公司服務理念的傳遞者，是服務過程的完成者，也是情感的交流者。因此，空服服務人員不僅要具有美麗的外表，更重要的是要具備良好的內在修養、良好的心理素質、高尚的情操以及熟練的服務技能。概括起來，當代空服人員基本要求有以下幾個方面：

（一）外在條件

良好的外在條件可以在乘客的心理上建立良好的第一印象和親切感，增加感

染力與親和力。研究表明，美麗的外表可以增加人的魅力，而無限的魅力使人感到安全、信任、可親、可敬，也可以緩解心理壓力；從更高層次上説，美是一種力量，美是一種環境要素，從美麗的整體來説，美就是生產力。同時，空服服務人員展示著航空公司的形象，體現著航空公司的個性。因此，對空服服務人員外在條件的基本要求是必需的。

需要指出的是，我們對外在條件的要求，目的是為了以外在條件為基礎折射出內在氣質中的整體美和親和力，而不是簡單的漂亮外表。

對於外在條件問題，很難用統一的標準來衡量，但其基本點是一致的。其一是親和力，即微笑中表現出的真誠，眼神中流露出來的善良，表情中傳達出積極向上的情緒；其二是協調，即身體結構的協調以及動作的協調，前者是醫學上的定義（體形美），後者是動作上的協調（體態美）。

（二）意志品質

「性格即命運。」一個人的性格如何，與他一生的發展、生活、工作乃至身體都有直接的關係。通常人的性格由四方面主要內容構成：態度、意志、情緒與理智，它們形成一個統一的整體，構成每個人的性格。性格具有優劣之分，好的性格，這四個方面的表現應該都是上乘的，缺一不可的。其中意志起著特別重要的作用，它既能調控態度，又能調控情緒，並且促進和保證理智的充分發揮。空服服務人員要面臨複雜的服務環境與服務對象，因此對空服人員的意志品質要求是必需的。

自覺、堅持、果斷、自制是構成一個人意志品質的四個基本因素。主動自覺是意志品質的一個重要特徵；持之以恆、堅強、堅持到底是意志品質的又一重要特徵；做事果斷、當機立斷是意志品質的第三個重要特徵；自控能力是意志品質的第四個重要特徵，是意志品質的重要體現。

鑑於意志品質在工作生活中的特殊作用，空服人員的意志品質的考查與培養將成為今後招聘和培養空服人員的重要方面。

（三）心理素質

在空服服務中，經常遇到突發事件、複雜問題，需要冷靜果斷的處理。這就需要乘務人員具備良好的心理素質。經驗表明，各種突發事件處置成功與否，取決於機組人員在整個特殊情況處置過程中是否具備良好的心理狀態、是否採取正確的決策、正確的處置程序和方法。因此，作為一名成熟的機組人員，其技術素質得以充分發揮與具有良好的心理素質是分不開的。健康穩定的心理素質，有利於空服人員面對各種突發情況具有穩定的、自控的情緒，做到處變不驚，沉穩果斷，游刃有餘。如果沒有穩定的心理素質，機組人員很難鎮定自若、迅速有效地處置個性問題。同樣，面對挫折、打擊，甚至受到乘客不公平的對待時，良好的心理素質決定了其行為趨勢，也就決定了行為後果。

（四）文化修養

文化是一個人思想意識、行為舉止、道德風範以及價值觀念的根基，通常所說的「服務在服務之外」就說明了文化修養對服務人員潛移默化的作用。中國漢代文學家劉向說：「書猶藥也，善讀之可以醫愚。」所謂「醫愚」，從心理與保健角度講，就是使人開朗、消怒化鬱，提高對人生意義的認識，讀書作為一種積極的思維模式，可以增強人的信心和能力。有良好的文化修養的人更豁達、心懷更開闊、更容易理解他人，更容易創造良好的溝通氛圍。

文化修養支撐著人的品味、思維方式、內在氣質以及合作意識，有利於塑造高雅的氣質和親和力，提高自身的修養，同時深厚的文化底蘊有利於學習型組織的形成，有利於職業生涯的延續。因此，提高空服人員的文化層次、文化修養將是提高空服人員素質的重要手段。

（五）合作精神

合作是一種價值取向，在實際工作中合作是指能主動配合、分工合作，協商解決問題，協調關係，從而確保活動順利進行，同時每個人都在相互配合中實現了目標。現代社會中，合作是基本的工作方式，也是趨勢性價值取向。

客艙內的工作環境十分複雜，所出現的突發事件都具有不同程度的危害性，同時，由於飛行技術的複雜性以及危機事務處理技術的複雜性，需要機組人員團結合作，分工合作，互相鼓勵，密切配合。合作是一種精神，也是一種職業道

德，合作是一種力量。因此，對合作精神的要求是選拔、培養空服人員的重要方面。

（六）服務意識與技能

服務意識是服務人員主動、全面、周到服務的思想動機，是人們的服務行為的方向與驅動力。有了良好的服務意識，就可以很好地體察並馬上滿足乘客的需要。有的人會說：「你想到了，而我沒有想到呀！」事後的領悟與超前的意識，使事情處於兩種截然不同的狀態，這就是服務意識的差別，也就從根本上決定了服務水準。

服務意識與服務本領，兩者是辯證的，必須高度統一起來。只有服務意識是不夠的，必須有服務技能作保證，「服務意識到了，但沒有做到，」這是技能方面的差異。在提高服務意識的前提下，乘務人員還需要堅持不懈的努力，掌握全面、熟練的服務技能，保證服務品質。

第五節 中國空服服務存在的主要問題與對策

與發達國家民航發展歷程相比，中國的民航事業還處於發展時期。儘管經歷了近幾年民航體制改革的洗禮，新型的民航市場運行機制在逐漸建立，民航服務不斷地向國際化、規範化方向轉變，但市場意識與服務意識仍然落後於民航本身發展的需要，面對國際競爭和人們對民航服務的期望，中國的民航服務仍有很長的路要走。

‖ 一、中國空服服務存在的主要問題

（一）服務文化形式化

「服務文化」所倡導的是人人傾心與為別人服務，人人以服務他人為快樂。儘管航空公司都在倡導服務文化建設，但內容輕於形式，文化並沒有在絕大部分空中乘務人員的心中扎根。這是影響空中乘務的根本問題。我們知道當今的社會

已經步入到「人人都是服務員，行行都是服務業，環環都是服務鏈，個個都是文化人，處處都顯文化味」的服務時代。沒有服務文化，服務就很容易流於形式，缺乏真誠，服務內容就顯得蒼白無力，沒有熱情。

（二）職業角色的錯位

空服服務是航空公司發展目標與服務宗旨在客艙這一微觀環境中的具體體現。因此，空服服務就是在微觀環境下，實現公司的宗旨，充分地滿足乘客的要求；作為乘務人員，就是致力於完美的服務。但現實中，人們往往將空服服務神祕化，將「空姐」視為美麗的化身，過分追求形象化、形式化，忽視服務本身的內在規律。服務就是服務，沒有服務就沒有乘客的滿足，也就沒有穩定的市場。服務的形象化、形式化不是服務的根本，美麗不是服務品質的決定因素，只能在一定程度上提高服務的品味，豐富服務的內容。但失去了服務之本，美麗與形式都是蒼白的。

職業角色定位的偏差，一方面導致了對服務本質認識的片面化，忽視了在練就內功上下力氣；另一方面導致空服服務人員出現浮躁心理，使服務工作浮於表面。職業定位源自於服務的本質，服務的本質又決定了服務的內涵、內容與方式，空服的職業定位就是全心全意、盡善盡美地服務於乘客。儘管業內人士都在重內在、淡化外在，注重服務品質、淡化服務形式上達成了基本的共識，但在空服服務人員的選擇過程與選擇機制上，以「選美」為特徵的趨勢並沒有改變，追求外在形象仍然是「空姐」選擇過程的主要傾向。由於過分強調外在形象，削弱了內在條件的作用，而缺乏內在修養所帶來的天生不足，無論採取什麼樣的措施，都很難從根本上扭轉空服隊伍素質低下的現狀。航空公司為提高服務品質所進行的一切設計、一切努力，都會大打折扣，「美麗」的作用也將蕩然無存。沒有內在素質為基礎的服務技巧，服務工作很難順利進行。空服服務是實實在在的艱苦工作，需要意志、耐心，來不得半點虛假，扎扎實實做有利於提高服務品質的一切工作，就是服務人員的天職。

此外，職業定位的錯位還會導致整個社會對空服服務態度的扭曲，包括空姐的社會形象、對空服服務的期望值，空姐個人行為等方面，這也導致了空服服務

環境諸多不利因素的滋長，空服隊伍不穩定等。

訊息卡

中外航空公司招聘空姐的差異

內航看長相

據瞭解，中國國內航空公司非常注重空姐的外形條件，近似「選美」。以某航空公司的招聘標準來説，對空姐的基本要求是五官端正、儀表清秀、身材匀稱、膚色好，身高164cm～173cm。年齡一般為18歲～23　歲，也有的航空公司將年齡限制在22　歲以下。在學歷上一般要求是大專。面試傾向個人形象、才藝等，外界反映疑似「選美」，一般需要才藝表演。

外航看素質

相比之下，外航招收中國空姐對外形條件的要求則寬鬆得多，更注重應聘者的綜合素質、英語能力、心理素質、親和力和服務意識等。在新加坡航空公司開出的招聘條件上，能講標準的普通話和英語、學歷在大專以上兩項要求成為首選。而招聘年齡則放寬到20歲～30歲，有服務行業或民航業工作經驗的35歲以下都有可能入職。

（三）空服人員職業能力明顯不足

職業能力是履行職業職責的根本保證，而職業能力的欠缺不僅導致職業形象滑坡，更重要的是使空服人員對空服服務喪失足夠的熱情與信心。在空服服務過程中，熟練的服務技能與靈活的應變能力是職業能力的基本要求，而職業能力的形成取決於兩個因素，其一是教育水準，其二是職業經歷。前者是受教育與職業訓練的程度，後者是職業生涯的積累。而目前航空公司在招聘空服服務人員時，對文化程度的要求普遍偏低，導致內在素質提升的空間狹小，領悟能力偏低，「知其然，而不知其所以然」；從年齡結構看，從業者年齡偏低，職業生涯短暫，實踐經驗明顯不足，同時，年齡的背後是生活經歷、人生態度與價值觀念的差異，這是乘務人員走向成熟不可踰越的過程。要知道，服務中的經驗積累十分重要，遇到的問題多了，成功與失敗的經歷多了，再面對各種事情也就從容、振

作與自信了。因此,空服服務也是個經驗型職業。

（四）職業激勵機制不健全

人是企業發展的核心因素,決定著企業的發展。空服服務是「人與人」之間交流最多的職業之一,需要依靠人的主觀能動性。抽象而言,人需要在一定的環境與條件下才能滿腔熱情地投入到工作中來。空服人員也需要有奉獻於民航服務事業的環境與機製作為保證,才能夠最大限度地調動他們的積極性。目前,中國空服人員的職業生涯的政策環境並不理想,管理機制匱乏,管理觀念落後,管理方法簡單,激勵機制不健全等因素,使空服人員不能安心於本職工作,對工作缺乏足夠的投入,將空服職業作為「過渡性」職業,因此,人員流動性大,空服職業生涯短期化是一個普遍現象。

（五）缺乏科學培養選拔體系

有什麼樣的人就能做什麼樣的事,在人才培養方面,儘管人們進行了多年的實踐與探索,但作為人才培養的新領域,到底什麼樣的人才適合空服服務職業,目前沒有明確的標準。選擇適合空服職業發展要求的人才,一方面取決於這些專門人才的培養機制,另一方面是人才的選聘機制。在人才培養方面,存在的問題主要是重外在,輕內涵;重技能,輕文化底蘊;重眼前,輕發展潛質。對空服人才培養的規律、培養模式與手段等方面缺乏足夠的認識,師資隊伍也不能適應人才培養的要求。而在人才選拔上,問題主要反映在以外在形象為主,對從業者的心理素質、職業態度、性格特徵等缺乏科學的測試與評價體系,進入空服服務行業的門檻過低等方面。

總之,中國空服服務行業的總體水準和空服服務人員素質的全面提高,還需要長期的努力。發展塑造適合現代民航事業發展的空服服務行業,培養高素質的空服服務人才,塑造中國空姐的精神,使之具有高尚的品質,崇高的情操,將決定中國民航服務行業的健康發展,決定中國民航的未來發展。

‖ 二、提高中國空服服務水準的對策

　　空服服務水準涉及整個社會對航空事業的認可程度，好的空服服務，可以使消費者切身感受到航空事業發展給消費者帶來的便捷，從而樹立對民航服務的信心。因此，空服服務儘管是客艙微觀環境下的服務行為，但作為一面鏡子，映射出航空公司的理念、思想和管理水準，提高空服服務水準，是航空公司努力奮鬥的目標。

　　提高空服服務水準是個綜合性問題，既涉及航空公司的服務思想，也涉及如何發揮空服人員的主觀能動性；既涉及服務規範，也涉及空服人員自身的修養與素質；既涉及航空公司的文化建設，也涉及整個社會對空服服務人員社會地位的定位。從中國的實際情況出發，提高空服服務水準，可以從以下幾個方面著手：

　　（一）加強文化建設，樹立正確的服務理念

　　服務作為一種為社會廣泛認可的職業，需要在良好的文化氛圍中孕育與發展，要提倡以服務他人、幫助他人為樂的職業精神，要崇尚服務他人就是自己責任的職業道德。不僅如此，不同的航空公司還要根據自己的經營特點，系統地建立自己的企業文化，將服務的理念貫徹到為旅客服務的方方面面，落實到服務工作的每一個細節。

　　加強企業的文化建設就是透過道德體系、思想意識體系、服務意識體系、行為規範建設，使每一個員工明確自己的目標和責任，並在工作細節中體現出公司的服務理念。在這裡，需要解決三個問題：

　　1.航空公司靠什麼取得消費者的信任

　　消費者是航空公司發展的基礎，也是公司利潤的源泉，取得消費者的信任就是為爭取更多市場份額增加了砝碼。因此，為消費者服務必須實實在在，來不得虛偽與投機；愚弄消費者，就是為自己的未來發展設置障礙。不要忽視消費者那目光中流露出的信任與不信任，因為那些點滴的信任與不信任積累起來，必將成為公司發展的法寶或不可踰越的鴻溝。讓消費者信任，是要做讓消費者信任的事，而不是譁眾取寵。

　　案例

筆者切身經歷——實實在在為旅客做事

筆者在乘坐中國國內航班時發現，例行服務結束後，就很難看到乘務人員的身影了。但在新加坡航空公司的航班上，即使例行服務結束後，只要你放眼向客艙巡視，總會看到空姐的身影：偶爾伏身觀察熟睡的乘客，偶爾伏身回答旅客的問題，偶爾為旅客提供服務，偶爾疾步走到求助的旅客面前。看著那專注的神情，乘客就感到特別親切，有困難願意請她們幫忙。筆者曾有幸詢問新航的一位空姐：「你們巡航值班時，為什麼工作做得這麼細？」她的回答讓我印象深刻：「巡航時旅客最需要親人般的關懷呀！」是呀，熟睡中的乘客，就像一個孩子，多麼需要乘務人員像母親一般的關懷！也許例行工作結束，但旅客的需求是不會停歇的！

2.我們的服務貼近消費者需要嗎

服務是體貼入微和工作，「想旅客之所想」是空服服務的基本境界。旅客究竟需要什麼？我們做的是什麼？兩者一致嗎？面對這個既簡單又複雜的問題，航空公司不見得可以回答得很好，更很難說做得很好。我們需要向國外的航空公司學習，從旅客的角度去思考問題，以旅客的需要為出發點設計服務內容與服務方式，而不能憑自己的想像去設計。其實，旅客的需要並不像想像的那麼高、那麼複雜，關鍵是要抓住「迎合」旅客真實需要的關鍵環節。

3.我們的空服服務夠精細嗎

對服務內容、服務過程要求精細是旅客的心理需求所決定的。旅客看待一個服務，不僅僅是看內容，關鍵是看這裡包含的情感因素有多少，盡心與否。服務是感情傳遞的過程，只有心到，服務才能溫馨體貼。我們說空服服務品質有問題，不是說內容有欠缺，關鍵是情感的投入不夠，因而工作不可能細膩，乘客對服務的體驗就不可能深刻。空服人員要發自內心地去服務，做到心細、動作輕柔，神情親切，才能體現出空服服務高雅的品味與不俗的格調，旅客才真正從服務中獲得享受和喜悅。

空服服務是一系列細微的服務要素組成的服務鏈，服務品質是這些細微服務的積累，而每一個細微的服務要素均具有「否定」整個服務的作用。也就是說，

服務遵循這樣的定律：不滿意僅僅來源於某個細微的服務環節，而滿意來源於所有的服務細節。因此，細心、細緻是提高空服服務內涵的基本途徑。乘務人員只有讓細微之處都充滿愛心，空服服務才能令乘客滿意。

（二）客觀定位空服服務人員的地位，讓整個社會認可空服服務的崇高

不可否認的是，社會對空服服務人員的定位有偏激的趨勢。一方面，將空服服務人員神聖化，認為她們是天使的化身，用各種美好的詞彙去形容她們；另一方面，認為空服服務人員只有美麗的外表，而缺乏內涵。這些褒貶對空服隊伍建設與空服服務水準的提高都造成了不良的影響。客觀地講，空服服務人員僅僅是在特殊環境下從事高級服務的人員。空服服務本質上還是服務，如果說與其他服務有所不同的話，那就是乘務人員的形象與服務品質涉及的範圍更廣、影響更大，工作責任更大，工作過程更艱苦，更為人們所關注。

空服服務的健康發展需要良好的社會環境，需要公眾客觀、公正地看待空服服務職業，看待空服服務人員，以便空服服務人員在寬鬆的環境和向上的輿論下自律、自勉，激發其奉獻航空的志向與熱情，避免視空服服務職業為「時尚」的傾向。

（三）建立科學的管理機制，調動空服人員的積極性，延長其職業壽命

空服服務隊伍的穩定，也是影響空服服務品質的重要因素。只有建立科學管理體系，健全管理、考核與激勵機制，才能最大限度地調動空服人員的積極性。中國的空服隊伍普遍存在年輕化、職業週期短、隊伍不穩定的傾向，這除了乘務人員的個人因素外，與我們的用人機制有很大關係。很多乘務人員存在著對未來職業發展的擔心，擔心年齡過大後的二次就業問題，擔心在高強度工作環境下，身體健康的問題等。如何讓乘務人員安心於空服服務工作，讓其全身心地投入到乘務服務中來，延長其職業壽命，需要從機制與管理上入手，採取科學的方法加以解決。

我們從國外航空公司空服服務隊伍的年齡結構上可以受到啟發，高質量的服務不是取決於人的年齡和外表，更重要的是取決於服務意識與服務態度，對生活的體驗更能加深對服務的理解，生活的經歷更能使人體會到愛與被愛、關懷與被

關懷的真諦。改變空服服務人員的年齡結構，對提高空服服務品質至關重要。

（四）建立科學的人才選拔、培養體系

什麼樣的人更適合空服服務職業？這是人們十分關注的問題，也是決定空服服務品質的基本問題。要在人才選拔中更關注親和力、服務意識、服務態度等因素，而避免單純「以貌取人」的選拔原則，需要建立行業人才選拔的標準和程序，避免隨意性太大的問題。

另外，目前各種辦學機構繁多，培養模式、教學體系與內容也不盡相同，培養質量也存在著一定的差異。這就需要從教育管理與行業發展的角度，規範空服人才培養與培訓機構，在鼓勵社會各方面力量為民航服務培養人才的同時，對辦學條件、師資隊伍、培訓內容等進行評估，建立培養質量監控體系，建立教育機構「準入門檻」，從源頭入手，提高人才培養質量，為中國航空服務水準的不斷提高提供人才保證。

案例

為了什麼而工作

一群鐵路工人在上班時，鐵路公司的總裁由一群下屬陪同到基層視察。總裁滿面春風地跟其中一位工人打招呼：「嘿，比爾，你好！」那位名叫比爾的工人跟總裁寒暄了幾句之後，總裁離開了。

其他工人好奇地問比爾是怎麼認識總裁的。比爾說：「二十年前，我和總裁一起在這裡工作。」

「那為什麼他現在是總裁而你還是一個鐵路工人呢？」工人們七嘴八舌地問。

「因為，」比爾回答，「那時候總裁就是在為鐵路事業而工作了，而我只是為一小時五十美分的工資而工作。」

點評：對於空服服務人員而言，我們是為航空公司的服務事業而工作，不是單純為了工資而工作。工資不是工作的唯一報酬，從自己優秀的對客服務中得到

的成就感、塑造公司形象的自豪感，都是我們努力工作的報酬。

本章小結

1.透過對服務概念的解析，分析了服務的內涵以及空服服務的核心與本質。服務就是為集體（或他人）利益或為某種事業而工作；空服服務就是以客艙為服務場所，以個人影響力與展示性為特徵，將有形的技術服務與無形的情感傳遞融為一體的綜合性活動，其本質就是以心靈融通為特徵的社會行為。

2.結合航空服務的實際情況，總結了空服服務的特點與未來發展趨勢。

3.分析了空服從業人員的基本要求，特別強調內在素質在空服服務中的作用。

4.剖析了中國空服服務中的主要問題，並提出基本對策。

思考與練習

複習題

1.什麼是服務？什麼是空服服務？

2.空服服務的本質是什麼？

3.在空服服務中服務理念有什麼作用？為什麼說空服服務傳遞著文化與精神？

4.結合空服服務的特點，正確認識對空服服務人員的基本要求。

5.未來空服服務的發展趨勢怎樣？

思考題

1.結合自己的實際情況，進行職業能力評估，設計自己的成長方案。

2.如何成為一名優秀的空中乘務人員？

分組討論

1.空服服務人員應具備哪些素質和修養？如何提高這些素質和修養？

2.結合個性、情緒對空服工作的影響，討論怎樣在工作中控制自己的情緒。

第二章 空服服務的目標

本章導讀

空服服務既是滿足乘客需求的基本手段，又是航空公司尋求發展的基本途徑。透過完善的服務過程讓乘客滿意，尋求公司長遠的發展，是空服服務的基本目標。因此，對航空公司的發展而言，空服服務目標是公司總體目標的基礎，乘客作為航空公司市場的基本要素，空服服務的目標就是圍繞著乘客的利益，以乘客滿意度為核心的目標體系。本章全面地分析了空服服務目標的基本含義、目標體系的內容，以及目標與空服服務的關係，並根據空服服務的特點，提出實現空服服務目標的途徑。透過本章學習，使讀者明確：空服服務目標是約束與激勵空服人員努力工作的導向，只有按照空服服務目標體系的要求，有效地開展服務工作，才是航空公司持續發展的基本源泉，同時，作為一種體系性的目標，要求目標的實現必須全面、系統，只有全面地體現乘客的價值，航空公司的市場基礎才能扎實。

重點提示

1.明確空服服務目標的概念與內涵，加深對空服服務目標特點的理解。

2.掌握空服服務目標的意義，建立目標導向的思維體系。

3.掌握空服服務目標的體系，理解空服服務目標與航空公司目標之間的關係。

4.瞭解影響空服服務目標實現的因素以及作為乘務人員在實現服務目標中應該做哪些努力。

案例

「乘客朋友們，再過20分鐘，飛機將抵達本次航班的目的地——廣州。」機艙廣播傳來乘務長親切甜美的聲音。空服服務人員伴隨著乘客就要到達本次航班的目的地了，本次航班任務就要結束了。目送著乘客的背影，看著乘客滿意的微笑，空服員覺得一切辛苦都是值得的。就像一位乘務長所説：「讓乘客滿意，再苦再累心也甜！」是呀，正是空服員們辛勤地勞動，付出了汗水，才圓滿地完成了航班服務任務，正是她們的努力，細緻的服務，使乘客感受到空服員的熱情與耐心，讓乘客記住了航空公司。

第一節 空服服務的目標、作用與特點

目標是人們一切行為的動力源泉，空服服務目標決定著航空公司對旅客的態度，決定著乘務服務過程的方向。空中乘務工作的目標不僅是做好服務工作的動力因素，更是每個人為之奮鬥的目標，約束著空服人員的行為，透過目標激勵，使每個人的行為統一到實現公司目標上。

‖ 一、空服服務的目標解讀

（一）目標的含義及作用

一般來講，目標是一個群體在未來行為中努力達到的預期目的、具體的成績標準或結果。目標也是一種預期，即人們的任何行為都是具有目的性的，行為之前，必須明確：為什麼而為？如何而為？有了目標，就會使每個人知道自己要做什麼，做了這些事情對組織有什麼意義，行為也就會更果斷，更富有激情。

有人將目標比喻成河的彼岸，在目標導向下，透過資源優化，形成了計劃體系，這就搭設了從現實到未來的橋，使原來不可能實現的東西成為可能。可見，目標啟動了人們的智慧，使各自的行為集中在共同的指向上，協調了人們的價值與行為，而且堅定不移地去執行。

目標的作用主要體現在三個方面：第一，明確了一個企業在行業中的使命，使企業的宗旨具體化；第二，協調了企業的整體行為，使個體的行為轉化為共同

的價值；第三，具有激勵作用，使每一個人有努力工作的動力。

目標設置是基於「人類的活動是有目的的，它受有意識的目標引導」這樣一個理論假設。目標需要管理。目標管理源於美國管理專家杜拉克，他在1954年出版的《管理的實踐》一書中，首先提出了「目標管理和自我控制的主張」，認為「企業的目的和任務必須清晰。企業如果無總目標及與總目標相一致的分目標，來指導職工的生產和管理活動，則企業規模越大，人員越多，發生內耗和浪費的可能性越大」。概括來說也就是讓企業的管理人員和工人親自參加工作目標的制訂，在工作中實行「自我控制」，並努力完成工作目標的一種管理制度。

目標管理的原則是：

（1）企業的目的和任務必須轉化為目標，並且要由單一目標評價變為多目標評價。

（2）必須為企業各級各類人員和部門規定目標。如果一項工作沒有特定的目標，這項工作就做不好。

（3）目標管理的對像要包括從領導者到工人所有的人員，大家都要被「目標」所管理。

（4）實現目標與考核標準一體化，即按實現目標的程度實施考核，由此決定升降獎懲和工資的高低。

（5）強調發揮各類人員的創造性和積極性。每個人都要積極參與目標的制訂和實施。領導者應允許下級根據企業的總目標設立自己的目標，以滿足「自我成就」的要求。

（6）任何分目標，都不能離開企業總目標而自行其是。在企業規模擴大或分成新的部門時，不同部門有可能片面地追求各自部門目標的實現，而這些目標未必有助於實現用戶需要的總目標。企業總目標往往是擺好各種目標位置，實現綜合平衡的結果。有些公司（包括諮詢公司）運用另一種不同的方法來進行績效考核。他們專注於目標和設定目標值，這種方法被稱為目標管理法。

透過目標管理體系，使得企業中的每個人注重於那些對自己重要的目標，因

為這與他們的績效評估和薪資體系聯繫密切。公司會組織中期評審，討論目前的進展狀況以及離年度目標的差距。年終時，經理和員工在一起座談公司的目標和個人目標，以及所取得的進展。這種主觀的評估可能會產生不同的意見，因為最終的評估結果會影響到年度獎金和工資晉升。

例如，海爾把「徹底的第一主義」作為發展目標。這樣的目標，成就了海爾全國第一、世界第四大白色家電製造商、中國最具價值品牌的地位，創造了民族工業的輝煌。世界頂級航空公司——新加坡航空公司「致力於以創新的產品與優質的服務為顧客提供最佳的飛行體驗」的目標，鑄造了新航完美的價值體系。

可是在現實中有的公司設定了目標，但是並未取得很好的效果，甚至利潤下降。為什麼公司設定了目標（並與工資掛鉤）反而導致了矛盾的加劇和利潤下降呢？這是因為：首先，設定的目標不全面。每個部門只專注於對自己重要的幾個目標；其次，公司的傳統是一年進行一次績效評估，目標一旦定下來就不能改變，所以即使發現了某些目標的問題，也不能進行即時修改；再次，各部門的目標之間沒有聯繫，只是在組織內上下級之間有聯繫；最後，目標不符合公司擴大市場份額的特定戰略。原來的目標只關注銷售額和按時交貨，但實際上，公司目標管理最重要的戰略是建立關鍵部門之間的聯繫。

（二）空服服務目標的含義

空服服務目標就是在航空公司總體目標下，機組成員在航班服務過程中努力要達到的目的，也是透過機組人員的努力，服務所能達到的一種狀態。

空服服務目標通常反映了航空公司在服務中達到的水準，一方面，服務目標很好地反映了乘客的期望，以乘客為核心的服務目標體系體現了公司在滿足乘客需求過程中的保證措施，使服務落實到了實際工作的每一個環節，落實到每一個服務人員的具體服務中；另一方面，目標激勵著乘務人員自覺行動，透過自律自控過程，確保為乘客服務的宗旨得到執行。

正如一位空姐所言「因為我知道為什麼工作，我知道我該工作到什麼樣，所以我的工作才出色」。她明確地道出了目標的含義：當你為乘客服務的時候，你想的是什麼？如果你僅想著完成服務的技術程序，那麼你只能是疲於應付，你的

心無法貼近乘客，也就無法讓乘客滿意；如果你知道自己在公司目標中的作用與價值，你就會有大局觀，你就會以滿足乘客的需求、贏得公司的信譽為行為準則，使提供優質服務成為自覺的行為，你的創造力才能發揮出來。可見，服務目標不僅是一個服務的質量的標的，它蘊涵著啟迪思想、維繫心理、引導行為、激勵熱情的含義。

‖ 二、空服服務目標的作用

（一）啟迪思想

航空公司的優質服務是由每個人的服務狀態所決定的，而人作為自主的行為主體，其工作態度與服務意識，決定著人的行為方向與工作的主動性，進而決定著服務品質。在航空公司的整體目標下的空服服務目標，描繪了空服服務的境界，服務目標以及服務標準，明確了每個人所分擔的工作與公司及空服服務目標之間的關係，使每個空服人員明確了自己的主人翁地位，與公司心心相印。

（二）維繫心理

心有所歸，情有所繫，這是一個空服服務團隊所具備的基本條件。凝聚力源自於大家心甘情願地為集體的目標而不懈地努力，最高層次的凝聚力不是簡單的經濟利益，而是對事業的追求與信念。空服服務的目標，維繫著大家的共同價值，心往一處想，勁往一處使，這樣的團隊才具有戰鬥力。

（三）引導行為

有了堅定的信念，大家向哪個方向努力？怎樣做才能做得更好？在客艙複雜的服務過程中，大家的行為必須一致——共同努力，追求完美。目標規定了各項工作的內容、達到的標準，也就明確了每個人的責任，知道了該做什麼，怎麼做，這樣公司的目標就有了實現的基礎。

（四）激勵熱情

工作的狀態不僅取決於技術，更在於對工作的熱愛與堅持不懈的努力。空服服務不是簡單的勞動，需要智慧與體能的付出。讓一個長期從事一項重複性工作

的人能持久保持高漲的工作熱情，就需要不斷地激勵他們，使他們能不斷地尋找到工作的動力，將服務作為一種崇高的追求。空服服務目標將大家的理想、志趣和個人的奮鬥目標維繫在一起，是使人們保持長盛不衰的工作熱情的重要手段。

‖ 三、空服服務目標的特點

空服服務基本目標是透過周到、溫馨、細緻、熱情的服務，保證乘客安全、舒適地到達目的地。而要實現這個目標，需要從服務的大局出發，從細微的服務入手，從過硬的技術上著眼。可見，空服服務的目標必須符合空服服務的特點以及乘客服務要求的心理特徵，才能夠使目標更好地發揮其應有的作用。

這裡我們從三個角度看空服服務目標的特點：從空服服務目標的內容、空服服務目標的實現以及乘客需求滿足來看服務目標，我們可以將空服服務目標的特點歸納為：

（一）目標的「無形」性——旅客對服務的需求無處不在

空服服務的衡量主體是旅客，旅客滿意是目標設計的出發點，空服服務存在於空服員為旅客服務的每個細節中。因此，空服服務的目標具有無形性，不同的環境下，旅客有不同的需要，同時受旅客的個性、態度、情緒、身體狀態等因素的影響，旅客的需求是動態的。

案例

航班在飛行中，乘務長來到旅客中間，徵求旅客對航班服務的意見與建議。在問及對設施、服務技術、服務內容、服務態度的意見時，旅客均表示滿意，但最後說了一句，「我就對某某號空服員不滿意，希望能不斷改進！」「不滿意」、「不斷改進」多麼簡單的幾個字，恰恰反映了空服服務目標的「無形」性特點，儘管大家都努力了，但細微的紕漏恰恰被乘客注意到，進而也就成為評價航班服務的一個依據。

（二）目標的「延伸」性——涉及的範圍廣泛性

空中乘務是航空公司與乘客的聯繫的前沿，體現著航空公司的服務理念。與

乘客接觸的每一個瞬間，每一個細節，都與航空公司的整體相聯繫，即使是空服員的個性因素所導致的服務殘缺，公司也難逃其咎。可見，空服目標儘管是一個點，但它的影響卻延伸到公司整體形象，具有無限放大的效能。

案例

「細緻、細緻、再細緻」，可謂是很多航空公司的服務理念之一。一位空姐在為乘客提供飲料時，恰巧遇到了氣流引起的飛機顛簸，使一滴咖啡落到了座位的扶手上，空姐進行了緊急處理，又特意取來清潔用品，反覆地進行清潔，那種極其認真的態度，使乘客為之感動，不快之感也隨之消失，最後還溫和地對這位空姐說：「看你這認真的態度，說明你們公司真的把我們乘客當做上帝了。咖啡濺到扶手上，不是你的錯，下次我還會選擇你們公司的航班。」這可謂是「一滴水反映太陽的光輝」。

（三）目標的「歸一」性——旅客滿意

無論多麼龐大的航空公司，無論航空公司的管理多麼複雜，空服服務目標是所有目標的靈魂。航空公司所有的工作目標的結果都是指向空服服務目標，即達到讓旅客滿意。一切服務措施都是為了對旅客負責，航空公司工作的每個細節都是為了讓旅客滿意，而每一個滿意旅客都是最有說服力的，空服服務目標的牽動性，遠遠地超過了目標本身。

案例

當旅客對服務不滿意時

旅客在用餐時發現餐食中有異物，十分生氣，說要投訴。空服員即時、誠懇地向旅客致歉，並立即更換餐食。旅客不願接受，於是乘務長請其留下電話號碼，表示一定會向相關部門反映，盡快給他一個滿意的答覆。在接下來的服務過程中，空服員面帶微笑並特別關注該旅客及其周圍旅客的需求，主動、即時地滿足他們的需求，彌補了旅客心理上對工作的不滿。飛機下降前，乘務長代表機組送給旅客一份紀念品，感謝他對自己工作失誤的諒解。

點評：乘務組的處理比較妥當，在處理這類問題時應特別注意：一定要將有

異物的餐食帶回基地，交給調度室或配餐員，不要讓旅客帶下飛機，如果旅客要投訴，應主動提供意見卡。要有維護組織形象的整體觀念，不要推脫責任，不能告訴旅客這是配餐部或外配公司的問題，與空服員無關。可由乘務長出面，向希望投訴的旅客申明，所有對外有法律效力的證明材料，由公司專門的部門負責，空服員不能代表公司簽署任何法律文件。然後將公司有關部門的電話留給旅客。最後請旅客相信，乘務組回到基地後一定會將情況如實上報有關部門處理，並盡快將處理結果告知旅客本人。

（四）目標的「引導」性

為乘客提供優良的服務是民航企業的核心價值觀念，而透過空服服務的目標體系，以目標為載體，將為乘客服務的思想貫徹到客艙服務的每一個角落，落實到每一個服務細節。「讓乘客滿意」應該是空服服務的基本目標，但這不足以保證公司的發展。因此，在公司基本服務內容趨同的情形下，高水準的滿意度才能吸引乘客。那麼讓乘客滿意到「什麼程度」就成為問題的關鍵。公司的目標如果能夠統領航空服務的全局，能夠站在發展的高度，這樣的目標就會引導公司未來的發展。否則，企業就會安於現狀、不思進取，沉睡在以往的成績中，漸漸地落在其他航空公司的後面。

（五）目標的「系統」性——完美的統一體

有人會問：乘務長在做什麼？首先是在把握大局，保證服務過程盡善盡美。完美是由細節所決定的，而細節之間是相互聯繫的，儘管空服服務目標可能包含多種具體目標，但是這些目標一定是相互關聯的，並形成一個統一體系。

空服服務的目標可以分為公司目標與個人目標兩個層次。公司目標是針對公司發展的整體需要而言的，它強調公司發展戰略對企業形象與信譽的要求，強調服務對已有客戶和潛在客戶的影響。公司的目標具有戰略性、整體性與長遠性，它是根據不斷變化的市場競爭及旅客心理需求的變化來確定的。如新加坡航空公司的目標就是：以精緻、高品質的溫馨服務，給客戶提供一種真正令人愉快的體驗，保證持之以恆的優質的服務。也正是這樣的目標，新航才透過服務創新，將服務目標體現在服務的細微之處，體現在每個乘務人員的溫馨服務之中。

訊息卡

新航的目標：創造出其不意的效果

新加坡航空公司利用員工的回饋、其他航空公司的訊息、客戶表揚／投訴分析和對旅行者所作的大規模調查來幫助他們產生新的想法。Yap先生補充道：

「只有新生事物才能創造出出其不意的效果。我們要為客戶提供他們所意想不到的服務。有許許多多的東西，客戶並不知道這些就是他們所需要的。我們試圖去研究這種趨勢。我們有產品創新部，他們會不斷地關注這種趨勢：為什麼人們以某種方式去做事，為什麼人們去做某件事。然後我們把眼光放在3年到5年內，我們設法跟蹤短期和長期的趨勢。」

第二節 旅客心目中的服務——目標期望

所謂服務期望是指在顧客心目中服務應該達到和可以達到的水準，有時也稱顧客的期望。

一、服務期望的分類

（一）「硬」期望和「軟」期望

硬期望是指那些能夠透過計數、計時或觀測得到的期望，如航班正常率。據調查，顧客對企業關於航班正常承諾的實現程度的期望是很高的，調查也顯示，聯邦快遞已經把大多數顧客的要求轉換成硬期望或硬約束。當然，並非所有期望都像它那樣易於轉換。

軟期望是指那些無法準確描述，只能用感性的體驗、交流表現出來的期望或要求，如空中小姐的態度。軟期望為員工滿足顧客需求的過程提供指導、準則和回饋，並且透過評估顧客的理解與信任得以度量。這些期望對於需要人際互動的服務十分重要。

（二）模糊期望與具體期望

很多時候，顧客心中雖然有自己感知的期望，但往往是模糊的、籠統的，這些期望因缺乏操作性，不能直接用來做服務標準，只有經過企業的加工，具體、明確、數量化，才能轉變為有效的服務標準。建立空泛的口號式的標準，如我們「竭誠為顧客服務」，是沒有效果的，因為這樣的標準難於傳達、衡量和落實，公司收集顧客需求數據時，往往只得到一些抽象的東西，服務人員很難找到有用的參考訊息。有效的服務標準應以具體的方式表述，使員工理解他們應當做什麼。美利堅航空公司幾乎為所有的運營區域制定了標準，同時對這些標準進行定期檢查，如回覆訂票電話的時間、顧客辦理值機手續需要等待的時間。

‖ 二、顧客期望對於空服服務目標的意義

研究顧客期望對於決定空服服務的目標以及實現服務目標的途徑十分有價值。

（一）有助於制定服務品質標準

服務品質很大程度上是顧客主觀評價的產物，而且對於服務品質的感知過程也是複雜的，顧客實際所接受的服務並不能決定感知質量的好壞。透過瞭解顧客的期望，瞭解顧客最為關心、最看重的因素，抓住重點，可以有針對性地制定顧客導向的服務標準。因此，應將服務期望的重要因素與決定因素區分開來。

重要因素。這是消費者的體驗中比較重要的針對競爭對手的服務因素。對於消費者的購買決定來說，它是重要的，但不是決定性的。比如一家航空公司提供預訂餐食，這可以是一項重要的附加成分，但如果幾乎所有航空公司都能夠提供這類服務，這就不是顧客決定在這家航空公司消費的關鍵要素了。

決定因素。1980年代初，英國航空公司制訂了一個改善服務品質的計劃，對英國飛機能夠吸引乘客乘坐的特點進行了廣泛的調查。商務乘客喜歡飛機準時正點，能夠當日往返；如果延誤了預定的班機可以改乘下一班，這些都是合理的預期；渡假旅行的乘客喜歡飛行期間得到娛樂和良好的飲食；首次飛行者則希望飛行安全。調研得到了各種類型乘客的服務體驗，但是沒有發現商務乘客所關注的決定因素。英國航空公司國內航線上的競爭對手British　midland在主要城市間

推出了一種精心研究的服務，叫做香腸早餐，專門針對商務人士，其效果斐然。很多被認為只追求正點和航班頻率的乘客改乘British　midland航班飛行，這表明英航的調研沒有發現這個潛伏著的決定性因素。與重要因素相反的是，一些因素並不是多麼優先的，但卻在顧客選擇時起了決定性的作用。例如，在若干家提供預訂餐食服務的航空公司之間作選擇時，一些看上去不重要的因素，如餐食品種的可選性、乘務人員服務的周到禮貌、不用排隊等候，卻可能是選擇的決定因素。

（二）有助於服務設計

任何服務活動的成功，都依靠角色設計，或者說依靠表演者——員工和顧客——怎樣很好地把他們的角色扮演出來。服務員工需要依照顧客的期望來扮演自己的角色，假如他們不這樣做，顧客就會感到失望。同時，顧客的角色也一定要扮演得好，如果顧客就有關服務的期望和要求與提供服務的員工進行很好的溝通，那麼服務的效果就可能很好。

（三）有助於服務溝通

在實際中，企業管理者感到困惑的是，即使企業實施了質量改進計劃，包括功能、質量改進計劃，顧客感知的服務品質可能仍然很低，甚至還會不斷地降低，這很可能就是企業與顧客的溝通不夠造成的。例如企業過度的宣傳、過高的承諾提高了顧客的期望，使企業實際提供的服務無法超越顧客的預期，此時，儘管服務品質很好，但由於顧客的預期過高，他們對服務的評價仍然不高。

對於服務，適當、準確的溝通屬於營銷和生產運營部門的職責，營銷部門必須準確反映服務接觸中的實際情況，生產運營部門必須提供溝通中承諾的服務，在服務促銷的過程中，企業不能把服務的期望提高到自己所能穩定提供的水準之上；如果廣告、銷售部門或任何形式的外部溝通建立了不實際的期望，實際接觸就會使顧客失望。在日益激烈的競爭環境下，企業經常過度承諾，會使整個行業的規範都傾向於過度承諾。

（四）有助於管理顧客期望

顧客對服務的期望影響他們對質量的評價，期望越高，傳遞的服務就越被認為應該是高質量的，因此，在廣告中要作可靠的承諾，只有確保能夠可靠實施的承諾才是合適的。管理顧客期望是企業服務管理活動的重要組成部分。服務承諾是形成顧客對服務的期望的一個關鍵因素，民航企業透過廣告、宣傳、推銷員、公共關係活動等溝通方式向顧客公開提出的承諾，直接影響著顧客對服務的期望。服務承諾可以用來引導和調節顧客的服務期望。當顧客對服務的興趣不大和期望不高時，民航企業可以增加承諾的內容和力度，以此調節顧客對服務的期望。

訊息卡

服務期望管理

像英航這樣服務卓越的公司，在顧客期望管理方面做得也非常出色，他們深悉顧客對公司的期待以及公司的行為對顧客的影響，也知道如何謹慎地創造顧客期待，並透過對環境、服務態度及激勵措施的有效管理，使得公司各種行為與顧客期望相一致，甚至超過顧客的期望，從而達到使顧客滿意的目的。相反，有的企業為了短期利益，隨意承諾，向顧客隱瞞訊息使顧客非常失望。

三、顧客期望管理

要達到旅客滿意的服務目標，空服員提供的各種服務一定要滿足旅客的期望。在顧客評價服務時，他們所抱的期望起著關鍵的作用，航空公司的服務和營銷人員一定要瞭解顧客期望的形成因素，但不要試圖控制全部因素，因為影響顧客期望的因素實在太多了。顧客自身的因素、環境因素和服務企業的服務策略、理念、承諾、員工表現以及環境不可控因素等都會不同程度地對顧客期望產生影響，民航企業應做的是，對可控因素加以調整和引導，對不可控因素的影響儘可能預見到，以便採取應對措施。

（一）個人差異

旅客的個人差異涉及很多方面，一般可從以下角度來考查：

1.旅客類型

商務旅客與休閒旅客的期望顯然有很大差別，前者對航班時刻、正點起飛以及隨時更改航班等很敏感，而後者對票價波動非常在意。

2.地區分布

大城市的顧客與小城市的顧客的期望也有所不同，對於所在城市只有一個小機場的乘客來說，他們很少有多個航班的選擇，這樣的顧客對飛機服務有較大的容忍力，因為替代者很少，不像大城市有更多航班和航空公司可供選擇，所以乘客更容易接受不利的時間安排和低水準的服務。

3.顧客的價值觀和服務理念

顧客的價值觀和服務理念，即顧客對於服務的意義和服務提供者行為正確的理解和根本態度。如果顧客有一些關於提供服務的個人理念，那麼他們對服務提供者的期望將被加強。例如，一個對航空運輸業務流程比較熟悉的顧客，可能比其他人更不能容忍以天氣情況為藉口對航班的延誤進行解釋。因為他知道許多航班延誤是由計劃不當、機務故障造成的。一般說來，在服務業工作或以前在服務業工作過的顧客似乎有特別強烈的服務理念。

4.乘客過去的消費體驗

乘客過去乘機、享受服務的經驗，對其影響巨大。乘客會把這次旅行與乘坐其他航空公司班機旅行的經驗進行比較，這一方面增加了服務的難度，另一方面，乘客的期望也是改進服務的一面鏡子，因為乘客對服務的期望正是空服服務所要提供的內容。

5.顧客的態度和情緒

因為服務是一種體驗，所以態度和情緒都是影響服務過程感知效果的關鍵因素。假如當顧客進入候機樓時心情不好，他對地面服務的評價可能就不如他處於開心快樂時的評價。如果此時服務員工也正處於惱怒狀態，那他與這名顧客之間的接觸、互動則有可能被這種心情所影響。而且，一個顧客的壞心情會直接影響在場的其他顧客的服務體驗。另外，態度和情緒還會使顧客在判斷服務接觸和服

務提供者時產生偏見，例如，銷售人員在失去大客戶後沮喪地趕到機場時，比他剛剛贏得大訂單時更容易被飛機延誤和擁擠所激怒。

（二）服務過程

1.遠程航班與短程航班

遠程航班的旅客對客艙設施非常在意，他們希望坐椅十分舒適，娛樂設備非常先進，而短程航班對這些因素就沒有太多關心。

2.高峰時間與低谷時間

一個明顯的例子是，在每年的春運和「十一」長假期間，乘客已預見到座位會非常緊張，能買上機票就滿足了，對服務品質的關心就少於消費淡季。

（三）服務特性

1.參與程度

也就是指自我感知的服務角色，當顧客感覺到他們沒有履行自己的角色時，其容忍區域會擴大；相反，當顧客認識到他們在服務傳遞中的作用時，會提高對服務的期望。

2.服務價格

對許多顧客來說，機票的價格反映著服務品質。票價被視為質量水準高低的有形實據。顧客心中對航空服務的容忍區間與票價升降成反比。機票漲價，容忍區間就會變窄；機票降價，容忍區間則會變寬。

3.競爭對手情況

如果其他航空公司引進了新技術或採用了新的服務方法，那麼顧客對相關的服務期望也會增加。

（四）服務承諾與溝通

1.服務企業與製造企業的區別之一是，顧客購買服務時買的是一種承諾

就航空服務來說，過去的經驗似乎很重要，但航空公司自身在創造和改變顧

客期望方面起著非常大的作用，企業可以透過多種方法傳遞出有關的服務訊息，以影響或改變顧客的期望。購買服務的特殊性在於，顧客在沒有看到自己購買的無形產品前，要先掏錢，然要再享受服務。而製造企業的顧客則可以試穿服裝，試用汽車，而服務企業的顧客卻不能試酒店或航空公司的服務。他們只能先掏錢成交，再期望能得到公平完滿的服務。

正是由於航空服務的無形性的特性，為了保護消費者的合法權益，民航總局在2004年初的全國民航工作會議上決定，從2004年開始在全行業推行「顧客服務承諾制」。民航總局將建立法規強制與企業「承諾」相結合的維護消費者權益體系，並要求所有航空公司、機場和代理企業，都應制定並推出符合相應法規標準的「顧客服務承諾」，並向社會公布。

民航總局運輸司結合消費者投訴的熱點，向各運輸航空公司推薦了七項服務承諾參考清單。七項內容包括：關於客票變更、簽轉和退款時的服務承諾；航班不正常包括代碼共享航班不正常時的服務承諾；非自願提交或降低座位等級時的服務承諾；託運行李無法正常交付或行李遺失之後辦理賠償時的服務承諾；以折扣價格出售客票時的服務承諾；航空公司不定期航班在委託服務代理和銷售代理時保證服務品質和水準的承諾；旅客服務部門的熱線號碼和服務承諾。

目前，大多數航空公司和部分機場都發布了自己的《服務承諾》或《顧客服務計劃》。

2.口碑傳播

航空企業在市場上的口碑是影響顧客期望和適當服務形成的一個重要因素。口碑好的服務企業及其所提供的服務，容易在顧客心目中形成較高的理想期望和適當服務，而口碑差的服務企業容易在顧客心目中形成較低的理想期望和適當服務。

3.從媒體、社會權益組織得到的訊息

從媒體等得到的訊息對顧客的服務期望也形成很大影響，如從消費者協會等權益組織的報告、報導等得來的訊息。

第三節 空服服務的目標體系

公司目標應該是一個有機的整體，公司的任何目標都應該圍繞著公司的總體目標。因此，要保證目標能夠實現，目標要代表組織內部成員的共同願望，這一方面需要大家為總體目標共同努力，需要局部目標滿足整體目標，個人目標滿足部門目標；另一方面，每個人的行為必須符合目標實現的要求，不允許有違背目標實現的行為存在，目標統一著人們的行為。

一、空服服務的宏觀目標

航空公司的一切工作都是公司工作的組成部分，都在實現公司目標的實踐中發揮著應有的作用。儘管空服服務工作具有明顯的微觀性，但所帶來的效應遠遠超過客艙本身。客艙雖小，卻體現著公司胸懷的博大；空姐工作雖然細微，卻積累著公司的偉業。因此，空服服務的宏觀目標遠遠超出服務本身，空服服務的宏觀目標應融入到公司發展的總體之中。

從宏觀上看，空服服務的目標主要體現在以下幾個方面：

（一）樹立公司的良好形象，確保市場穩定

乘客選擇航空公司不外有兩個原因：旅行時間與對航空公司的信任。在旅行時間硬性約束的前提下，如何選擇航空公司、選擇航班，取決於對航空公司的信賴，而航空公司的形象，其對乘客的服務態度與能否滿足乘客需求的服務內容，成為人們評價航空公司服務水準的標準。長期服務信譽的積累，形成了公司良好的形象，也就形成了人們對航空公司的心理定位，形成了穩定的消費取向。航空公司也就會擁有穩定的消費群體，在此基礎上保持乘客的忠誠度，從而也就穩定了自己的市場。

在空服服務中，樹立良好的公司形像是最高目標，以乘客為本，以乘客的利益為最高利益。透過空服人員細心的服務，讓乘客在旅途中獲得愉快的體驗，讓航空公司良好的形像永駐於乘客心間。

（二）展現公司為乘客服務的宗旨，讓乘客感受公司的關懷

踏踏實實地為乘客服務是公司發展的基本途徑。無論是公司的宗旨，還是公司的服務理念，都時刻體現在為乘客服務的過程中。乘客所感受的服務過程以及內心體驗具有很強的真實性，旅客不會違心地欺騙自己，他們會敏感地體察到不同宗旨與理念下服務的差異。所以，儘管服務過程有規範可依，有制度的約束，但每一個人的服務態度、每一個動作，在空服人員看來是個技術性問題，而乘客卻看做是公司服務理念的具體體現。感動乘客，是服務境界的最高體現。

在空服服務中，細微之處充分體現公司的服務宗旨是其基本目標，公司之間的差異也往往體現在公司服務宗旨的差異上。如果你能感動乘客，你就擁有了永久的乘客，如果給予了乘客真誠的關懷，乘客會給予你回饋的。在空服員細心為旅客提供周到服務的同時，也就提升了公司的價值。

（三）透過全方位的服務，獲得高乘客滿意度

航空公司的發展需要市場的支持，而市場是乘客的集合。要獲得市場，就需要對乘客有足夠的吸引力，在服務競爭中具有相對優勢。滿意度是衡量乘客對航空公司服務滿意程度的綜合性指標，它檢驗服務承諾的兌現程度，也反映服務產品的設計水準。因此，服務內容是全方位的，既要提高服務品質，也要增加服務項目，改善服務產品，甚至要提高服務的硬體設施。

二、空服服務的微觀目標

微觀目標就是客艙服務過程中直接體現出來的服務品質，是乘客直接的內心體驗。微觀目標反映在空服服務過程中，是空服人員在貫徹公司服務宗旨與理念的過程中，透過行為而實現的目的。

（一）保證客艙秩序，創造舒適的旅行環境

在旅行中，客艙形成了一個具有共同目標的臨時組織。在旅客旅行過程中，大家的目標與利益是一致的，都是為了平安、準時地到達目的地。同時，由於乘客之間存在著差異性，使得旅途中，乘客與乘客之間，乘客與機組之間不免存在

各種衝突與不和諧的因素，這些問題一旦出現，勢必影響到旅途的氛圍，影響乘客的心情。因而，空服服務的基本目標就是保證客艙內和諧的氛圍，制止不文明、不禮貌以及影響他人旅行的行為，化解各種衝突，確保客艙的文明與秩序。

（二）消除安全隱患，保障旅途的飛行安全

飛機是特殊的交通工具，安全是航空旅行的最基本目標。飛機在飛行中，飛行環境、飛機狀態以及客艙內的秩序，都會影響到飛行安全。空服人員在面對突發事件時，要即時果斷地採取措施，消除各種可能帶來不良後果的隱患。

（三）提供優質服務，體現乘客的核心價值

服務是乘客所期待的直接、基本的產品，服務體現在服務的內容、體系、規範以及服務的技能等方面。航空公司為乘客設計的服務產品，是透過具體的服務過程來體現的。這就需要做到：一切要以乘客為核心，服務過程要精準，服務技能要嫻熟，服務態度要真誠，服務作風要端正。

訊息卡

美國西南航空公司瞭解顧客期望值的獨特做法

今天的顧客具有強烈的價值導向，他們重視價值，遠遠超過了重視價格和獲得成本，在西南航空公司，顧客感知的價值很高，即使航空公司沒有提供全套服務也能夠達到客戶的滿意。西南航空公司的領導層服務導向在於，高度的顧客滿足來源於航班頻率、準時起飛、友好的員工和低票價。因為公司主要的市場營銷單位——涉及了超過24000位員工——成天與顧客接觸並向管理層報告。

（四）滲透真摯情感，傳遞溫馨的全面呵護

在空服服務過程中，空服服務人員與乘客扮演著不同的角色，前者是付出、奉獻，後者是得到、體驗，而心理體驗越來越成為乘客的內在需求。這種角色的不同，就為空服服務人員的服務過程以及服務狀態提出了明確的要求：只要心到，情感到，上帝會知道的！滲透情感就是要求在服務過程中，用心體會自己的角色，用情感去體會乘客的感受，把溫馨傳遞給每一個乘客。

（五）以滿意服務為訴求，創造和諧的客艙氛圍與文化

客艙服務是航空服務體驗的重點，是其他方式所無法替代的。體驗性的服務，是一種無止境的追求。儘管客艙空間有限，帶有休閒性的客艙服務，使旅行成為一種享受。乘客的需求就是在旅行中休閒自在，而客艙的氛圍與文化是乘客感受最深刻的內容。這個氛圍源自於機組人員之間的和諧，源自於乘客之間的和諧，源自於機組人員與乘客之間的和諧，最關鍵的因素是空服人員溫暖的笑容，真摯的感情，以及熱情周到的服務。在和諧的氛圍中，服務就會得到提升，顧客的價值才能夠得到認可。

（六）透過具體服務，體現公司的服務宗旨

乘客服務期望的實現更多地來自於心理體驗，而決定這種心理體驗的是服務過程的細節。實踐表明，如果為旅客服務的思想不能落實到具體的服務細節中，再好的服務設計都將成為空談；再好的服務宗旨，沒有目標的保證以及以目標為導向的服務措施，都將成為一句空話。

優秀的航空公司恰恰在實現服務宗旨的過程中將服務目標具體化、系統化，其突出的表現是目標明確，體現著滿足乘客期望的理念，並在目標體系中體現為乘客提供完美、超值服務的願望。

訊息卡

東航的使命與目標

東航使命——讓旅客安全舒適地抵達

●安全舒適是旅客選擇航空運輸的前提。保證航程平安，滿足旅客出行需求，是航空運輸企業存在的價值體現。

●我們致力於成為安全、信譽優良、旅客放心的航空公司，並在此基礎上為旅客提供舒心服務，讓旅客充分體會到高效和便捷。

●　讓旅客安全舒適地抵達，需要每一位員工的共同努力，需要每一道工序的密切配合，需要每一個環節的有機銜接。任何一個環節出現問題，都將影響使

命的完成。

● 航空安全不允許失誤和疏漏。「不讓差錯發生在自己手中」是企業對員工的最基本要求。唯有恪盡職守,方能不辱使命。

東方航空公司的目標:追求卓越 求精致強

●航空市場永遠是優秀運營者生存的舞臺。我們努力創造具有顯著市場號召力和市場競爭力的產品(服務)和品牌。只有不斷追求卓越,才能有無限的發展空間。

● 公司的目標不是規模的簡單擴大,而是以精品意識和行動打造品牌形象、樹立品牌地位,努力躋身於世界主流航空公司的行列。

● 公司講求實現全方位的、可持續的協調發展,成為航空安全的最可信賴者、滿意服務的最佳創造者、員工成長平台的最好搭建者、社會效益和經濟效益的最優運營者。

第四節 實現服務目標的途徑解析

‖ 一、影響空服服務目標實現的因素

(一)乘務人員的個性因素

個性因素是考察一個人是否適合服務工作的基本要素,個性決定著服務品質,也就是說決定著空服服務目標的實現程度。個性是獨立於所從事行業之外的因素,有的人個性略顯張揚,有的人略顯收斂;有的人細緻入微,有的人不拘小節;有的人熱情奔放,有的人內心體驗深刻;有的人沉著冷靜,有的人易於激動;等等。個性因素是長期養成的,會表現在人們的日常行為與工作過程中。每個人的不同個性因素都會在工作的過程中留下痕跡,改變起來十分困難。根據空服服務的職業特點,就從業要求而言,個性張揚、粗心大意、不拘小節、缺乏愛心的人是不適合服務行業的,更不適合空中乘務工作。

（二）乘務人員對公司服務宗旨的理解與實踐

人的活動是有意識的主動行為，當一個人身處組織之中時，他的行為必須服從組織的要求，與組織目標相統一。當空服服務人員能夠深刻理解公司的服務宗旨，對公司使命有著深刻的認識時，他們就會更加忠誠於企業。這樣，他們可以自覺地將公司的宗旨體現於行動中，空服服務的目標就能夠實現。否則，員工的思想就會處於游離狀態，服務品質就會大打折扣。所以建設公司文化，深化公司的宗旨，明確公司的使命，建立系統的文化體系，透過文化統一人們的觀念，鞭策人們的行為，對實現公司的經營戰略至關重要。

（三）服務意識、技能與藝術

空服服務是特殊場所中的特殊服務，要求空服服務人員具有很強的服務意識、熟練的服務技能與高超的服務技巧。

意識是深層次啟發人們行為的推動力。有良好的服務意識，服務就會主動、熱情、體貼、超前。如果從空服服務對乘客需求的反應速度來衡量，我們可以看出服務意識的差別：乘客按求助鈴後，三分鐘到位，算是正常規範的服務；一分鐘到位，屬於有服務意識；在乘客沒有按求助鈴，而能超前體察乘客需求，提供超前服務，屬於有很強的服務意識。也可以從提供服務的延續性來看服務意識：就事論事，解決一事，屬於規範的服務；事情解決了，主動提出還能提供什麼幫助，屬於具有服務意識；而在處理完事情後，主動提供超前的相關服務，屬於具有很強的服務意識。

技能是完成服務的保證，服務技能是實現服務目標不可或缺的條件。而服務藝術和技巧是服務的靈魂。空服服務是一種高尚的服務，空服服務藝術是在服務過程中表現出來的靈活性，是一個服務人員的「靈性」所在。空服人員高超的服務藝術會讓接受服務的旅客有一種自豪感、一種滿足感。

（四）客艙組織與管理

客艙中乘客與機組成員組成了一個臨時組織，在這裡大家的目標一致——安全抵達目的地。但由於分工與角色的不同，他們在路途中有著不同的責任。機組

人員擔負著保障的責任，所以做好客艙的組織與管理工作至關重要。這裡組織與管理體現在兩個方面，其一是機組人員的組織與管理；其二是乘客行為的組織與管理。管理好機組人員的行為與管理好乘客的行為同樣重要。

機組人員的管理主要是針對機組人員的責任，根據服務規範，對服務過程進行的組織與管理，包括：責任分工、工作協調、緊急事件處理等，在緊急情況下的執行力與執行能力至關重要。

乘客行為的組織與管理就是對乘客的不可控制因素所採取的措施。在服務過程中，即使空服服務人員不折不扣地執行了服務規範，來自於乘客的因素仍可能是客艙中不和諧的音符，使航班無法正常運營。據統計，在某些時段，因旅客遲到而造成的國內航班延誤率達20%。而在航班取消，或由於空管、氣候原因飛機不能起飛的情況下，有些乘客會大發脾氣，出言不遜，提出無理要求，甚至做出威脅飛機等無禮和非法的事情。另外，也會出現因乘客好奇或不懂規矩，亂動飛機上的設施而引發的航班延誤。此外，乘客之間的不和諧也是影響客艙秩序的重要原因。這就需要機組人員耐心、細心觀察乘客的心理狀態，做好乘客的工作，預防不良的行為傾向的出現。

‖ 二、實現空服服務目標的途徑

（一）協調服務關係

實現空服服務目標是航空公司發展的需要，也是公司承擔社會責任的基本要求。有了明確的目標後，如何在實際工作中保證目標的實現，是關鍵問題。實現空服服務目標，需要注意協調以下關係：

1.機組成員之間合作

機組成員是實現服務目標的直接責任者，擔負著實現服務目標的重要責任。當機組團隊組成後，大家的命運就已經聯繫到了一起，而維繫大家的就是機組的目標。調查顯示，合作是一種無形的氛圍，當機組成員團結合作時，乘客能夠感受到一種融洽的氣氛，乘客對服務的滿意度就會提高，安全感也會增加；而對機

組來說，置身於團隊合作的環境中，會有助於減輕衝突和緊張感，每一個感受到團隊支持和以團隊為後盾的員工會更好地保持工作熱情。員工之間的互相幫助、互相分憂、共同努力，是保持服務熱情的不竭的力量源泉。

在執行航班任務的過程中，機組成員是個合作的團體，並在分工與合作中完成機組的使命。面對執航過程中複雜的環境與任務，需要他們各行其是、各負其責、團結協作、互相依託、互相關照、互相鼓勵。只有機組成員充分的合作，才能更好地理解各自的使命與責任，才能體會到服務的精髓。

2.機組人員與乘客之間和諧

「同舟共濟」可謂是機組與乘客之間關係的最好寫照。這裡關鍵的問題是如何在有限的時間內，愉快地相處，把公司的關懷傳遞給每一位乘客，讓他們體會到公司的無微不至的關懷。和諧意味著乘客能夠體會到「賓至如歸」的感覺，與機組人員融為一體，體會到輕鬆的氛圍。在愉快的相處中，機組人員才能為旅客提供細緻的服務，旅客才能感到由衷的滿意。

在實際服務的過程中，經常出現航空公司對服務的要求與乘客要求不一致的情況。在一般情況下，服務人員是按照以顧客導向為依據制定的規章制度、服務程序為乘客提供服務的。當這些規章制度、服務程序不能滿足乘客的要求，或乘客提出了更高的要求時，服務人員與乘客之間就會發生衝突，就會影響到機組人員與乘客的和諧。為此，乘務人員必須充分瞭解公司的服務章程與規範，認真理解公司的服務思想，把握以乘客為核心的服務宗旨，才能忠誠於公司，讓乘客的滿意度提高。

3.乘客與乘客之間和睦

乘客作為服務的對象，是共同的目標使大家走到一起的，目標一致，利益相同。同時，在乘客的群體中，也蘊藏著變化的因素，如：矛盾、衝突、安全隱患，甚至極端傾向。為此，乘務人員必須關注乘客的狀態，即時處理可能出現的問題，化解各種矛盾，保證乘客之間和睦相處，使之安全抵達目的地。

乘客之間的衝突是多方面的，有來自於服務過程中，比如當服務人員無法同

時滿足幾個乘客的不同期望和要求時，會出現乘客之間的衝突，因為空服員為一個乘客服務，就意味著別的乘客需要等待，因而導致對服務的不滿；另外也有來自於乘客之間的，比如，通道的擁擠、行李的放置、座位之間的相互影響等。這些來自於乘客之間的衝突，表面上看是乘客本身的問題，但實質上是服務的問題。如果服務過程能夠提供便利，這些乘客之間的衝突就會化解，甚至消除。所以乘客之間的和睦，主要源自於航空公司為乘客提供便捷服務所進行的設計，源自於服務人員能否對乘客之間的矛盾進行有效的化解。

（二）實現目標需要注意的問題

1.責任明確，責無旁貸

乘務組的明確分工是客艙服務目標實現的保證，也是服務工作的基本要求。各個艙位的乘務人員，必須明確自己的職責，明確自己的工作規範與目標，這樣才能使服務工作形成一個整體。如果每個崗位都能很好地完成任務，客艙的服務品質就有了保證。相反，每個人都得過且過，缺乏責任心，那麼，漏洞就會出現，服務過失也就在所難免。從服務過程的實踐來看，任何微小的事件都隱含著極大的責任，都有可能演變成不可控制的事件，危及飛行過程，甚至飛行安全；從乘客的心理來看，任何微小的服務過失，都可能引起乘客的不滿，使努力付出的服務付諸東流。所以，空服人員在執行任務的過程中，必須時時明確自己的責任，盡心盡力地履行自己的責任，不能以任何藉口推脫責任。

案例

好奇的旅客穿上了救生衣

某航班上，空服員在巡視客艙時突然發現有一位旅客身上穿著一件已充了氣的救生衣，詢問後得知是該旅客看完安全演示影片後，很好奇地想看看救生衣到底是什麼樣子，當拿出來擺弄時，不小心碰到了充氣閥門，造成救生衣充氣。空服員立即進行了以下緊急處置：報告機長；制止旅客的不當行為；向旅客宣傳應急設備只有在緊急情況下才可使用；根據機長下達的處理原則，協調地面人員做好善後工作。這件事情發生後的處理方式比較正確，但造成這一事件的主要原因是空服員對客艙監控不力。旅客中的很多人特別是初次乘坐飛機的人會對飛機上

的設備有著強烈的好奇心，有的人還會親自動手觸摸嘗試，極易發生危險，空服員應該保持高度的責任心，對旅客的好奇心加以正確引導，以防止此類事件的發生。

2.互相補充，協同作戰

客艙服務是以經驗為基礎的積累型服務，但每個乘務人員的經驗與水準各異，作為服務的團隊，團結合作是彌補能力不足的有效辦法。當某個乘務人員在處理問題的過程中陷入尷尬境地時，有經驗的乘務人員需要挺身而出，協助調節矛盾，化解糾紛。

3.提高標準，保證服務品質

服務標準是實施空服服務的基本依據，服務標準高低直接決定著服務過程與服務品質，如果服務標準能夠適應服務目標的要求，那麼，空服服務目標的實現就有了良好的保證。服務標準應該適應乘客多樣性的需求，根據乘客的期望即時調整服務標準，才能使公司空服服務處於領先地位。

這裡需要指出的是，服務標準是客觀的，而服務品質是主觀的。服務品質是個十分模糊的問題，其模糊性來自於人的強烈的主觀感受和選擇判斷的傾向性。心理學上有個著名的玻雷斯伯效應，指出人類的感覺器官是極端脆弱和不準確的。比如，把毫無藥效的生理鹽水注射給聲稱全身疼痛的人，結果多數人在測試報告中稱「疼痛大大減輕」。玻雷斯伯效應告訴服務業者：高質量的服務表述和高質量的服務過程同等重要，顧客感知的滿意程度才是企業真正關心的，而不應該抱著這樣一種心態：「我們的服務這樣好，顧客應該滿意了。」

4.細心觀察，靈活應變

乘客構成的多樣性和需求心理的複雜性，決定了服務過程中要細心、靈活應對各種情況。通常所說的「服務於服務之前」就是要求乘務人員在不斷的觀察中發現乘客的需求跡象，跟蹤乘客需求的變化，選擇合適的時機為乘客提供即時、靈活的服務。服務是個細緻的過程，勤於觀察，才能在第一時間獲得乘客的需求訊息，正確作出判斷，在第一時間出現在需要服務的乘客面前。

案例

一個空服員的真實經歷

「今年6月16日，我執行CZ3589深圳至上海航班的飛行任務，航班因天氣原因延誤了4個多小時，部分旅客對天氣原因造成的延誤不理解，心浮氣躁，登機後，在客艙裡故意找『碴』，吵鬧不休，我與同伴不停地在客艙內解釋、送飲料，並將機組自備的快餐麵發給部分需要的旅客，但情緒激動的旅客卻聽不進任何解釋，發下去的意見卡被撕毀，送上的飲料、杯子被摔在過道上。這時，我無意中聽到坐在11排的中年男子輕輕地感嘆了一聲：『我也是搞服務的，幹這一行真不容易。』我馬上意識到這是實行『開口』服務的好機會，我從詢問他的職業、虛心向他求教服務技巧入手，與這位從事酒店服務業的呂姓旅客攀談起來，他除了對我們的工作給予理解之外，還主動擔當了調解員，與我們一道向周圍的旅客解釋，不急不慢地化解了旅客的急躁情緒和怨氣。真沒想到，在酒店當老總的他說服能力很強，不一會兒工夫，旅客的情緒就平靜下來了。在航班結束的時候，我們互留了電話號碼，打這以後，他就成了南航的常旅客了。」

（資料來源：羅小君，《中國民航報》）

5.堅定不移，有始有終

服務滿意程度除了服務過程的完美以外，還需要十分重視服務過程的關鍵環節，因為某一個敏感的細節往往成為乘客不滿意的導火線，是引發服務衝突的誘因。服務過程伴隨著長時間的體力、精力與耐力的消耗，而乘客也會隨著時間的推移產生身體疲勞，心情煩躁等不良反應，從而具有易於激動、情緒失控的心理特徵。資料顯示，旅途的後半程是最容易出現服務衝突的階段。因此，服務人員在服務過程的任何階段都不能有麻痺思想，也不能減輕服務的強度。乘務長更是要加強客艙巡視，提供個性化服務。

6.身心互動，以情動人

空服服務之所以是高層次服務，關鍵在於服務過程的心理投入，情感是透過眼神的交流和溫馨、甜美的笑容來傳達的。顧客最不能接受的是心不在焉的服務

過程，因為那是對他們的不尊重，是對服務的懈怠。神情與服務內容合一，才能傳遞真心的呵護，才能使乘客體會到溫暖。

7.技能精湛，萬無一失

空服服務是在運動的空間內完成的，這本身就加大了服務的難度。所以，服務人員必須具備精湛的服務技能，這是個需要長期磨煉的過程，空中乘務的技術性很強，需要專項技能的支持。特別是那些應急設備，必須熟練掌握使用方法和使用條件，絕不能得過且過，否則就是在安全方面的瀆職。再有，對特殊情況的處理，必須具備高超的技能，以應付可能出現的各種情況。

8.創造內部環境，激發責任感

國泰航空公司的理念是：乘客要得到最好的服務，只有服務人員的服務發自內心才是真正的好。但怎麼能讓員工對乘客的服務發自內心呢？他們的答案是：如果公司首先給予員工安全感，員工在這裡工作就會有歸宿感，就會更好地表現出責任感，更好地回報公司。他們認為，員工自己需要得到公司的良好服務，員工才能把這種情感轉移到為乘客服務上，才能夠提供發自內心的服務。正因為公司的關懷，激發了員工的工作熱情，許多國泰員工終生為其工作。

國泰航空公司的實踐表明，公司必須將一線的空服服務人員作為寶貴的資源，而不能認為他們是公司組織中最底層的人員，隨意更換與辭退。這樣才能真正地激發乘務人員持續的工作熱情。當員工感受到他們的價值，感受到「他們所做的一切正在改變、影響著整個公司的服務」時，他們就會將實現服務目標置於自己自覺行為的最高層面，內在的潛能就會得到最好的激發。

本章小結

1.透過對空服服務目標的解析，分析了服務目標的內涵、作用以及特點。服務目標具有啟迪思想、維繫心理、引導行為、激勵熱情等作用。

2.結合空服服務的實際情況，分析了空服服務的目標體系，將空服服務目標分為宏觀目標與微觀目標。宏觀目標描述了空服服務與公司發展的關係；微觀目標定位了客艙服務過程應該到達的基本目的，並指出空服服務人員應該胸懷公司

的遠大目標，在實際工作中以微觀目標為具體服務行為的指南，透過微觀目標的實現，來保證公司宏觀目標的實現。

3.分析了影響空服服務實現的因素，並就實現空服服務目標的途徑進行了分析，認為處理好機組成員、機組與乘客、乘客與乘客之間的關係是實現空服服務目標的基本保證，而明確責任，用心服務，提高技能，具有團隊精神是實現空服服務目標的具體措施。

思考與練習

複習題

1.什麼是目標，什麼是空服服務的目標？

2.空服服務目標的特點與作用是什麼？

3.空服服務目標體系包括什麼？

4.影響空服服務目標實現的因素是什麼？有哪些對策？

思考題

1.如何理解空服服務目標的激勵性？

2.如何定位每個乘務人員在實現空服服務目標中的責任？如何更好地履行責任？

第三章 空服服務思想

本章導讀

空服服務是一種有意識的主動行為，在服務的過程中，一個眼神、一個舉止都反映著航空公司對旅客的態度以及為旅客利益所做出的努力。思想意識決定行為，有什麼樣的服務思想與服務意識，就會有什麼樣的服務方式，也在根本上決定了服務品質。樹立現代空服服務的思想，並將服務思想固化在行為中，對於航空公司的發展，提高全社會的服務水準至關重要。本章全面闡述了空服服務思想的內涵與積極作用；從民航服務的發展趨勢角度，提出了空服服務思想體系，並就如何塑造空服服務思想進行了分析。透過本章學習，使讀者明確：樹立正確的現代空服服務思想是保證服務品質的前提，而服務思想的核心就是尊重旅客的價值。

重點提示

1.明確空服服務思想的概念與作用，從而強化對現代空服服務的全面認識。

2.掌握空服服務思想體系，理解服務思想的本質。

3.明確如何塑造空服服務思想，提高服務意識。

案例

一位空姐在完成一次航行任務後邁著沉重的腳步返回基地。這沉重的腳步流露出她內心的情緒，航班服務中的一幕在眼前揮之不去：當一位乘客提出需要濕巾的時候，她馬上覺得這位乘客太挑剔，要求太過分。不禁想到：這是航班，不是酒店，不是你家，不是你想怎樣就怎樣。於是她臉上露出不快的神情，並說：「現在飛機上可能沒有濕巾，我找找看吧！」然後，她一直沒有給乘客圓滿的答覆。飛機著陸後，乘客找到了她，說明了情況。原來，該乘客在上飛機後，眼睛

給瞪住了……

最後乘客說：「小姐，其實我的要求並不過分，但是你的態度令我很不滿意，能不能解決問題是一回事，但你的態度卻說明了另一個問題呀！」

是呀，此時這個空姐才意識到：自己犯了不該犯的錯誤！當乘客有需要的時候，自己把滿足乘客的要求放在腦後，違背了公司的服務思想……自己陷入了自責中！

事情雖小，卻反映出乘務人員缺乏正確的服務思想與理念，服務意識還很淡薄……

空服服務是在一定的思想驅動下的主動行為，服務思想決定了行為方式以及行為結果，有什麼樣的服務思想，就會有什麼樣的服務行為。因此，提高空服服務品質，必須首先從服務思想的塑造入手，讓服務意識深深扎根於每個乘務人員的心靈，固化在日常行為中。

第一節 空服服務思想的內涵及作用

‖ 一、空服服務思想的內涵

（一）什麼是空服服務思想

空服服務思想即是對服務意義和服務行為的理解與態度。在空服服務過程中，乘客與公司的關係、乘客與機組之間的關係、乘客與每個乘務人員之間的關係，構成了公司與服務對象關係的集合，而這些關係，看起來很明確，但在實際工作中未見得能夠完全體現出來。空服服務思想就是站在市場、公司發展、企業競爭的高度，去正確認識上述關係，從而指導空服服務的發展方向。

思想是指導行為的哲學或態度，也是服務行為方式的發源地。在實際服務過程中，優秀的服務案例和失敗的案例的區別，表面看是問題處理的結果不同，其實關鍵的還是指導行為的思想不同。

比如，乘客有些刁蠻，而空服員也寸步不讓，據理力爭，即使乘客退步謙讓，空服員仍覺得委屈，「我沒有錯呀，是乘客不對！」再有，空服員中規中矩地為乘客服務，而提到為乘客提供延伸服務時就覺得不耐煩，認為：「我做得足夠好了，為什麼乘客還不滿意？」其實，這些事例反映出的都是乘務人員對乘客核心地位的漠視，服務思想片面，服務意識缺乏。

（二）空服服務思想的延伸

從被動到主動，從單一到全面。空服服務是一項項細微的服務環節的綜合，某個環節出現失誤，就會使乘客對整個服務失望或不滿，做好一個服務環節是比較容易的事，但把每一個細微的環節都處理好是很難的，這需要樹立牢固的服務意識與正確的服務思想，並滲透在行為中。服務思想作為服務行為的指南，決定著服務人員的態度，引導著服務人員的價值取向。俗話說「服務是個良心活」而這裡的「良心」就是建立在正確服務思想基礎上的價值取向。

如果服務意識淡薄，服務思想扭曲，必然帶來服務品質上的問題，而且是根本上的問題。我們比較優質的空服服務與差勁的空服服務之間差距的時候，很容易看出：服務思想的差距是根本問題，是致命的缺陷。服務思想超前，服務貼近乘客的需求，那麼服務內容就更豐富，服務過程就更細膩，服務行為就更完美。

‖ 二、空服服務思想的作用

（一）空服服務思想是實現空服服務目標的推動力

空服服務思想是對乘客與航空公司關係的定位，這種定位決定了空服服務人員的角色，也確定了乘客的角色。空服人員就是公司為乘客服務方案的具體實施者，全心全意地為乘客服務是空服服務人員不可推卸的責任。

其實，空服服務過程是空服人員的心理準繩、職業習慣與技巧的結合，體現著一個航空公司的服務思想。這些思想除了體現在規範的服務過程之中，更重要的是體現在當乘客提出責任、規定以外的要求時。如果乘務人員不知道該怎麼辦，或者延誤了服務時間，或者簡化了服務內容，就會損害乘客感知質量。只有

在強有力的服務思想的指導下，在強烈的服務意識的氛圍中，乘務人員才能清楚地知道自己應該做什麼。先進的服務思想，能開啟服務的思路，指導人們的行為，並使空服人員感受到工作的樂趣，實現自己的價值，進而達到對自身的滿意，滿意的員工也會為乘客主動提供滿意的服務。

（二）空服服務思想統一了空服人員的行為

面對形形色色的乘客，服務過程到底有沒有一個統一的標準？結論是肯定的：服務過程沒有一個絕對的標準。因為，乘客的需求無法用同一個尺度去衡量，同樣的服務規範也很難包容不同的乘客的需求。而統一的標準只能是透過服務獲得顧客滿意，即服務標準的最高境界在於空服人員對服務思想靈魂的把握。

空服服務思想在更高的層面，透過意識的啟發，統一著人們的行為，也就給出了怎麼做的答案，即只要是乘客需要的，只要是為了滿足乘客的需要，我們都應該去做，而沒有分內分外的區別，更沒有任何推脫的理由。

案例

小事折射著服務意識

航班就要起飛了，一個乘客匆匆忙忙地找到乘務長說：在離開家之前，自己將太陽能熱水器的上水開關打開了，由於走時太匆忙了，忘記了關閉，而如果水溢出來，不僅家裡被淹，樓下鄰居也要遭殃！乘客十分著急！聽了這個情況後，乘務長以安慰的口吻說：「你放心吧！我們盡全力幫助你解決。」乘務長認真仔細地詢問了一些情況後，便走向駕駛室……

半個小時後，乘務長告訴她，你的問題解決了，別擔心了，安心旅行吧。

原來，機組透過塔台通信，與當地的110取得了聯繫，運用特殊辦法，解決了乘客的問題。

本來，乘客家裡的事情是空服服務以外的事情，不能解決，不構成自己的失職，但從乘客的利益出發，乘務人員採取了積極果斷的措施，為乘客提供了具有附加價值的服務。乘務人員在該做與不該做的選擇上，體現了高尚的服務精神，實現了企業的服務思想，得到了乘客的認可。

（三）空服服務思想是從空服服務目標到乘客滿意的橋梁

為乘客提供溫馨優質的服務是航空公司永恆的追求，是空服服務人員崇高的目標，然而，從目標的追求，到乘客的滿意，不是僅靠樸素的感情就能辦到的，需要在心靈深處確定乘客的地位，堅定不移地貫徹為乘客服務的理念，並落實在行動中。

其實，當面對需求各異的乘客的時候，當面對服務過程中複雜的具體問題的時候，特別是當乘客提出過高的要求，甚至有無理之嫌的時候，乘務人員的服務思想與服務理念將面臨嚴峻的考驗。平時思想意識不到位，行動就會走樣，即使有良好的想法，但處理具體問題的時候也很難把握尺度。所以，一個優秀的乘務人員，必須牢固樹立正確的服務思想，時刻將乘客利益放在首位。是否具備正確的服務思想是衡量一名乘務人員是否合格的基本標準，也是選拔空服服務人員的基本標準。

案例

為乘客服務堅定不移——你比我的姑娘還好

一位六十多歲的老者第一次坐飛機，也許是對飛機上琳瑯滿目的飲料有特殊的好奇和全部享受的想法，他向空服員幾次要了多種飲料，甚至是啤酒，不一會兒由於對飛機的不適應，加上過多地飲用飲料和啤酒，他開始嘔吐，將座位周圍的幾個乘客全部熏走，艙內地毯上和坐椅上也到處是汙物，老人非常不好意思，但是他已經沒有力氣自己處理汙物了，空服員小張走到他面前，她拿來溫水，給老人漱口，並用乾淨的毛巾將老人臉上身上的汙物擦洗乾淨，然後拿來一條毛毯給老人蓋上，把老人身體暫時安頓好後，她蹲下一點一點地清理地毯和座位上的汙物，因為那種難聞的氣味使人很不好受，好多乘客用手捂著鼻子，但是小張沒有感覺到，飛機在前行，乘客、機艙的空氣、老人的身體是她心中唯一想到的。清理完後，看到老人仍然虛弱地躺在座位上沒有精神，她倒來一杯溫水，慢慢餵給老人，並不停地給老人的後背和胸口按摩，十分鐘過去了，二十分鐘過去了，她堅持做同樣的動作，臉上仍然帶著關愛，所有看著她的乘客都感動了，老人也慢慢好多了，他睜開眼睛，看到周圍人關注的目光，再看看身邊服務周到的小

張，老人伸出那滿是皺紋的手拉著小張眼含熱淚地說：「我不知道說什麼好，你比我的姑娘還好！」

（四）空服服務思想是檢驗航空公司為乘客服務狀態的標準

乘客是航空公司的基本市場，是公司賴以生存的基礎，長期維繫與乘客的關係，創造永久的客戶是公司經營工作的基本方針。而如何保證為乘客服務的質量，公司的服務思想是最好的反映。看一個航空公司的服務，首先是看它的服務思想與服務意識。無論是新加坡航空公司的「致力於以創新的產品與優質的服務為顧客提供最佳的飛行體驗」的服務思想，還是中國南方航空公司秉承的「客戶至上」的承諾、「可靠、準點、便捷」以及「規範化與個性化有機融合」的優質服務理念都是公司宗旨的寫照，體現著公司的服務宗旨和對社會、乘客的承諾，體現著航空公司的社會價值。

第二節 空服服務思想體系

空服服務的特殊性決定了空服服務思想是一個體系，它描述的不僅是單一的服務哲學，更是空服服務過程中對乘客態度的整體描述。

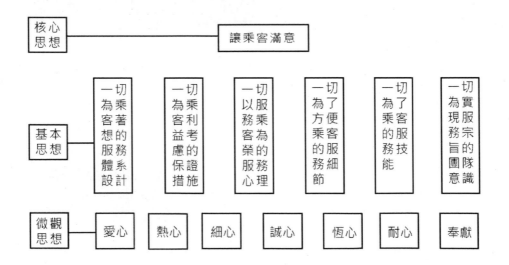

‖ 一、空服服務的核心思想

「讓乘客滿意」是空服服務的核心思想，是企業的精神所在，也是空服服務追求的境界。它要求航空公司必須樹立乘客第一、服務至上的思想，以滿足乘客需要為己任，實踐自己的承諾與社會責任。

「讓乘客滿意」也是航空公司爭取乘客的基本武器，是航空公司建立企業信譽，樹立良好企業形象，取得市場競爭優勢的法寶。

「讓乘客滿意」的核心服務思想是航空公司建立系統服務思想的根本導向，透過服務思想的具體化、細化，全面塑造企業的服務文化，形成為乘客服務的良好氛圍。

「讓乘客滿意」的思想來源於三個方面：

1.乘客的服務期望

服務期望是乘客對航空公司服務的預期，是乘客期待在航班中獲得的體驗的總和。航空公司的服務目標就是實現「讓乘客滿意」的宗旨，乘客是否滿意，不是由航空公司本身界定的，而是由乘客的心理體驗決定的。因此，乘客對服務的滿意度就成為評價服務的唯一標準。我們重視乘客，不僅僅體現在服務過程嚴格執行規範方面，更重要的是透過分析乘客的服務期望，發現乘客的訴求，使公司的服務有的放矢，更具有針對性。其實，發現了乘客的期望，也就找到了滿足乘客需求最靈的鑰匙。很多公司立足於自己設計，想盡辦法來滿足乘客的要求，「一相情願」地為乘客提供多樣的服務，可到頭來效果並不理想，這說明航空公司的各種服務舉措，必須首先來源於乘客的服務期望，把它作為一種思維，在服務設計、服務實施過程中給予充分的體現。

2.尊重顧客的價值

顧客的滿意點究竟在哪裡？答案就是顧客價值的實現程度。據世界著名的管理諮詢公司埃森哲公司（Accenture Consulting）的調查顯示：「客戶關係管理正逐漸成為企業新的利潤增長點，成為企業績效考核的目標。」對航空公司來說，

客戶管理同安全、正點、快捷等成為評價企業競爭水準的極為重要的指標。客戶關係管理不僅包括服務管理，還涵蓋了相應的市場調查、決策分析、銷售管理、合作夥伴管理、競爭對手管理和員工管理。客戶關係管理的核心就是「顧客價值管理」。顧客價值已經成為企業未來競爭策略的核心。

21世紀顧客的價值體現為超越顧客滿意。顧客是主人，顧客追求成功（事業的、身心的享受、體驗、獲利）。單純的顧客滿意已不能適應未來的顧客服務，在現實中，很多時候顧客的行為是非常令人難以理解的，即使他很滿意你的服務，也不意味著會重複購買你的服務，僅僅透過提供服務形成的企業與顧客的關係是很脆弱的。留住老顧客，維護顧客的忠誠度，必須尊重顧客的價值，從而實現市場、銷售、服務的協同。

另外，在追求顧客滿意的時代，企業是服務的提供者，顧客是服務的享受者，企業提供什麼服務，顧客就購買什麼服務，顧客處於被動地位。在電子商務時代，顧客成為主人，企業由服務提供者轉為幫助顧客成功的侍者，顧客購買服務，是為了獲得知識、能力和機會。舊的思維方式是企業能為顧客做些什麼，新的思維方式是企業能讓顧客做些什麼。一字之差，反映了服務含義的變化，舊的服務模式僅能滿足顧客的某些需要，新的服務模式則幫助顧客增添一種能力、一種機會。

美利堅航空公司在客戶關係管理方面是業內的佼佼者，公司A級會員體驗到了做主人的滋味：他們可以提出許多要求，進行個人旅行設計，如乘客可以提出「從我居住地的機場到有海灘的地方票價低於500 美元的班次有哪些」這樣「苛刻」的查詢條件。如果乘客將自己對於座位位置的偏好和餐飲習慣等列入了個人基本資料，就可以享受到公司提供的各種體貼入微的服務。

為保證顧客的主人地位，企業需作如下改進：

（1）從助顧客成功的角度出發，全面審視企業的服務策略、業務流程，加速企業的流程再造，使內部組織結構日益扁平化，給顧客創造自我管理的空間。顧客可以透過網路自己進行旅行設計、自己辦理登機手續、自己選擇機上座位等，甚至員工的考核、員工的工資制訂——以前純屬企業內部的管理行為——也

請顧客參與。

（2）發展顧客承擔新角色的能力，引導顧客的價值觀。在新的服務模式下，顧客部分地充當了企業員工的角色，這種角色的轉變可能帶來積極的影響，也可能產生消極的作用，如航空公司的常客得到了「飛行專家」的身分，可以幫助其他新乘客，協助他們找登機口或者系安全帶，幫助他們緩解起落時的不適感或者向服務員索要飲料。但是「專家」也是抨擊航空公司各類問題的主角，如能引導顧客認同企業的價值觀，使之積極地與企業合作，則對提高航空運輸服務品質大有好處。

（3）為顧客提供「量身訂製」的服務，即為顧客提供極富「個性化」的服務，成為航空服務發展的必然趨勢。現有的服務項目，主要還是以傳統的、統一的標準式服務為主，儘管也是按顧客所需設置的，但都是批量生產的，就是說它至少是為滿足一部分顧客需要設計的，不是為某一個顧客單獨設計的，還不是真正的「個性化」服務，這既是由於服務理念的侷限所致，也有訊息技術限制的原因。現代訊息技術飛速進步，掣肘的因素日益減少，主要還是觀念轉變的問題。以往的看法是「量身訂製」一般適用於有形產品的生產，不太適合於航空運輸這類以無形產品為主、批量生產更有利於提高服務效率的服務業。

這樣的觀點還對嗎？讓我們看兩個例子：學校教育與航空服務相比，可以說更加具有無形的特點吧！在香港，一所知名中學有七百名學生，就有七百份課程表。學校根據每位學生學科成績、愛好制訂課程計劃，即每個學生都有適合自己情況的課程表。在業內，素有創新傳統的英國航空公司已為21世紀空中旅行設計了新模式，目前正在研製一種智慧坐椅，它將具有讀取乘客體溫並自動調整椅面溫度的功能，還能測出乘客的身高和體重，並據此給椅身中有序放置的空氣囊帶充氣或放氣，以符合乘客體形，保持最大舒適度。在商務航班中，這種坐椅能利用存儲在訊息卡上的訊息，在旅客每次乘坐飛機時將其個人資料下載，從而即時調整座椅，實現「量身訂製」。

3.公司的長遠發展

一個顯而易見的問題是公司的長遠發展靠什麼。其實，企業發展最寶貴的財

富是企業長期積累起來的企業形象與信譽,而這種積累需要正確的指導思想來指引。如果說服務過程的一個失誤,屬於技術性的,而思想上的偏差再小,也是全局性的,是致命的,具有深遠的影響。比如,公司對乘客態度上的偏差,會導致公司服務政策上的偏離,會影響服務人員的服務意識和服務作風,其結果是失去乘客的信任,而要糾正這個偏差則需要長期的艱苦努力,甚至幾代人的努力與付出。公司的長遠發展要求企業的行為要建立在正確的指導思想的基礎上,絕不動搖,透過培育過程,建立企業的服務信譽,建立賴以生存的基礎——忠誠的顧客。顯然,公司的發展是正確思想的指引的結果。

‖ 二、空服服務的基本思想

服務思想在實踐層面上表現為對具體服務工作的作用。服務不是機械性行為,服務過程的態度、意識和指導思想,時刻影響著服務人員用什麼態度對待每一位乘客,決定著服務品質。空服服務的基本思想體現在為乘客服務的細節上,具體體現在以下幾個方面。

(一)一切為乘客著想的服務體系設計

服務品質是否讓乘客滿意,固然離不開服務過程中服務環節的保證,但為乘客提供什麼內容服務,提供什麼質量的服務等預期的質量問題也至關重要。如果沒有想到為乘客提供什麼樣的服務,也就談不上如何為乘客提供服務。

服務體系的實踐,就是航空公司根據乘客的需要與變化,透過服務創新,以乘客的需求為導向,進行服務產品的設計,這種服務產品的設計往往能夠使企業站在服務競爭的制高點,迎合乘客的心理,更容易讓乘客感到被企業所重視,使其透過自身價值的被承認而感到無上的滿足。

(二)一切為乘客利益考慮的服務保證措施

空服服務是一項效果後置性很強的工作,在事情發生之後即使採取服務補救措施,其後果也難以令人滿意。所以,防患於未然是空服服務的基本原則,為此,必須充分考慮到乘客的利益,制訂詳盡的保證措施,防範到位,措施到位,

而措施到位必須服務思想到位。當把乘客作為體貼關照的對象時，為其提供什麼樣的超值服務都不為過。

（三）一切以服務乘客為榮的服務心理

服務對乘客來說是一種享受，而對服務人員來說是一種付出。這種付出，有人認為是一種快樂，有人卻認為是一種負擔。不可否認的是服務需要付出艱辛的勞動，有辛酸、有汗水，甚至付出血的代價，但換來的是乘客的愉快的旅途生活，這是職業的要求，也是投身於空服服務行業所享受的快樂，是一種永恆的力量。所以，空服服務中，每個人都需要樹立以服務為榮的思想，以全心全意的服務投入，換取自己價值的體現，贏得乘客對公司的滿意評價。

（四）一切為方便乘客的服務細節

服務是一項注重細節的工作，因為它伴隨著乘客強烈的心理體驗和個性的檢驗。服務工作中，經常出現的除了重大的問題以外，更多的是細微之處的安排與操作。「細心是消除服務衝突的有效手段」、「細微之處見真情」道出了為乘客服務的真諦。細節是構建乘客滿意的基本要素，也是服務品質的重要體現。注重服務細節就是服務過程要細緻入微，服務技巧要游刃有餘，對乘客的需求要明察秋毫，每個服務動作要穩、柔，用表情傳達服務的內涵。

「與人方便就是與己方便」。服務中的過失與失誤往往是處理問題的出發點出現了問題。服務人員過於自我，必然導致忽視乘客，潛意識上的地位錯位帶來的不良後果便接踵而來，也許你懷有僥倖心理，但乘客會看在眼裡，記在心裡。要學會細緻、細心，在服務中體現細緻；要貼近乘客的心理，從服務中體現乘客的價值。

（五）一切為了保證服務品質的技能

服務過程需要技能的保證，技能是提供優質服務的根本保證。服務品質是工作質量的反映，工作質量除了工作中的態度外，還需要精湛嫻熟的技能。空服服務技能具有兩個功能，其一是完成服務過程，其二是體現空服高雅性，體現服務的高品味。空服服務的技術動作特點就是雅緻，體現著服務技能與服務藝術的完

美結合。

三、空服服務的微觀思想

空服服務是由一系列微小而瑣碎的具體服務工作組成的，透過每個乘務人員的工作來完成，而每一個乘務人員都是身心結合的統一體，所表現出來的行為品質構成了公司的服務品質。因此，在實現空服服務目標，打造航空公司品牌方面，每一個乘務人員在工作細節方面所表現出的服務品質至關重要，任何服務過程都離不開乘務人員的身心的統一，透過服務向乘客傳遞著一種訊息——被重視的程度，使每一個乘客感受著不同的心理體驗。

空服服務的微觀思想固化在乘務人員心靈中，體現在服務的細節中。在現實層面上，空服服務的微觀思想具有直接的決定意義。比如，在空服服務的過程中，每一個服務動作都需要做到神情與動作的有機結合，動作離開了神情，表情木訥，目光游離，服務動作就是機械的，乘客就會感覺到乘務人員心不在焉，有一種被奚落的感覺，無形之間動搖了乘客對公司的信心。空服服務的微觀思想就是對乘務人員心態與行為特徵的具體要求，並將這些要求固化在行為中，體現在服務過程中。

（一）愛心

愛是一種力量，愛是人與人交流中的核心信號，是人類行為的基本特徵。在任何行為中，付出了愛心，這種行為就具有感染力，就使人感動，空服服務之所以是高層次、高品味的，「愛心至上」是其本質特徵。在空服服務過程中，將乘客作為愛的對象，你就會感覺到親切，你就會付出心血，無怨無悔地付出辛勞，因而就會使服務工作具有主動性，就會使服務行為充滿生機與活力。

（二）熱心

如果說愛心是人類活動的本質特徵，那麼，熱心是愛心在行為表現中的外在特徵，是一個人的主動意識與行為的表現。一個熱心的乘務人員，在服務中就會具有主動性——主動觀察乘客的需要、根據乘客需求的潛在特徵去主動詢問、提

供幫助。另外，熱心也會反映在為他人提供幫助的頻率上，從這個角度看，乘務人員應該是個「熱心腸」的人，他會在為他人提供幫助中獲得愉快的內心體驗，感受服務於他人的快樂。熱心的動力來自於愛心，熱心的強度取決於性格，所以，培養熱心必須首先塑造愛心，增強親情意識，同時注意外向型性格的培養。

（三）細心

細心是服務品質的基本保證，也是對空服服務人員的基本要求，細心既是一種態度，是一種行為方式。說細心是對空服服務人員素質的基本要求，就在於細心體現著體貼，體現著關懷；說細心是一種態度，就在於服務本身「沒有藉口」，不細心就意味著缺乏職業感與責任感，缺乏敬業精神；說細心是一種行為方式，就是說空服服務需要細心的思考，需要長期養成的、習慣了的行為模式。細心就是在服務中把握分寸，因時、因地、因人提供個性化服務。粗心是細心的對立面，也是空服服務潛在的敵人。樹立細心的服務思想，就是要想得細、做得細，將服務過程置於細膩的服務之中。

（四）誠心

古語中「心誠則靈」、「精誠所至，金石為開」是對「誠」的最好描述。就像我們反覆強調的那樣，服務是心的貼近與愛心的傳遞，如果身心分離，敷衍了事，疲於應付，那就是缺乏誠心，就是缺乏服務意識與職業道德。每次乘客登機的時候，服務人員迎賓，微笑、鞠躬，多麼簡單，也似乎機械。但迎賓這一空服服務的序幕，決定著乘客對航空公司、航空機組認可的程度，如果落座後你聽到乘客講「你看那迎賓小姐多親切！」或「你看她那神情，簡直就是一個木樁」，你就會明白乘客對乘務人員的態度多麼在意。可以說，真誠的態度可以使乘客帶著愉快的心情度過枯燥的空中旅行，忘記煩惱；相反，一份好的心境被破壞，服務衝突就由此埋下伏筆。

（五）恆心

空服服務過程是在特殊的環境下完成的，這種環境不僅增加了勞動強度，而且對人的身心都具有一定的影響；同時，長途旅行，對乘客的心情造成的不良影響，使乘客容易產生煩躁、不安的情緒；另外，乘客對航空服務的期望值很高，

且多樣化,增加了服務的難度與強度,長期的積累也容易使乘務人員的心理發生微妙的變化,產生厭煩情緒。因此,恆心是乘務人員心理素質的個性特徵。一個人要能持之以恆地堅守在空服服務的第一線,需要堅強的意志品質和頑強的毅力。

(六)耐心

耐心是對付出的一種堅持,是保持同一種行為的持久性,是面對重複出現的服務現象所保持的忍耐力,耐心表現在當重複事件出現時,特別是一個簡單的事件反覆出現時,仍能保持鬥志與熱情的心理傾向。通常情況下,耐心具有隨時間而衰退的特徵,亦即隨著時間的推移,耐心的強度就會減退,就會變得不耐煩、敷衍,也就埋下了服務不滿意的隱患。所以,空服人員必須從職業角度,培養自己耐心,增強職業的責任感;從個性的角度,培養自己的持之以恆的品性,始終如一地愛自己的崗位。

(七)奉獻

奉獻於社會、奉獻於乘客是空服服務微觀思想的最高體現。奉獻是行為動力的源泉,當奉獻精神在乘務人員的心靈深深扎根的時候,他就會無私、大度、豁達、充滿激情;奉獻是乘務人員投身於服務的最高境界,奉獻在服務過程中無法用語言描述,但會在服務的行為中得以體現,它使服務行為更加完美無瑕,貼近人性,更好地提升服務層次。

訊息卡

東航的服務思想與文化

東航精神——

滿意服務高於一切

●滿意服務是履行使命和實現目標的基本保證,展示了東航人的奉獻精神。

● 滿意服務的內容是真誠回報的服務過程和用心關愛的服務境界。

● 滿意服務的基礎是保證安全。沒有安全,便沒有一切。

● 滿意服務的對像是社會、客戶、股東和員工。服務對象的認可與否,是評定我們服務品質的唯一標準。

● 滿意服務永無止境,需要不斷創新。

東航核心價值觀——

精

●「精」意味著千錘百煉中打造的精華。精益求精是公司的致強之道,是公司矢志培育的競爭優勢。

●「精」將永遠作為公司一切工作的出發點:航空安全上堅持一絲不苟和預防為主的原則,以確保旅客安全抵達;航空服務上倡導精誠努力和細微關懷的姿態,以營造滿意服務的最高境界;人力資源上吸引和培養具有精明頭腦和綜合素質的人才,以提升企業競爭力;管理上樹立精簡務實的工作態度和精打細算的理財意識,以追求最大收益。

● 公司推崇精細務實的工作作風,注重對產品(服務)的精雕細鏤並強調細節改進。

誠

●誠信是公司立業之基。誠信是贏得客戶、贏得市場的前提。放棄誠信就會喪失公司的生命力。

● 誠信是員工立足之本。誠實守信、忠誠正直,是必須恪守的職業道德。

●公司忠誠於社會、客戶、股東和員工,並要求員工忠誠於公司。我們倡導誠實守信的責任意識和誠懇真心的待人原則。

●敬業是對崗位的誠信。我們包容誠實的錯誤,拒絕損害公司利益的虛假。

共

● 公司發展和社會、客戶、股東、員工的利益相一致,同舟共濟、和諧與共的發展是我們堅定不移的信念。公司相信員工滿意是客戶滿意的前提,堅信事業成功來自全體員工的共同努力。

● 公司尊重員工的個性，同時要求員工具有團隊意識、整體意識和大局意識。

● 公司接受地域文化的差異，但是更強調服從企業整體戰略。公司承認利益的個體性，但是更強調團隊管理的整體性，強調團隊整體利益高於一切。唯有同心同德，才能不斷戰勝困難。

進

● 發展是硬道理，進取和創新是公司可持續發展的動力。

● 公司發展是保證安全前提下的發展，是確保服務品質的發展，是社會效益和企業效益相和諧的發展。同時，公司發展也是促進員工成長的發展，是實現與合作者共贏的發展。

● 樹立憂患意識，才能贏得發展、不斷前進。我們要始終保持發展的意願，積極戰勝困難，並付諸行動。

● 與時俱進是公司基業長青的保證，開拓創新是贏得市場的有效方針。我們尊重和鼓勵員工的首創精神，並為此創造和提供必要的條件。

第三節 空服服務思想的塑造

正確的服務思想不是從天而降的，更不是天生就有的，是長期培養與塑造出來的，而一個人潛移默化的成長環境是基礎。從空服人員的職業素質培養與要求來看，需要強化服務思想。

‖ 一、深刻理解服務內涵，不斷強化服務意識

在常人看來，服務是一種簡單的勞動，然而空服服務作為航空服務的外向領域，深刻地影響著行業的發展，以及行業的社會形象。其實真正站在航空服務的領域看空服服務，空服服務本質上已經超越了服務本身。特別是在市場競爭的推動下，航空公司不斷地尋求服務創新，透過服務內涵的外延擴充，尋求企業發展

的突破口，由此帶動了與乘客關係的深刻變化。新型的顧客關係的核心就是重視顧客價值，而在顧客價值的導向下，服務意識則是服務人員智慧發揮的催化劑。我們必須承認，服務思想是個人素質與心理品質在職業平台上的昇華，具有服務意識，服務人員才跨入了服務的門檻，才與「服務」匹配。

就像人們探索中國空服隊伍水準時所描述的那樣，「缺乏服務意識是我們空服服務的致命傷」。塑造乘客人員的服務意識，是提高服務水準不可踰越的台階，缺乏服務意識必然缺乏職業責任，服務必然處於一種游離狀態，服務品質無從保證。

案例

有這樣一個需要治理的死角

飛機的客艙是乘客休息與乘務人員工作的地方。然而乘客們會經常發現，客艙的備品室卻成為乘務人員偷懶、休息的地方。在飛機飛行中，服務巡視是乘務人員的基本任務，空服員透過這個服務環節，去發現乘客的需求，並即時解決服務問題。然而，在中國國內許多航班上，很少見到乘務人員的主動巡視，呼叫鈴倒成了乘客與空服員聯繫的紐帶，而許多空服員躲在備品室裡偷懶，甚至有些不得體的行為舉止，人們不禁要問：我們休息的時候，乘務人員在做什麼？客艙的狀態誰來監控？如果空服員也休息，那麼我們的安全由誰來保證？

其實，這樣一件平常的事情，反映了我們乘務人員的職業素質與服務意識，離開了乘客本身就是缺乏對乘客的責任，別忘了乘客的安危都繫在了你的身上。

‖ 二、正確認識服務本質，明確乘務人員與乘客之間的關係

「乘客是人，乘務人員也是人呀，我們不比乘客低一等！」我們會在不同場合聽到乘務人員的抱怨。表面看來，乘務人員說得不錯，乘務人員確實是與乘客具有同等權利的人。但仔細分析就會發現，站在職業的角度，乘務服務中無法遵守嚴格的平等關係，權利、人格上的「平等」會被職業所要求的與乘客之間關係的「不平等」所替代，這是利益關係所決定的。確定服務與被服務關係，就確定

了服務過程中航空公司是滿足乘客需要的主體，乘務人員是實現滿足乘客要求的微觀個體，一切必須服從於尊重乘客價值，體現乘客主導地位的思想。

案例

不和諧的音符迴蕩在首都國際機場

2006年6月的一天，本人在首都國際機場轉機，走進二號候機樓的時候，在中國某大航空公司的值機櫃台前，聚集了三四十人，在與當班的工作人員進行激烈的爭吵，那場面快要達到了白熱化的程度，湧動的人群，有發生身體接觸的可能性。仔細聽來，才知道事情的原委。原來，該批乘客乘坐該航空公司的飛機飛往包頭，根據氣象預報包頭機場不適合飛機著落，備降北京首都國際機場，等待飛往包頭。結果，乘客走下飛機4個小時，該航空公司未對其進行妥善的安排，對於續飛航班的飛行問題未能作出讓乘客滿意的答覆，由此產生語言衝突。面對乘客的「質疑」，值機人員毫不客氣保護自己的「尊嚴」，爭取自己的「平等權利」，結果場面十分混亂，後來，公司高層人員謙虛的態度和公安人員的勸解，才化解這一衝突。

其實，這是個不該發生的事件，由於天氣原因造成航班延誤或備降其他機場，乘客是理解的，但需要航空公司能夠妥善處理好在備降機場相關事宜，耐心地解釋，提供周到的服務，而不能置之不理，當做沒事一樣，更不可原諒的是：當衝突出現的時候，航空公司的工作人員感情用事，語言粗魯，個人情緒化，只顧爭取個人顏面，其實，結果必然影響了公司的整體形象。

三、樹立職業意識與職業精神，主動適應服務行業的要求

職業就意味著限制，它要求從業人員必須樹立職業精神，遵守職業規範，必須執行公司的章程，這一點對從業人員來講是毋庸置疑的責任。就選擇空姐而言，具備良好的適應空服服務潛質的預備空姐對於未來空服服務品質的提高至關重要，即使是對現有的空服隊伍，以職業意識來判斷其未來的發展空間也是很好的標準。

樹立職業意識與職業精神，就是要透過學習公司的精神與宗旨，理解公司的對乘客的態度，發現乘客需求，樹立主動服務的意識。

▌四、磨煉自己的意志品質，體驗服務的快樂

「服務是快樂的旅程」，當你置身於服務之中的時候，你的心態是最重要的因素。任何態度的強化都是心理體驗的結果，而心理體驗在於你體驗過程中的心情與意志導向。熱愛空服服務職業是從業人員的基本要求，具有良好的心理體驗、容納百川的開闊胸懷是對空服人員心理素質的基本要求。喜歡一件事情，為其做出努力，你就會無怨無悔地去做，並能堅持到底。

一個人的意志品質是天生特質與後天培養的結果。後天培養的核心是在堅定的價值取向下的磨煉。有些人可能具有良好的意志品質傾向，但在具體行動中卻沒有表現出良好的意志品質，還需要在一定的環境中磨煉和固化，使這些優秀品質成為自己一貫的作風。

訊息卡

東航的「凌燕」服務

1989年5月4日，當時中國民航發展還處於起步階段，黨委領導經過深思熟慮決定以成立「凌燕」乘務示範組的形式來發揮共青團組織在企業中的主力作用。她們以主動的意識、飽滿的熱情和腳踏實地的努力，向中外旅客展示東航青年、上海青年敬業愛崗、誠實守信、辦事公道、服務群眾、奉獻社會的整體精神風貌。

十五年來，「凌燕」隨著東航的發展越飛越高，從單純的「兩微服務」到「用心服務」，從「親情服務」到「個性化服務」，從「誠信服務」到「特色服務」，「凌燕」一直以領頭雁的姿態走在服務性行業的前沿，不斷創新服務、突破自我、提升服務品質。

「兩微」服務：用微笑拉近人與人之間的距離，超越語言的障礙、文化的差異；想旅客所想，察覺細微訊息，服務在旅客開口之前。

「親情」服務：顧名思義，就是給旅客以親人般的關懷與體貼，「凌燕」組的親情服務準則充分體現了這一點：如果您是年紀較大的旅客，「凌燕」就是您的孫女、您的「拐杖」；如果你是可愛的小朋友，凌燕就是你的好姐姐；如果您是初次乘機的旅客，凌燕就是您的好導遊；如果您是帶著嬰兒的年輕母親，「凌燕」會是稱職的保育員；如果您身體不適，「凌燕」會為您送上機內配備的常用藥品。這樣的服務可謂充滿親情、體貼入微。

「個性化」服務：根據旅客的不同類型為其提供適宜的服務。舉個例子來說：如果是商務旅客，最需要一個良好的辦公環境，「凌燕」就儘量不打擾他；如果是一位面帶倦容的旅客，「凌燕」會為他創造一個良好的休息環境。透過個性化的服務，使「凌燕」組的服務彷彿是在為旅客量體裁衣，而不是千人一面、千篇一律。

「特色」服務：「特色」意味著比「優質」更高的要求，從旅客的需要出發，使他們滿意，更給他們帶來欣喜。在這方面，「凌燕」的思路是「突出主題，豐富創意」。

「誠信」服務：本著年輕人銳意進取的精神，以誠信為根本，以「安全、創新」為主題，以「旅客滿意率100%」為目標。圍繞既定方針，「青年文明號」集體制訂了實施計劃。

本章小結

空服服務思想是航空公司的宗旨在為乘客服務層面的體現，描述了如何認識乘客的價值以及在具體服務過程中與乘客之間的關係，是航空公司服務於乘客、奉乘客為尊的思想導向。空服服務思想作為行為導向，必須牢固地扎根在乘務人員的心裡，體現在服務過程中，缺乏正確的空服服務思想所帶來的危害是根本的、致命的。

1.空服服務思想就是站在市場、公司發展、企業競爭的高度，去正確認識與乘客的關係，在實際服務過程中，優秀的服務案例和失敗的案例，表面看是由於處理方法的不同，其實，歸根到底還是由於指導行為的思想不同。提高空服服務品質必須從提升服務思想和服務意識入手，解決服務的根本問題。

2.服務思想不僅具有指導空服服務的導向作用，更重要的是體現在對空服人員行為的影響上。

3.服務思想包括一套科學的體系，包括核心思想、基本思想、微觀思想，而作為乘務人員關鍵是在實踐中，將微觀的服務思想落實到為乘客服務的行為中，始終如一，持之以恆。

4.服務思想不是先天生成的，而是在一定的環境中培養、磨煉出來的。要具備良好的服務意識，首先要樹立正確的服務思想，必須培養自己正確的價值觀，形成正確的價值取向。

思考與練習

複習題

1.什麼是服務思想？什麼是空服服務思想？

2.空服服務思想的作用有哪些？

3.空服服務思想體系包括哪些方面？

4.如何形成正確的空服服務思想？

思考題

1.當缺乏正確的空服服務思想時，對空服服務品質的危害是什麼？請舉例說明。

2.如何在平時的生活和學習中，培養自己的服務意識與服務思想？請檢討自己的思想，總結自己的不足，提出改進計劃。

3.從報紙和其他媒體上，查找五個與服務思想相關的案例，並分析總結。

第四章 空服服務的內容與基本過程

本章導讀

空服服務內容與基本過程是體現空服服務特點的基本標誌，儘管空服服務同屬於服務範疇，但空服服務與其他服務有著明顯的不同，瞭解空服服務的內容，對於理解空服服務職業，做好乘客服務工作有著重要的意義。本章根據空服服務的特點，闡述了空服服務的基本內容與延伸內容，使讀者全面建立空服服務工作的整體概念；根據服務與服務需求的關係，分析了未來空服服務內容創新的基本趨勢；結合空服服務的技術特徵，分析了空服服務的基本過程。透過本章學習，使學生全面瞭解空服服務的內容與基本程序，進一步體會空服服務職業的特殊性，從而樹立信心，全面提高綜合素質，提高服務技能，適應未來空服服務職業的要求。

重點提示

1.明確空服服務內容與空服服務的關係。

2.掌握空服服務的基本內容與延伸內容，建立空服服務的全面概念。

3.掌握空服服務的基本程序，並透過對服務程序的認識，理解空服服務系統性與嚴謹性的特點。

4.透過案例分析，全面認識空服服務的職業性，明確未來空服服務的努力方向。

案例

英國航空公司曾對1500名乘客進行的一項機上娛樂調查瞭解到：商務旅客把乘坐飛機的時間當做寶貴的個人時間，利用飛行中的時間消閒一下，以獲得身

心的放鬆，而收聽廣播節目是遠程航班乘客最為喜愛的休閒方式之一，英航此次推出的全新機上娛樂節目就是為了更好地回應乘客的需求而做出的。再如美利堅航空公司說，我們掌握的最重要的訊息就是乘客在飛行中仍然保持著充沛的精力，所以我們才斥巨資改造頭等艙和公務艙的設施。而美聯航空說：「我們透過調查得知，公務旅客的忠誠已顯得越來越重要，並且目前已經沒有足夠的頭等艙座位滿足公務旅客升艙的要求，所以我們才增設豪華經濟艙，以提高服務等級。」英航為乘客服務的舉措說明，空服服務的內容已經從基本服務向發現顧客期望，體現乘客價值方向轉變。

忙忙碌碌的空服人員在做什麼？她們應該做什麼？其實，這不僅涉及空服人員的責任，更關係到空服服務的基本走向。從當代世界空服服務內容的發展趨勢來看，空服服務的內容正從簡單的項目型服務向更深層次的個性化服務、從形式化服務向體貼式的深層次服務方向轉化。這些轉變，必將帶動空服服務內容的豐富與創新。而瞭解空服服務的內容，對提高服務品質，贏得乘客的信任與支持，樹立企業的形像有著重要的意義。

第一節 空服服務的內容

空服服務需要為乘客提供全面周到的服務，只有服務設計周密，才能使「放心」、「順心」、「舒心」、「動心」的「四心理念」落實到為乘客服務的行動中。只有將服務內容與乘客的需求相結合，從關懷、體貼的角度為乘客著想，才能為乘客提供滿意的服務。特別是在民航競爭日趨激烈的今天，取得競爭優勢，不能僅僅體現在口頭上，必須落實在行動中，只有想到了，才有可能做到，也才有可能做得更好。

‖ 一、基本內容

所謂空服服務的基本內容就是乘客必須享受的、具有一定標準與規範的服務內容。它是從乘客登機到離開飛機所必須得到的服務。這種服務是乘客具有的基

本權利，也是航空公司的基本義務。從民航服務的特點和服務定位出發，空服服務的基本服務內容應該包括如下幾個方面：

（一）禮儀服務

1.迎賓

以飽滿的熱情，迎賓的禮儀，迎接每位乘客的登機。迎賓禮儀是空服直接服務於乘客的第一步，給乘客留下的心理感受將影響其對公司服務的評價，必須給予高度重視。

2.問候

用真誠、溫馨、甜美的語言送給乘客登機後的第一聲問候。「歡迎您登機！」這一句簡單的問候，代表著機組成員對乘客真誠的歡迎。

（二）技術服務

技術性服務就是與旅客乘機有關的、協助乘客完成旅行過程的專業性較強的服務。主要包括：

1.完成乘機須知演示

主要是透過演示過程使乘客對機上的安全設備、設施、用具等熟知，如安全帶、氧氣罩、緊急出口等的使用；乘機過程中對乘客的基本要求，如緊急降落時的自我保護方式等。目前乘機安全演示有兩種方式，一是在播音員的引導下，由乘務人員透過示範動作和形體語言來完成；另一種方式是事先準備好演示的影像資料，透過多媒體進行播放。前者直觀、明了，具有親切感，較好地體現出空服員與乘客的互動關係，但有時缺乏規範性；後者示範動作標準、規範，但由於缺乏現場氣氛而缺乏對乘客的吸引力。無論哪種方式，乘機安全演示不僅是演示技術性的服務內容，更重要的是展示航空公司的整體形象與空服服務人員的良好精神風貌。因此，演示者必須精神飽滿，動作規範，眼神與動作一致，始終保持甜美的微笑。

2.引導服務

就是對走進客艙的乘客進行引導，使其能夠盡快找到自己的位置，安置好行裝，盡快入座。機艙狹小、登機時間集中，會導致客艙內暫時的擁擠。因此，必須迅速對乘客進行疏導，否則容易引起混亂，延誤航班。

（三）安全服務

1.應急設備檢查

乘務人員配合飛行員登機後根據各自的責任，對照《應急檢查單》核實應急設備的位置，確認其處於待用狀態。

2.航前清艙檢查

即在地面人員離機後、乘客登機前，有安全員的航班由航空安全員對客艙進行清艙檢查，沒有航空安全員的航班由乘務長指揮空服員對客艙進行清艙檢查。對檢查出現的問題，按照安全規章，以必要的程序進行處理。

訊息卡

飛行的安全與管理——飛行前主要進行哪些檢查

（1）飛機重量及狀態；

（2）固定駕駛艙內可移動之器物，保證所有控制系統均處於放鬆狀態；

（3）依照飛行手冊，逐項認真檢查；

（4）檢查計劃中飛行所需之燃油供應，計算出起飛及爬高所需之15分鐘燃油儲備，以及在目的地上空等待所需之45分鐘燃油儲備；

（5）從油箱底部或引擎下方之抽油閥提取油樣，置於透明容器內化驗燃油含衣及雜質含量。

3.旅客登機前的檢查

在客艙安全檢查和服務準備工作已經完成後，經濟艙供旅客存放物品的行李箱全部打開，使其處於安全狀態；機組成員的行李、飛行包等放在儲藏間裡。

4.旅客登機時的安全檢查

觀察旅客的狀態，確保行李擺放穩妥，確認出口位置處的旅客，出現情況即時報告乘務長。

5.機門關閉後的安全處理

確認所有便攜式電子設備關閉，乘務長下達滑梯預位指令後，各區域空服員操作滑梯預位，並相互檢查，通報各區位滑梯預位情況；實施機門再次開啟程序。

6.飛機退出停機位安全措施實施

主要是根據飛行前的安全要求，對安全帶繫紮情況、椅背、餐桌、遮光板、通道暢通等情況進行檢查。

7.滑行至起飛前

主要是妥善處理有特殊要求的乘客，檢查洗手間是否無人使用，處理客艙緊急情況，做好應對緊急情況的思想準備。

8.飛行中的安全服務

即對飛行過程中的安全事項進行處理，清除各種事故隱患，保證全程飛行與旅客安全。包括全程安全帶、行李箱關閉狀態、餐車的滑動控制、全程監控駕駛門、客艙、洗手間、應急出口等。

9.著陸前的安全服務

即為保障飛機安全著陸所採取的一系列安全措施，包括旅客自身方面、機上硬體設施狀況，如便攜式電子設備關閉情況檢查，安全帶情況；走廊與應急出口有無障礙檢查，小桌板、電源、門、洗手間占用情況等檢查。

10.到達後的全面服務

做好旅客下機前的各項準備工作。如解除滑梯預位，打開艙門，確認客梯／橋停穩。

11.下機後的安全服務

主要是清理客艙，檢查有無滯留旅客與遺留物品。發現問題要登記並即時上報。

訊息卡

空中交通最安全

中外大量的調查與研究證明，空中交通最安全。如，中國國際航空公司已保持了45年的安全紀錄。美國也曾對航空安全作過統計，在26　個月中，美國主要航空公司完成客運量5億多人次，旅客周轉量54億多人／英里，起降1千萬架次，而沒有發生過重大客機事故。事實證明，航空運輸的安全係數在各種交通工具中是最高的，比鐵路高4　倍，比公路高15倍，比計程車和小轎車高132倍。

（四）餐飲服務

按照服務規範向旅客提供餐飲服務。包括提供毛巾、飲料、酒水、餐食；對特殊的旅客提供特殊餐食。餐飲服務依艙位不同，航程長短不同，時間不同提供的餐飲服務內容各不相同。

（五）救助服務

1.旅客安撫

對乘機過程出現恐慌、畏懼的乘客提供心理服務，像親人一樣關懷開導，並提供有益的幫助，使其平安到達目的地。

2.機上醫務急救

對由於乘坐飛機而出現不適的乘客，說明緩解症狀的辦法或提供藥物；對有傳染病的乘客，進行隔離或者特殊處理；對舊病復發或突發疾病的乘客，進行緊急救助。

3.特殊救助

對乘客登機後出現的非常情況或困難給予特殊救助。如登機前事情的延續處理、物品丟失、下機後的延續問題等。

（六）娛樂服務

即為旅客提供報紙、刊物、視聽等娛樂性服務，使旅客輕鬆愉快完成旅行。

（七）諮詢服務

即回答乘客關心的各種問題。如航線地理、旅行常識、航空知識（如所乘坐飛機的機型特點等）。

（八）旅客管理

即透過實施有效的旅客管理，保證整個航程旅客的人身與財產安全，使旅客感覺放心、順心、舒心、動心，路途無憂。包括非正常旅客的處理、需要特殊服務的旅客、傷殘旅客的處理等。

（九）應急處置

應急處置就是在緊急情況下，在機長指揮下，迅速採取處置措施，消除各種隱患。如應急撤離、火災、客艙釋壓、應急求救、危險品處理、客艙排煙等。

（十）機上商務服務

主要是提供航線所經地區所特有的各種商品。目前，國際航線上，機上商務服務發展較快，向高檔化、特殊化、民族化的方向發展。

二、延伸服務

空服服務更多地表現出無形性的特點，乘客對航空公司服務滿意與否也更多地來自於個體的感受與內心體驗。通常情況下，最能感動人的事件也就最能引起人們的共鳴，能夠留下深刻的記憶。在基本服務趨同的今天，各個航空公司的服務競爭，也在從技術層面的服務向內在服務轉變，更加重視延伸服務。

（一）個性服務

即根據乘客的個性需要所提供的服務。個性服務是空服個性化服務的重要體現，要求乘務人員根據乘客的不同需求，採取積極的態度與特殊化手段提供個性服務。如喜歡言談的乘客，就可以適度地與其進行多方面的溝通；對喜歡安靜的乘客就不要過多地打擾等。

（二）關懷服務

即透過細緻的服務，讓乘客感受到如家的溫暖與踏實。透過乘務人員的細心觀察，發現乘客心理的細微變化，對乘客「問寒問暖」，像對待朋友、親人那樣對待乘客。使他們感覺到乘務人員可親、可愛。

（三）後續服務

即為乘客提供離機後的相關服務。包括旅遊、住宿、商務等方面的服務。

‖ 三、豐富空服服務內容的基本思路

隨著市場競爭與旅客需求的變化，空服服務內容在不斷的豐富，體現了航空公司為滿足乘客要求所作出的不懈努力。從世界各國航空公司的乘客服務內容的變革來看，空服服務的發展趨勢具有三個特點，其一是重視旅客的價值，不斷透過服務內容的合理設計，更貼近旅客的心理需求；其二是透過服務內容的豐富，讓乘客感覺到細緻入微，關懷備至的服務；其三是空服服務內容的無邊性，即空服服務涉及生活各個方面，範圍之寬泛可想而知。總結起來，我們可以從以下幾個方面觀察未來空服服務內容變化的基本趨勢：

（一）重視乘客期望，突出乘客價值

顧客需求期望是乘機消費固有的特性，在乘客有了乘機的權利的同時，也就承認了乘客期望的價值，確認了空服服務中乘客的核心地位。

在重視乘客期望、突出乘客價值方面，國際上知名的航空公司走在了前列，如大韓航空公司將顧客期望作為公司服務的根本，從實現乘客的價值入手，分析乘客所關心的問題，採取切實可行的措施來實現乘客的價值。2007年他們根據顧客需要和市場競爭的要求，將服務延伸到行李特殊處理上，對頭等艙乘客的託運行李進行特殊包裝與領取時的便捷處理，大大地提升了乘客的價值，使乘客真正體會到了什麼是關懷與重視。

（二）延伸價值，為乘客提供全方位的解決方案

延伸價值指的是體現在主服務範圍之外，而對主服務價值產生深刻影響的、具有互補性的服務產品所帶來的價值。也就是說，當傳統的服務處於靜止的狀態時，衝破侷限的服務內容，重新建立乘客與公司的聯繫。儘管這些提升的服務微不足道，但卻極大地提升了乘客的價值感，增加了乘客的收益。如英航為乘客提供了淋浴與熨燙衣服的服務，在長途的旅行後進行這樣的修整，為乘客第二天出席會議或執行公務提供了便利。

將服務的概念貫徹於為乘客服務的每一個細節裡。為乘客創造超額價值的機會存在於乘客與空服人員的接觸中，抓住這樣的機會，不僅為乘客提供了服務，而且幫助顧客解決了問題，給乘客提供了全方位的解決方案。對航空公司的空服服務來說，它的價值體現在乘坐飛機前、飛行中和乘坐飛機後三個階段。三者是一個整體，乘客延伸的價值體現在這個服務過程中。

訊息卡

大韓航空為乘坐國際線頭等艙的旅客推出新的行李託運服務

從2007年4月1日開始，國際線頭等艙旅客託運的行李，將被妥善地放進印有大韓航空標誌的專用塑膠袋內並密封包裝，從而最大限度地防止行李因破損或汙染而造成的不必要的損失。

大韓航空在確立了「成為世界航空業值得尊敬的領導者」這一目標後，將不斷繼續開發區別於其他航空公司的新服務。

（三）擴大價值，為乘客增加全新的體驗

一個行業的競爭，通常不僅限於產品和服務本身，還涉及產品和服務的吸引力。圍繞著可以計量的價格與功能的提高來吸引顧客的企業是理性的，被稱為功能性企業，而透過體驗提高競爭力的企業的吸引力是感性的。在長期發展的過程中，企業形成了自己的模式：或者關注功能的吸引力，來擴大乘客的價值；或者透過關注情感，來擴大乘客的價值。隨著時間的推移，兩種模式在不同的企業發展中表現得越來越鮮明。

空服服務傳統上具有功能性很強又兼有情感性的特點，目前其核心服務的成

分正逐步變成日常的消費品，各個航空公司空服服務的內容日趨同質化，機型、客艙設施等差別越來越小。目前空服服務正向兩個方向發展：其一是簡約化服務。一些成本低、節儉型航空公司剝離了情感性的東西，只提供最基本的服務，如美西北航空以只提供花生米聞名，一直以低成本競爭戰略在美國民航業獨領風騷，持續贏利30多年。在歐洲，這類公司也迅速發展，EASY　JET的發展最具代表性，也最為成功，它看準了歐洲低價的旅行市場，適時地推出了國內與洲內的短途、經濟廉價的航班，所有機票價格約是大公司同類價格的40%～60%，它不使用中介機構，90%的機票是直銷。由於價格優勢，大有與傳統大公司分庭抗禮的勢頭，在該地區航空市場占有很大的市場份額。

（四）增加個性化服務項目

根據乘客多樣化與個性特徵，不斷推出服務項目，豐富服務內容，滿足不同乘客的要求。特別是針對VIP、CIP乘客提供有針對性的服務，將是未來民航服務的基本要求。這對穩定乘客群體，穩定市場具有積極的作用，也是體現顧客價值的重要方面。

訊息卡

華夏航空個性化服務——方便老人、小孩出行

據華夏航空公司市場部負責人介紹，華夏航空正式通航以來，陸續開通了一批以支線為主的航線，而支線乘客呈現出老人多、小孩多的特點。尤其是春運期間獨自出行的老人和小孩越來越多，為了方便他們出行，讓家人放心，華夏航空針對這部分乘客專門制定出一系列的服務細則。對無人陪伴兒童，為了讓家人放心，乘務人員除提供常規服務外，還會根據不同年齡層孩子的需要，為他們提供玩具及動漫書籍，幫助他們輕鬆地度過乘機時光；考慮到老年人身體弱，華夏航空專為老年旅客提供引領洗手間與專人陪護的服務，同時，為老年乘客提供老花眼鏡。

（資料來源：中國民航新聞訊息網）

訊息卡

人性化——民航服務的靈魂

調查結果顯示，機場／機艙設備的人性化不足是制約民航服務默契性的主要原因。一項服務首先是一次經歷。在一次完美的服務行動中，為顧客提供服務的一切人和物都應該在服務本身之外首先實現服務的人性化，讓顧客因體驗到服務之中的周到、熱情、理解和尊重而感知心有靈犀的默契感，從而擁有一份愉悅的心情。民航業在提供個性化服務和延伸服務方面有較好的表現，然而其服務設施人性化的不足制約了公眾，特別是民航乘客對民航服務默契性的感知，影響了服務價值層級中最高境界（默契性）的實現。人性化是個性化服務和延伸服務的基礎，缺乏人性化的個性化服務空洞且沒有生命力。「齊魯之翼」山東航空公司號召「員工成為旅客的親人和知心朋友，在服務過程中自覺完成這種角色的轉變，為服務灌注真情實感，為旅客提供全方位、親情化、人性化的特色服務」。《零點航服傳播指數報告》調查顯示，2005年公眾對山東航空公司在各維度的表現評價均較高，這與山航認真落實人性化服務的管理機制是分不開的。

（五）落實細節化服務

就是在細節化服務的落實上更細緻、有效。細節是實施乘務服務不可缺少的基本點，服務細節上的優秀是服務優秀的保證，也是對航空公司服務態度的檢驗。

大凡乘坐過新加坡航空公司航班、大韓航空航班的乘客都有這樣的切身體驗：他們的服務細緻得不能再細緻了！生活中的細節體現著人與人之間的關懷，細節化服務是乘客永遠在意的、永不失色的金字招牌。

比如，在服務過程中需要有詳細的服務流程的準備，要十分明確頭等艙、公務艙的空服員應該注意的事項，詢問旅客如果睡著了要不要叫醒和提前多少時間叫醒，對於CIP旅客和普通艙不同的旅客在服務上應該注意什麼；再如在送餐飲時容易忽視呼叫鈴，在客艙送水的過程中，有旅客要透過應該如何妥善處理等。細節是航空公司服務水準的保證，「細」無止境，「細」閃爍著情感的關懷與體貼。

（六）創新特色服務

特色是尋求差異競爭優勝的基本途徑，也是滿足乘客個性需要，樹立公司服務品牌的法寶，特色是航空公司創新能力、關注乘客需求的態度的檢驗。特色服務一般以某一主題和某一目標旅客群體為對象展開，其目的是吸引旅客，透過特色服務塑造公司的品牌，提高航班的市場競爭能力。

（七）貼近人性的服務

受到關懷、尊重與重視是現代人的基本心理特徵。當一個人受到充分的尊重與重視時，就會表現出主動與配合，也就會很快融入到這個集體中。一個受到人格關注與尊重的人，所表現出來活力是無限的。所以，以人與人之間的情感交流，相互信任，相互幫助，相互諒解為紐帶的服務內容，以人性化服務為空服服務的核心，必將統率未來空服服務內容的基本走勢。

第二節 空服服務的基本程序

訊息卡

辦理登機手續

經常外出的人都知道，坐火車可以在火車發車前幾分鐘透過檢票口進站上車，但對為什麼乘飛機要在航班起飛前30分鐘辦乘機手續，大都所知甚少。那麼，為什麼要規定在航班起飛前30分鐘停止辦理乘機手續呢？

首先，要明確何謂起飛時間。根據民航有關規定，民航班機時刻表向旅客公布的起飛時間是指地面保障工作完畢，飛機關上客、貨艙門的時間，而不是飛機離地升空的時間。

其次，要知道從停止辦理乘機手續到關機門之間，機場工作人員有哪些工作要做。據瞭解，主要有以下工作要做：

一是運輸值機、配載人員要結算旅客人數、行李件數，結合貨物裝載情況計算飛機載重，畫出平衡表及重心位置，做好艙單後送交機組簽字。

二是要將旅客託運的行李核對清楚後裝運飛機。

三是要對辦完乘機手續的旅客進行安全檢查。

四是廣播通知旅客到指定登機口檢票，並引導旅客登機。如登機旅客須使用擺渡車運送；則耗時要長。

五是清點機上旅客人數、與地面檢票情況進行核對。

綜上所述，從停止辦理乘機手續到關機門這30分鐘時間內，機場方面還須做大量的工作。稍有延遲，就可能造成航班延誤。為了讓旅客有足夠的時間辦理乘機手續，民航已在《公共航空運輸服務規則》中明確規定，100座以下飛機開始辦理乘機手續的時間不遲於起飛前60分鐘、100座以上飛機不遲於90分鐘。為保證航班正點起飛，機場方面必須嚴格執行提前30分鐘停止辦理乘機手續的規定。

‖ 一、空服服務的基本程序

空服服務一般分為四個階段：飛行前的預先準備階段；飛行前的直接準備階段；飛行中的飛行實施階段和飛行後的航後講評階段。

（一）飛行前的預先準備階段

就是明確任務、瞭解航班的狀況，進行個人心理、儀態著裝與攜帶物品準備，這些都是完成乘務任務所必需的，也是服務規範所規定的內容。

（1）接受任務：明確航班性質、航班號、航段、起飛時間、主任乘務長、日期、報告機型、機號等。

（2）查看航班性質：辨別正班、加班、包機、急救或補班等航班性質。

（3）個人準備：儀容、儀表、化妝、著裝等。

（4）心理與思想準備：瞭解機場名稱、方位、離城距離、飛行時間、距離與高度；瞭解航線地理；熟悉緊急情況處理辦法，熟悉對重要旅客、特殊旅客的服務辦法；熟悉各號崗位職責。

（5）物品準備：包括業務資料、廣播詞、上崗證、登機證、空服員手冊、

客艙服務規範手冊以及個人備品等。

（6）業務準備會議：起飛前1小時50分簽到後開會，宣布航班任務，明確各號分工，宣布機長，複習各種情況的處理，掌握機型設備、服務設備的使用方法，傳遞最新訊息。

（7）出行：在乘務長的帶領下，統一行裝前往機場。

（二）飛行前的直接準備階段

飛行前準備是為保證飛行安全以及為乘客服務所做的準備，以便迎接乘客登機。一般根據航班起飛時間，提前一個小時登機，開始進行下列工作：

（1）客艙應急設備檢查：緊急滑梯的壓力、救生船、移動式氧氣瓶、移動式滅火器、逃生門、救生衣、氧氣面罩、安全帶、麥克風、防煙面罩、信號機、手電筒、石棉墊、急救藥箱（開啟）。

（2）餐食與客艙服務設備檢查：檢查餐食數量、質量、廚房設備、供水系統以及電源系統，垃圾筒備份的情況、餐車與用具箱是否固定；娛樂設施的狀態；廁所、行李架、呼吸器、小桌板、嬰兒搖籃、坐椅、靠背、閱讀燈、觀察窗等。

（3）旅客服務用品檢查：主要包括毛毯、耳機、安全須知、航機雜誌、報紙等機內讀物、垃圾袋等。

（4）旅客登機前準備：主要包括登機前的清艙；處理可疑物品或無關人員；乘務人員儀態、儀表準備；客艙燈光準備。

（三）飛行中的飛行實施階段

飛行中的服務實施階段，包括迎賓、滑行、平飛、下降、落地、送客等階段。

（1）迎賓：熱情迎接乘客，介紹座位號碼，區別不同乘客引導座位，安排行裝擺放，對出口座位進行評估。

（2）清點乘客數量，並核對報告，關閉機艙門，廣播安全須知和注意事

項。

（3）起飛前的安全檢查：包括內外艙的安全檢查。

（4）平飛：廣播航線、準備餐飲、送清潔用品、清潔洗手間備品、播放影片等。

（5）提供餐飲：向乘客提供飲品與餐食。

（6）航班到達準備：通知乘客（預報時間、天氣情況）；收回物品（耳機）；關閉影片；通知地面做好準備工作；實施安全檢查；送別乘客；物品的清點與交接。

（7）清艙：各責任區負責人對機艙內進行清理。

（四）飛行後的航後講評階段

即對航班飛行中的服務情況進行講評，總結經驗，找出問題，將特殊情況上報值班領導。

二、航空安全員的工作程序

航空安全員的工作職責是在所執行的航班中，在機長的領導與乘務組的配合下，對劫機、炸機、非法干擾事件予以處置。

（一）預先準備階段

1.確認任務：明確航班號、飛機號、機型、機組人員情況、起飛時間、中途站、降落目的地以及航線情況。

2.根據航線的特點，結合空防形勢通報及上級對空防工作的要求，制訂本航班的空防形勢措施，在配有兩名安全員時，要有明確的責任分工，密切配合。

3.按時參加機組準備會，瞭解、熟知最新的業務通告，做好與乘務長、機長的溝通工作。

4.按時領取個人器械，進行個人準備。

5.在乘務組的準備會上要有空防預案，明確分工，專人負責。與機長、空服員溝通預防措施，聽取或執行機長的指示。

6.各種證件齊全，自查證件在有效期內。

（二）直接準備階段

1.航空安全員登機後，對空艙進行全方位的檢查。

2.檢查機上緊急設備是否處於良好的備用狀態。

3.在未派安全員的航線上，機上安全檢查的工作由雙執照安全員（具有服務員執照與安全員執照）完成，或由乘務長指定負責空防的空服員完成。

4.旅客登機前，安全員會同空服員對客艙進行清艙，保證機上無外來物和人員。

（三）飛行實施階段

1.旅客開始登機時，安全員應處於合適的位置，密切注意旅客的狀況，注意機場工作人員的情況，防止偷渡人員混上飛機。旅客登機後，確認地面工作人員已全部下飛機，核實旅客艙單與人數是否相符。安全員在旅客登機的過程當中，應協助空服員維護機上的秩序，處理旅客非法干擾客艙安全的行為。關閉機門後，即時向機長報告，坐到指定的座位上，看護駕駛艙門。

2.飛機起飛後，按照規定鎖好駕駛艙門，進入駕駛艙的乘務組人員，必須按照事先的聯絡方式出入。

3.航程過程中特殊情況的處置，均按公司《航空安全員管理手冊》的規定執行。航程中注意觀察旅客的情況，堅持巡視客艙，觀察旅客的舉動。

4.對擾亂機上正常秩序的行為，經機長同意可採取必要的強制措施，並交地面工作人員處理。

5.空中遇劫處置程序、空中發現爆炸物處置程序、執行遣返任務，均按照《國航安全員管理手冊》的有關規定執行。

（四）航後階段

任務結束後，應即時做好器械的交接工作、即時回應航程中的各種問題，遇有重要情況即時向上級匯報。

訊息卡

大中小型飛機在空中的活動範圍

天上飛的飛機和馬路上跑的汽車一樣，也有自己的「交通規則」。機型不同，其航行高度也不同。

3000公尺以下，一般是小型飛機的活動範圍；3000公尺以上則是大中型飛機的活動範圍。所謂的「超低空飛行」是指距離地面或水面5公尺～100公尺；所謂「低空飛行」是指距離地面或水面100公尺～1000　公尺；以此類推，「中空飛行」1000公尺～7000公尺；「高空飛行」指7000公尺～12000公尺；「平流層飛行」指12000公尺以上。飛機彼此間必須保持一定的垂直間隔，中國民航現行規定6000公尺以上高空飛行，垂直間隔為600公尺，以確保飛行安全和交通順暢。

第三節 空服服務中的旅客運輸常識

‖ 一、空服人員專業術語

任務：所飛航班計劃

簽到：起飛前規定的時間內，到航班調度部門在空服員所執行的航班登記表上簽名或在電腦上確認。

準備會：飛行前按規定的時間參加由乘務長組織的航前乘務組會，主要內容是複習航線機型知識、分工、瞭解業務通知、制訂服務方案和客艙安全緊急脫離預案。

機組會：在飛行前一天由機長召集，機組成員及帶班乘務長參加的會議。主要內容是匯報各工種準備情況，聽取機長的有關要求等。

供應品：為旅客和機組配備的、航班上所需的物品的總稱。

回收：將機上剩餘的供應品清點後放入規定的餐箱、餐車內，鉛封好並填好回收單的工作過程。

操作滑梯分離器：將飛機客艙門緊急滑梯的手柄移到自動（預位）或人工（解除）位置的過程。

機上值班：長航線餐飲服務後，為保持空服員的精力和體力而採取的輪換工作制度。

安全檢查：飛機在起飛、下降、著陸、顛簸或緊急情況下，為確認旅客及各種設施符合安全規定而進行的檢查，包括：

①緊急出口、走廊、廁所無障礙物；

②小桌子、坐椅靠背在正常位置；

③行李架關好扣牢；

④廚房內所有物品固定好；

⑤拉開隔簾並固定好；

⑥繫好安全帶；

⑦禁止吸菸；

⑧禁止使用對無線導航設備有影響的電子設備。

巡視客艙：空服員在客艙走動，觀察旅客的需求及安全狀況，處理特殊情況，提供即時、周到的服務行為。

清艙：旅客登機前，安全員或空服員檢查機上所有部位，確保機上無外來人、外來物。

關封：海關官員使用的公文。常用信封封好後在航班起飛前交給空服員，由空服員在到站後轉交給海關官員。

旅客名單：寫有旅客姓名、目的地、座位號等內容的單子，通常由商務部門

在飛機起飛前同業務袋一起送上飛機。

核銷單：機上免稅品出售後填寫的表格，用於海關核銷進口免稅品。

特殊餐：有特殊要求的餐食，如嬰兒餐、猶太餐、清真餐、素食等。

預先準備：空中服務的四個過程之一，指執行任務前至登機階段的各項準備工作。

直接準備：空中服務的四個過程之一，指空服員登機後至旅客登機前的準備工作。

空中實施：空中服務的四個過程之一，指飛機滑行起飛至下機前所有的服務工作。

航後講評：空中服務的四個過程之一，指完成航班任務後的工作講評。

航線圖：標明飛機飛行航線、距離及地點的圖示。

航班：在規定的航線上，使用規定的機型，按規定的日期、時刻進行的運輸飛行。

載重表：載重平衡表是航班載運旅客、行李、郵件、貨物和集裝設備重量的記錄，它是運輸服務部門和機組之間、航線各站之間交接載量的憑證，也是統計實際發運量的根據，它記載著飛機各種重量數據。

載重平衡圖：以空機重心指數作為計算的起點，以確定飛機的起飛重心位置，並根據飛機重心位置的要求，妥善安排旅客在飛機上的座位和各貨艙的裝載量的填製圖。

隨機業務文件袋：總申報單、旅客艙單、載重平衡、貨運單及郵件路單等業務文件，客、貨、郵艙圖等。

▌二、民航客運術語

航班：是指飛機定期由始發站按規定的航線起飛，經過經停站到終點站或不經過經停站直達終點的運輸飛行。在國際航線上飛行的航班稱國際航班，在國內

飛行的航班稱國內航班。

航班號：航班號一般由執行該航班任務的航空公司的二字英文代碼和四個阿拉伯數字組成，第一個數字是執行該航班任務的航空公司所在地的數字代碼，第二數字是該航班的終點站所屬的管理局或航空公司所在地的數字代碼，第三、第四位數字表示該航班的具體編號。第四位數字為單數表示去程航班（由飛離基地始發的航班），雙數為回程航班（飛機返回基地的航班）。

航班次：是指在單位時間內（通常以一週計算）飛行的航班次數。

航班時刻表：各航空公司根據航線、時刻表等，按一定的次序彙編成冊，稱為航班時刻表。

幹線航班：是指連接首都和各省會、自治區和直轄市首府的航班。

支線航班：是指省或自治區之內的各城市之間的航班。

航線：民航運輸飛機飛行的路線稱為航空交通線，簡稱航線。航線不僅確定了飛機飛行的具體方向，起訖與經停地點，還根據空中交通管制的需要，規定了航線的寬度和飛行高度，以維持空中交通的秩序，保證飛行安全。

民航航線分為國際航線、國內航線和地區航線三種。國際航線指連接國與國之間的航空運輸線；國內航線指連接各省、市、自治區之間的航空運輸線（通常稱為國內幹線）；地區航線指內地各城市與香港、澳門之間的航空運輸線。

區際航線：是指在兩個或兩個以上的民航地區管理局管轄區域之間的航線。

區內航線：是指一個民航地區管理局管轄區域內的航線。

地區航班：根據國家的特殊情況，在國境內與特定地區之間的飛行航線。

國際航班：飛機飛行的路線跨越本國國境，到達其他國家的航班稱為國際航班。

班期：即每週班次確定後具體安排在哪一天飛行。

加班：指飛機在規定的航線上增加的航班。

開航：指空運企業用已營運的飛機飛行新開闢的航線或使用新機型投入航線經營。

航路：是由民航主管當局批准建立的一條由導航系統劃定的空域構成的空中通道，在這個通道上進行空中交通管制和提供航行情況服務。

機型：指某條航線準備選用的飛機型號，正確選擇機型是保證航線運行，產生好的效益的重要方面。

行李：旅客在旅行中為了穿著、使用、舒適或便利而攜帶的必要或者適量的物品和其他個人財物。

逾重行李：旅客的託運行李和自理行李，超過該旅客免費行李額的部分，超過計件和計重免費行李額的部分。

託運行李：由旅客交承運人照管和運輸並填開行李票的行李。

聯程行李：在24小時以內需在1個以上航站轉機的行李。

中轉行李：聯程旅客託運的需在中轉站轉機的行李。

逾重行李費：旅客交運行李超過承運人所規定的免費行李的重量部分所需支付的費用。

辦理乘機手續：旅客登機前交驗客票、有效證件、託運行李、領取登機牌的手續。

過站旅客：在航班飛機經停地停留等待，繼續旅行的旅客。

截止辦理乘機手續時間：承運人規定的飛機起飛前停止辦理登機手續的時間。

常旅客：經常乘坐某一航空公司的飛機，參與里程累計獎勵的旅客。

始發旅客：在航班始發站乘坐飛機的旅客。

中轉旅客：乘坐某一航班飛機，在航班經停地或轉乘非同一航班號的飛機繼續旅行的旅客。

聯程旅客：乘坐兩個以上的航班飛機繼續旅行的旅客。

特殊旅客：需要承運人給予特殊的安排或照顧的旅客。

特殊旅客的服務：為重要旅客、嬰兒、兒童、孕婦、病殘旅客等特殊旅客提供的服務。

航空運輸企業：向社會提供或經營航班的企業。

公共航空運輸企業：以贏利為目的，使用民用飛機運送旅客、行李、郵件、貨物的企業法人。

承運人：填開客票的航空承運人和承運或者約定承運該客票所載明旅客及其行李的所有航空承運人。

貨物運輸：將貨物從一地移至另一地的過程。

貨物：除郵件和憑客票及行李票託運的行李外，已經或將要用飛機運輸的任何物品，包括憑航空貨運單運輸的行李。

危險物品：在航空運輸中，可能明顯傷害人身健康、安全或對財產造成損害的物品或物質。

航空郵件：航空郵件是由郵政部門交由航空運輸企業運輸的郵件，主要包括信函、印刷品、郵包、報刊等。

載重平衡：為保持飛機中心不偏離規定限度，對貨物、郵件、行李、燃油及旅客的位置等進行的合理安排。

最大業載：飛機合格證上列出的最大載量。

最大商務載量：航班飛機實際允許裝載旅客、行李、貨物、郵件的總重量。

艙單：航班上載運的由始發站出發的旅客、貨物、行李、郵件和集裝設備重量的記錄，它是運輸部門和機組之間，以及相關航站之間交接載量的憑證，也是統計實際出發運量的依據。

隨機業務文件：機組攜帶的總申報單、旅客艙單、郵件路單、載重平衡圖等

組成的業務文件。

‖ 三、國際旅客運輸常識

（一）班期時刻

國際航班班期時刻，以印刷班期時刻表時所收到的內容為依據。本時刻表中公布的班期時刻、航班、機型、經停地，如有變動，不另行通知。

（二）訂座

旅客乘坐國際航班，可根據有關規定向航空公司售票處或其代理人預訂座位。已訂妥國際、地區航班座位的旅客，應按航空公司規定的出票時限辦理購票手續。如未在購票時限內購票，所訂座位即被取消。已訂妥國際、地區航班座位，包括聯程座位的旅客，所訂的座位不利用時，應儘早向所訂座的航空公司售票處或其代理人提出取消座位。

（三）座位再證實

已訂妥續程或回程國際、地區航班座位的旅客，如在上機地點停留72小時以上，應最遲在班機起飛前72小時對所訂座位予以再證實，否則所訂座位將自行取消。如在續程或回程地點停留72小時以內，無須辦理座位再證實。

（四）客票

客票（包括行李票）是承運人與旅客之間的運輸憑證，也是旅客乘機交運行李的憑證，客票只限客票上列出姓名的旅客本人使用。客票不得轉讓或塗改，經轉讓或塗改的客票無效。

（五）客票有效期

普通票價的客票，無論是單程、來回程或環程，有效期為一年。特種票價的客票和有折扣的普通票價客票的有效期，按該票價有關規定計算。

（六）兒童

十二週歲以下的兒童按成人全票價的50%或75%付費。未滿兩週歲的嬰兒，

按成人全票價的10%付費，不單獨占一座位。

（七）乘機

乘坐國際、地區航班的旅客，必須在規定時間內到達指定的機場，憑機票、有效的護照、簽證及旅行證辦妥乘機及出境等各項手續。旅客沒有按規定的時間到達指定機場或攜帶的護照、簽證及旅行證件不符合規定，而未能辦妥乘機和出境等各類手續所造成的一切損失由旅客自負。

（八）機場費

對每一個從中華人民共和國國際機場出境的國際旅客，收取機場費人民幣90元。對持有外交護照的旅客、24小時內過境的旅客以及12歲以下的兒童，免收機場費。

（九）退票

由於承運人及旅客本人的原因，旅客未能按客票列明的航程旅行或者旅客申請退票，可按規定辦理退票手續。退票只限在原購票地點或經航空公司同意的地點辦理。

（十）計重免費行李額

在國際、地區航線上，按旅客票價等級，每一全票或半票旅客免費交運的行李額為：一等票價客票40公斤，公務票價客票30公斤，經濟票價客票20公斤，按成人票價10%付費的嬰兒，無免費行李額。

（十一）計件免費行李額

計件免費行李額適用於中美、中加國際航線上的行李運輸。按旅客所購客票票價的等級，每一全價或半價的旅客交運的免費行李額為：頭等和公務票，免費交運行李數為兩件，每件體積三邊之和最大不得超過62英吋（158公分）。經濟和旅遊折扣票，免費交運行李數為兩件，每件體積三邊之和最大不得超過62英吋（158公分）。但兩件之和不得超過107英吋（273公分），每件最大重量不得超過32公斤。按成人票價10%付費的嬰兒可免費交運一件行李。但體積三邊之

和不得超過45英吋（115公分）。另外還可免費交運全折疊式或輕便嬰兒車或嬰兒手推車一輛。超過規定的件數及超過規定的最大體積的行李，應交付逾重行李費。

（十二）隨身攜帶物品

除計重免費交運的行李外，每一持有全價或半價客票的旅客，還可免費隨身攜帶下列物品：女用手提包一個、大衣或雨衣一件或旅行用毛毯一條、手杖一根或傘一把、在飛行途中用的少量讀物、小型照相機一架、小型望遠鏡一具、嬰兒食物（限旅途中食用）、嬰兒搖籃（限一個）、供病人行動的可折疊的輪椅或一副拐杖、撐架或假肢。

（十三）行李包

隨機交運的行李應有能承受一定壓力的包裝，應封裝完整，鎖扣完善，捆紮牢固。對包裝不符合要求的交運行李，承運人可拒絕接受或不承擔損失、破損責任。

（十四）不得作為行李運輸的物品

旅客交運的行李和自理行李內不得夾帶易燃、易爆、有毒、放射性物質、可聚合物質、磁性物質及其他危險物品。旅客不得攜帶有關國家法律、政府命令和規定禁止出境、入境或過境的物品及其他限制運輸的物品。旅客乘坐飛機不得攜帶武器或隨身攜帶利器和凶器。交運行李內不得裝有貨幣、珠寶、金銀製品、票證、有價證券和其他貴重物品。

（十五）旅行證件

國際旅客在辦理乘機及出境手續前，應辦妥護照、簽證及旅行證件等一切手續。旅客的護照、簽證及旅行證件應隨身攜帶，不得放在交運行李中運輸。由於旅客旅行證件不完備而受到的損失和支付的費用，承運人不承擔責任。但對於由此使承運人受到的損失和支付的費用，包括（但不限於）罰金，旅客應當負責賠償。

（十六）貨物託運

託運國際貨物,應先交海關檢驗,貨物應附有一切必要的證明,並應符合貨物運輸過程中入境、出境和過境國家的有關規定。

（十七）禁運貨物

禁止運載文物、毒品和易燃、易爆、腐蝕、有毒等危險物品,以保證運輸安全,承運人對託運的貨物須進行檢查。

（十八）危險貨物

國際航線上可載運危險貨物,其品名、數量和包裝等須按照承運人的有關規定辦理。

四、國內旅客運輸常識

（一）訂座

訂座指對旅客預訂的座位、艙位等級或對行李的重量、體積的預留。

1.訂座的一般規定

承運人及其代理人可採取當地訂座,電話訂座等多種方法接受旅客的預訂要求。接受訂座時,一般按先後順序辦理,重要客人和其他有特殊情況的旅客可優先安排。接受團體旅客訂座,需根據承運人的要求提前預訂。團體旅客訂妥座位後,應在規定或預先約定的時限內購票,否則,所訂座位不予保留。旅客在訂妥座位後,憑訂妥座位的客票乘機;承運人可規定航班開始和截止接受訂座的時限,必要時可暫停接受某一航班的訂座;特殊旅客訂座時須事先徵得承運人的同意;承運人及其代理人接受訂座後,遇有航班取消或變革,應即時通知旅客或訂座單位,並對其要求改留的座位予以證實;不定期客票必須訂妥座位後才能使用;合約單位應按合約的約定訂座。

2.團體旅客訂座

統一組織的人數在10人以上（含10人）,航程、乘機日期和航班都相同的旅客稱為團體旅客。

團體旅客訂座須預先申請。一個團體的訂座申請建立在一個訂座記錄內，若有特殊情況不能建立在同一PNR中，必須在PNR內的PMK項註明團體人數以及相關團體的PNR。外賓團隊申請國內航班團體訂座，應在PNR內PMK項註明團體入境和出境航班的日期。

團體訂座訂妥座位後，訂座單位按承運人規定或預先約定的時限出票，否則座位不予保留。團體訂座申請被證實後，不得以散客形式銷售。團隊旅客訂座聯程或回程航班，應在PNR內註明銜接航班的代碼及到達、中轉的時間；註明旅客在聯程或回程點的聯繫地址、電話、聯繫人。團體旅客訂座在未輸入全部名單和票號前，一律不得做「RR」出票代號。

3.散客訂座

訂座單位設立的旅客訂座記錄（PNR）要規範、完整。PNR內的旅客姓名必須與客票上的旅客的姓名完全一致。聯程或回程票需要辦理座位再證實手續的，在旅客辦理再證實後才可將PNR內訂座情況項的「HK」改為「RR」。旅客訂妥座位後，按承運人規定的時限出票，如旅客有特殊要求，要保留座位，在PNR內PMK項註明。

（二）行李運輸

行李指旅客在旅行中為了穿著、使用、舒適或方便的需要而攜帶的物品和其他個人財物。

1.拒絕載運的行李

承運人在收運行李前或在運輸過程中，發現行李中裝有不得作為行李或不得夾入行李內運輸的任何物品，可以拒絕收運或隨時終止運輸。由於旅客攜帶以上物品所引起的飛機或機上其他貨物、行李的汙染或損壞，應由旅客本人承擔責任。

承運人在收運行李時，發現行李的包裝、重量和體積不符合行李的有關規定時，應請旅客加以改善。如旅客不能改善，承運人可以拒絕收運。

承運人對未經安全檢查的行李有權拒絕運輸。承運人為了運輸的安全，可以

會同旅客對其行李開啟包裝，進行檢查；必要時，可會同有關部門進行檢查。如果旅客拒絕接受檢查，承運人有權拒絕運輸該行李。

在飛機載量不允許的情況下，承運人可以將旅客超出免費行李額的行李用後續航班運輸。如果旅客不同意用後續航班運出，承運人拒絕收運。

2.運輸要求

託運行李在託運前必須辦妥海關手續並經過安全檢查，附有安全檢查標誌。旅客託運的行李，應與旅客同機運送，特殊情況下不能同機運送時，承運人應向旅客說明，並優先安排在後續航班上運送。

旅客不得攜帶管制刀具乘機。管制刀具以外的劍、古槍械等利器應作為託運行李，不能隨身攜帶。經承運人特別準許作為行李運輸的器械必須符合包裝要求，按照託運行李辦理，但只能裝在貨艙內運輸。

3.合併計算的免費行李額

旅客的免費行李額可以合併計算。搭乘同一航班前往同一目的地或中途分程地點的兩個（含）以上的同行旅客，如在同一時間、同一地點辦理行李託運手續，其免費行李額可以按照各自的客票價等級合併計算。

4.改變艙位等級的免費行李額

旅客自願提高或降低座位等級時，免費行李額按照改變後的座位等級所規定的免費行李額辦理。旅客非自願提高或降低座位等級時，在座位等級變更後，仍享受原客票座位等級所規定的免費行李額。

5.計重制與計件制混合航線的免費行李額

如旅客持聯程客票且不中途分程，行李直接託運至美國或加拿大，免費行李額則按計件制計算。如旅客持聯程客票並在相應的航段上中途分程，行李不能直接託運至目的地的，免費行李額按有關規定執行。

6.逾重行李

逾重行李是指超過計重或計件免費行李額的部分。旅客攜帶逾重行李乘機，

應當支付逾重行李費。

（1）費率

超過計重免費行李額的逾重行李，每千克的費率按照填開逾重行李票之日所適用的、以當地貨幣公布的最高直達、單程、成人、經濟艙票價的1.5%計算。

超過計件免費行李額的逾重行李，應當按照填開逾重行李票之日所適用的費率收取逾重行李費。

（2）計算

計算逾重行李費時，應按單程運價，用銷售貨幣計算。計算出的逾重行李費應以始發地貨幣為單位。

即：每千克逾重行李費率＝適用單程普通運價×1.5%

逾重行李費＝每千克逾重行李費率×行李超出的重量

（3）混合等級逾重行李費的計算

混合等級客票的逾重行李費，應按各航段票價級別規定的免費行李額分別計算。

（4）逾重行李費的收取

①根據旅客要求，可以收取從始發地點經中途分程地點到目的地全航程的逾重行李費，也可收取從始發地點到中途分程地點的逾重行李費，但要求旅客必須在其中途分程地點提取行李。

②對於收取全航程費用的逾重行李或收取到中途分程地點費用的逾重行李，如旅客在途中增加行李或重新託運行李，都必須另行加收或重新計算逾重行李費並填開逾重行李票。

（5）行李聲明價值

在國際航線上，旅客的託運行李每千克價值超過20美元，或自理行李價值超過400美元時，可以辦理聲明價值；在中國航線上，旅客的託運行李每千克價

值超過人民幣50元，可以辦理聲明價值。

　　旅客聲明價值中超過限額部分價值的5‰，收取聲明價值附加費。聲明價值行李的重量不能計算在免費行李額內。旅客攜帶的小動物不辦理聲明價值。

　　計算公式：

　　聲明價值附加費＝〔行李聲明價值-（規定每千克限額×辦理聲明價值行李的重量）〕×5‰

　　（三）小動物的收運

　　小動物是指家庭馴養的小狗、貓、鳥等小動物。野生動物和具有形體怪異或易於傷人等特性的動物如蛇等，不屬於小動物範圍，不能作為行李運輸。

　　旅客必須在訂座時提出，並經承運人和有關續程承運人的同意。旅客應在乘機之日按照承運人指定的時間，將小動物自行運至機場辦理託運手續。必須持有國家運輸小動物出境、入境和過境的有效證件。小動物必須裝在適合其特性的堅固容器內。要求容器能防止小動物破壞、逃逸和伸出容器外傷害旅客，損壞行李或貨物，並能防止糞便滲溢汙染飛機設備和其他物品。除經承運人特別同意外，小動物不能放在客艙內運輸，只能裝在貨艙內運輸。旅客應對託運的小動物承擔全部責任。由於運輸過程中有關國家拒絕入境、過境，小動物未能按時運到，或由於正常運輸條件下小動物受傷、患病、逃逸或死亡，承運人不承擔任何責任。

　　1.收費

　　旅客攜帶的小動物及其容器和食物，不得計算在免費行李額內，應按照逾重行李交付運費。

　　2.計重制

　　按小動物及其食物的實際重量收取逾重行李費。

　　（四）導盲犬和助聽犬的收運

　　導盲犬或助聽犬是指經過專門訓練為盲人導盲或為聾人助聽的犬類，而盲人或聾人旅客在旅途中必須依靠它們的幫助。攜帶導盲犬或助聽犬的盲人或聾人旅

客須持有醫生證明,並按照下列規定辦理:

經承運人同意攜帶的導盲犬或助聽犬,可以免費運輸。由盲人或聾人旅客帶進客艙或裝在貨艙內。導盲犬或助聽犬帶進客艙運輸時,必須在上機前戴上口罩和繫上牽引繩索,不得占用座位及妨礙旅客的正常旅行和客艙服務;如果裝在貨艙內運輸,必須按照小動物收運的規定辦理。在長距離飛行中途不著陸的航班或某種機型,不適宜運輸導盲犬或助聽犬時,承運人可以拒絕運輸。

(五)信袋的收運

外交信袋可由外交信使隨身攜帶,自行保管。根據外交信使的要求,承運人也可按照託運行李辦理,但只承擔一般託運行李的責任。外交信袋運輸需要占座位時,必須在訂座時提出,並經承運人同意。外交信袋占用座位時,重量限額不得超過75千克,每件體積的限制與行李相同。

外交信袋與信使的行李可以合併計重或計件,超過免費行李額的部分,按照逾重行李的規定辦理。占用座位的外交信袋沒有免費行李額,運費按下列兩種辦法計算,取其較高者:根據占用座位的外交信袋實際重量,按照逾重行李費率計算運費;根據外交信袋占用的座位數,按照運輸起訖地點,按與該外交信使所持客票票價級別相同的票價計算運費。

(六)特殊旅客運輸

1.特殊旅客範圍

特殊旅客是指需給予特別禮遇和照顧的旅客,或由於旅客身體和精神狀況需要給予特殊照顧的旅客。包括VIP、VVIP、CIP、兒童、無成人陪伴兒童、病殘旅客、孕婦、盲人、醉酒的旅客、犯人。同時,根據航空運輸的特殊性,下列人員屬於拒絕運輸的旅客:有特殊惡臭;外形怪異、有怪癖,可能對其他旅客造成不良影響者;患有傳染性疾病者;其精神狀態對其他旅客和自身有危害者。

2.兒童

(1)兒童定義:2週歲以上未滿12週歲的。

（2）兒童分類：有成人陪伴的兒童（包括嬰兒）、無成人陪伴的兒童。

（3）票價：嬰兒、出生不到14天嬰兒不予承運，出生未滿2週歲的付10%，2週歲～12週歲的付50%或67%。

（4）行李：10%付費的嬰兒，不享有免費行李額。

（5）限制：一個成人旅客攜帶四名或四名以上的兒童乘機時，應在乘機前七天向售票處提出申請，經有關部門同意後方可辦理訂購機票手續。

（6）購票程序：訂座：訂座時應註明兒童、嬰兒代號。出票：應在客票中註明CH、IN。

3.無成人陪伴兒童

（1）規定

無人陪伴兒童指5週歲至12週歲以下無成人陪伴，單獨乘機的兒童，5週歲以下的無成人陪伴兒童，不予承運。無人陪伴兒童必須符合航空公司的運輸條件方可運輸。

（2）訂座

訂座時應填寫一式兩份的「無成人陪伴兒童運輸申請書」，經同意後方可接受訂座。

（3）票價

①5週歲或5週歲以上12週歲以下的無成人陪伴兒童，票價按成人全票價的50%付費，可單獨占一座位。

②如需服務員隨機陪伴的兒童，應事先提出，經同意後方可接受，票價按成人全票票價收費。

③超過12週歲的未成年旅客要求另派服務員隨機陪伴時，除旅客按成人全票票價收取之外，須為服務員另付成人全票價的50%服務費。

（4）售票服務

①拍發訂座電報：座位控制部門拍發電報給始發站、經停站、到達站的國航駐外辦事處。

②售票：客票填寫UM及年齡，填寫無成人陪伴兒童運輸申請單一式兩份。旅客一份、售票處留存一份。

③拍發特殊旅客運輸通知（SPA/UM）電報。

4.病殘旅客

由於身體和精神上的病態，空中旅行中不能照顧自己，需由他人照料的旅客，稱為病殘旅客。帶有先天殘疾，已習慣於自己生活的人不應視為病殘旅客。

（1）確認條件

①診斷證明書

a.醫生診斷證明書，一式三份。

b.診斷證明書在班機起飛前96小時內填開有效。病重者在起飛前48小時內填開有效。

②填寫特殊旅客（病殘）乘機申請書

a.一式兩份申請書。

b.病人本人簽字或家屬、監護人代簽。

③陪伴人員

a.病殘旅客乘機，原則上由醫生或護理人員陪同，以便旅途中照料旅客。

b.除精神病人外，符合條件的可單獨旅行。

（2）接受申請

①在中國境內申請乘坐中國國際航空公司的班機，由售票處受理。

②受理部門應瞭解旅客的病情及精神狀況，對不能接受的旅客做好解釋工作。

③通知旅客準備必要的證件。

④診斷證明書由指定醫療單位簽署。

⑤接受後可為旅客訂座。

⑥申請中包括特殊服務設備。

（3）病殘旅客乘機申請電報的拍發

①申請電報發給國航座位控制部門。

②如有外航聯運時，申請電發給有關空運企業的座位控制部門。

電報中應包括病殘旅客情況和陪伴人員情況。

5.孕婦

（1）條件

①懷孕32週或不足32週的孕婦乘機，除不適宜乘機者，可按一般旅客運輸。

②懷孕超過32週的孕婦，應提供醫生的診斷證明。

③懷孕超過36週的孕婦，預產期2週以上者，一般不接受運輸。

（2）訂座

①懷孕32週～36週的孕婦，填寫一式兩份的醫生診斷證明書和特殊旅客乘機申請書，經檢驗合格，方能辦理訂座手續。

②孕婦必須申請訂座，電報中說明孕婦情況。

（3）處理程序

①座位證實後方可開票。

②應將「診斷證明」及「乘機申請書」附在客票上，同時在客票各聯中註明。

③起飛前48小時，拍發特殊旅客運輸通知SPA/PREGNANT電報發給經停站和

到達站。

6.盲人

盲人指雙目失明的旅客，不是指眼睛有疾病的旅客。眼疾旅客，應按病殘旅客處理。這樣的乘客有兩類：

其一是有成人陪伴或有導盲犬引路的盲人旅客；其二是無人陪伴無導盲犬引路的盲人乘客。

（1）有成人陪伴的盲人旅客

按一般旅客接受運輸。

（2）有導盲犬引路的盲人旅客

①運輸規定

a.導盲犬必須是經過特別訓練的狗。

b.導盲犬必須申請同意後方可運輸。

c.導盲犬可免費帶入艙內。

d.導盲犬應持有國家規定的動物入境或過境必要的檢疫證明。

e.航班不適宜運輸狗時可拒絕運輸導盲犬。

f.導盲犬需帶口套及牽引的繩索。

g.空中禁止餵食。

h.每一客艙只能運一隻導盲犬，不能同其他動物同運。

②處理程序

a.檢驗各種手續，證件齊全方可辦理訂座手續。訂座電報中在SSR組應註明是攜帶導盲犬的旅客，經控制部門同意後可售票。

b.辦理完售票手續的應拍發SPA/SED　BLND電報，電報應發給始發站、經停站、到達站。

（3）無成人陪伴和無導盲犬引路的盲人旅客

①運輸條件

a.盲人旅客能自己走動，有照料自己的能力。

b.上下機地點（始發、到達站）有人接送。

c.訂座時填寫一式兩份特殊旅客乘機申請書。

d.如有聯程運輸應得到有關空運企業同意後方可運輸。

②處理程序

a.售票處應檢驗盲人旅客是否符合運輸條件。

b.拍發訂座電報。在SSR　組中註明　UNAC　BLND。接到座位證實後方可售票。

c.售票手續辦妥後，應拍發SPA/UNAC BLND電報。

7.犯人

（1）一般規定

①由於犯人是受到國家現行法律管束的，在運輸犯人時，必須與有關公安部門，以及透過外交途徑與有關外交部門取得密切聯繫。

②在運輸犯人過程中，應注意符合中國有關法律、法令和對外政策及有關國家的法律。

（2）接受犯人運輸的限制條件

①運輸中必須有兩人監送。

②監送人員在運輸中對犯人負有全部責任。

③監送人員攜帶武器，在飛行中，一般應交由機組保管。

④運輸犯人，只限在運輸始發地申請辦理訂座售票手續。

（3）接受犯人運輸的批准權限

運輸犯人，必須經運輸始發地最高一級運輸業務部門負責人根據有關規定負責審校批准。在國外由辦事處負責人批准。如果需要透過外交途徑與有關國家外交部門取得聯繫和配合時，必須事先請示總局，遵照總局指示辦理。

（4）辦理運輸犯人的工作程序

①接到運輸犯人的申請後，即發電給始發地運輸部門申請批准。

內容包括：犯人姓名、國籍、監送單位和監送人員姓名，運送日期、航程、定位等級和其他有關事項。填寫訂座單，並在單上附上申請運送犯人的單位公函。包括「監送人員在運輸全過程中對所監送的犯人負全部責任」的字樣，並加蓋監送人員單位的公章。

②獲得批准後，辦理訂座售票手續。

拍發訂座電報：通知訂座部門犯人的姓名、性別、國籍、年齡。

③辦妥售票手續後，拍發特殊旅客（犯人）運輸通知（SPA/PRISONER）電報給各經停站、終點站。

④運輸業務部門應辦理相應的手續，同時，始發站值機部門應辦理相應的事項。

8.酒醉旅客

（1）酒醉旅客一般不予運輸。

（2）根據酒醉旅客的外形、言談、舉止自行判斷決定。

（3）對酒後鬧事、影響其他旅客旅行的旅客，國際航空公司有權拒絕其乘機。

（4）在飛行途中，如發現旅客仍處於酒醉狀態不適於旅行，或妨礙其他旅客時，機長有權令其在下一個經停站下機。

（5）當酒醉旅客被拒絕乘機時，退票按非自願退票處理。

本章小結

1.本章闡述了空服服務的基本內容，具體包括：禮儀服務、技術服務、安全服務、餐飲服務、救助服務、娛樂服務、諮詢服務、旅客管理、應急處置、機上商務服務等內容。這些服務是乘客應該享受的權利，是具有一定標準與規範的服務內容。

2.本章介紹了空服服務的延伸服務，比如：個性服務、關懷服務、後續服務等，並就如何豐富空服服務內容進行了分析。

3.本章說明了空服服務的程序及各階段服務的主要任務和工作重點。

4.本章介紹了空服服務中的旅客運輸常識，如空服人員專業術語、民航客運術語、國際運輸常識、國內旅客運輸常識等。

思考與練習

複習題

1.空服服務的基本內容包括哪些？

2.空服服務的基本程序是什麼？

3.空服人員需要掌握哪些旅客運輸常識？

思考題

1.如何理解空服服務的延伸服務，如何豐富其服務內容？

2.在飛行前的直接準備階段有哪些任務？如何更好地完成這些任務？

第五章 空服服務品質評價體系

本章導讀

提高空服服務品質，是廣大旅客的要求，也是航空公司發展的需要。提高空服服務品質不是一朝一夕的事情，空服服務品質受很多因素的影響。

本章全面闡述了影響空服服務品質的因素，分析了航空公司管理的重要內容，介紹了中國主要航空公司的管理特點。本章重點分析了空服人員的行為對服務品質的直接影響，本章最後介紹了空服服務品質評價體系，並重點闡述以旅客的感覺為標準的質量評價體系——「用戶滿意度評價」。透過本章的學習，使讀者明確：航空公司的服務管理是決定空服服務品質的基礎，而當值航班的狀況決定了旅客所感知的空服服務品質。

重點提示

1.明確影響空服服務品質的主要因素，加深對空服服務品質的理解。

2.瞭解中國各航空公司的管理狀況及特點。

3.掌握空服服務品質的評價體系，並且對評價要素、評價方法有一定的瞭解。

4.瞭解中國當前以顧客為主的質量評價體系——「旅客話民航」，並且能夠分析影響旅客滿意度的主要因素。

案例

美國大陸航空公司起死回生的原因

創立於1934年的美國大陸航空公司，在近70年的發展歷程中，曾10次更換總裁，兩次瀕臨破產。1990年12月，大陸航空第二次申請破產保護，直到1993

年4月16日，法庭才宣布同意大陸航空公司的重組計劃，從而結束了破產保護。令人驚奇的是，1994年剛剛擺脫破產威脅的大陸航空公司，卻在1996年被權威雜誌《航空運輸世界》評為1996年度世界最佳航空公司。此後，大陸航空公司每年都有上佳的表現。2002年，被推舉為全球最受推崇的50家公司之一，2003年被商業運輸新聞評選為年度最佳航空公司。2004年大陸航空公司榮獲OAG評選的「2004年度最佳航空公司」大獎。

1994年底，在公司最困難的時候，前波音公司副總裁、經驗豐富的戈登・貝休恩被任命為大陸航空公司的首席執行官，他和大陸航空公司主席格雷格・布倫尼曼一起設計了簡單明確的「前進計劃」，主要包括財務、產品和企業文化等內容，其中最重要的是改善產品。

貝休恩的第一個措施就是放棄了以低成本換取客流量的做法。貝休恩恢復了商務艙座位，取消了節約燃油獎，改設準時到達獎，許諾只要公司在美國運輸部的月度航班正點運營排行榜上排在前5名，每位員工就可以得到65美元的獎金。這一招立竿見影，自1995年2月以來，大陸航空的正點率在全美一直排在前5名，在六大傳統航空公司的平均排名中居第一位。同時，大陸航空積極發展網上售票和推行電子化登機手續，在全美130個機場安裝了779台自助式電子服務中心，使得登機手續可以由旅客自己完成，節省了旅客等待的時間。此外，大陸航空不斷完善其各機場的候機廳，並增加登機口的數量，縮短了旅客登機的時間，提高了飛機的使用效率。正是在這樣一系列相關措施的推動下，大陸航空取得了前文所敘述的令人吃驚的成就。

旅客們認為評估航空公司最重要的四點是：準點到達率、非自願拒絕登機、行李能否準確運達和消費者的投訴率。能順利、按時到達目的地是最重要的。再來看看大陸航空公司所採取的幾項措施，無一不是為了更好地滿足旅客的要求，這是公司最終能夠扭虧為盈的最關鍵的因素。事實上，美國交通部對美國六大傳統航空公司自1995年至2003年的綜合表現做了一項調查，調查顯示，大陸航空在準時抵達、旅客投訴和行李處理三項指標上均為最佳。旅客需要的不是飛機和飛行，而是能方便、快捷地從A地到達B地，航空公司也是一樣。低成本也好，

差異化也好，創新也好，執行也罷，前提是首先必須滿足消費者的根本需求。改造大陸航空的CEO戈登‧貝休恩到任時曾說：「我們的飛機已經便宜得沒有人願意乘坐了」——不能把旅客方便、快捷地運送到目的地，票價再低也不會有人乘坐。上萬公尺高空是民航飛機的巡航高度，運營高招——一萬公尺的智慧是航空公司經營經驗的結晶。

第一節 影響空服服務品質的因素

追求高質量的服務，既是航空公司的奮鬥目標，也是旅客對航空公司的期望。正是在旅客的期待、市場競爭、航空公司的努力等諸多因素相互作用下，空服服務品質在不斷地提高。作為被服務品質評價的對象，航空公司關注服務品質及影響服務品質的因素，對改進服務工作，提高服務品質是十分重要的。

‖ 一、機組成員及乘務人員

服務品質是旅客對服務狀態滿意與否的評價。而每位乘客都是根據自己接受服務過程的心理體驗來評價服務品質，因此，在飛行過程中，機組成員須保證飛機的安全飛行；空服服務中，乘務人員與乘客之間面對面地接觸，透過服務行為、語言溝通，向乘客傳遞著反映服務水準的各種訊息，這些訊息作為旅客對航空公司評價的依據，一旦不利的評價形成就會給航空公司造成不良的影響。

（一）機長與機組成員

案例

機組臨危不亂

2006年10月11日，天鷹組成員年輕的余祥機長，帶班執行CZ-6951航班烏魯木齊至蘭州航段的飛行任務，在蘭州區域下降時，機組巡視檢查，發現座艙升降率+2000，座艙高度短時達到10000英呎，隨後出現座艙高度警告，機組臨危不亂，帶上氧氣面罩，同時檢查發現座艙增壓自動方式不工作，此時機組嚴格按飛

行操作程序快速下降，在蘭州機場安全著陸，展現了很高的專業水準。

　　機組由機長和其他空勤人員組成，機組的組成和人員數額，應當符合國務院民用航空主管部門的規定。

　　機長必須由具有獨立駕駛該型號民用飛機技術和經驗的駕駛員擔任，負責民用飛機的操作。機長也是管理者，需要具備管理能力與組織才能，在執行飛行任務期間，機長負責領導機組的一切活動，應當嚴格履行職責，對飛機和飛機所載人員及財產的安全、航班正常和服務品質負責，保護民用飛機及其所載人員和財產的安全。在職權範圍內，民用飛機所載人員都應當執行機長發布的命令，機組全體成員必須服從機長命令，聽從機長指揮。

　　與空服員不同，上萬公尺的高空中，在駕駛艙裡的機長對一般乘客而言總帶有那麼一些神祕色彩。機長也就是空中「家庭」的「家長」。乘坐的飛機晚點，一些情緒激動的旅客往往最想得到機長的解釋，他象徵著權威。飛機在飛行過程中碰到小氣流，機長一句溫情的提醒不但能使乘客安心，也能讓空服員迅速穩定情緒。

　　機長是整個機組航行過程中的安全核心。飛行前，機長應當對民用飛機實施必要的檢查，未經檢查，不得起飛。機長發現民用飛機、機場、氣象條件等不符合規定，不能保證飛行的安全，有權拒絕起飛。飛行中，對於任何破壞民用飛機、擾亂民用飛機內秩序、危害民用飛機所載人員或者財產安全以及其他危及飛行安全的行為，在保證安全的前提下，機長有權採取必要的措施。

　　執行飛行任務時，空服員、空警和機長並不一定都互相認識。為了讓大家有個和諧的工作環境，機長應在起飛前與機組人員見個面，大家聊聊天，說說笑話，緩解一下氣氛，使這個臨時團隊盡快地融合。在飛機飛行前，根據任務的性質、特點和要求，熟悉與該次飛行有關的資料，機長應和機組成員考慮到各種困難和複雜情況，充分做好飛行前的準備工作。為了能夠保持充沛的體力和飽滿的狀態，機組成員在飛行前要充分休息。

　　飛行中，遇到特殊情況時，為了保證民用飛機及其所載人員的安全，機長有權對民用飛機作出處置。機長發現有不適宜執行飛行任務的機組人員時，為了保

證飛行安全，有權提出調整。在民用飛機遇險時，機長有權採取一切必要的措施，並指揮機組人員和飛機上其他人員採取搶救措施。

在必須撤離遇險民用飛機的緊急情況下，機長必須採取措施，首先組織旅客安全離開民用飛機；未經機長允許，機組人員不得擅自離開民用飛機；機長應當最後離開民用飛機。

可見，機長駕馭著飛機，也就駕馭著飛行安全，同時指揮著機組中的其他成員共同完成飛行任務。乘客的滿意度和機長的指揮是否得當，決策是否果斷，密切相關。

案例

國航飛行員打乘客事件的反思：這種傲慢來自何方

近年來中國國內各大航空公司快速擴張，飛行員供不應求，導致一些飛行員恃寵而驕。很難想像，一個心理素質不高、自控能力很差的飛行員，在受到外界影響時，能把穩平衡桿。乘坐這樣的飛機，對乘客來說，不能不說是一件「很恐怖」的事。

據《第一財經日報》報導：2006年8月1日晚發生的國航飛行員與乘客鬥毆事件，在中國民航史上堪稱首例。這一事件在時隔半個月之後，終於被公之於眾。

8月15日，國家有關部委的領導曾就此事公開表態，要求國航加緊調查進度，並對相關責任人作出處理。

事情是這樣的：8月1日，乘客呂先生乘坐國航CA922航班從溫哥華飛往北京。因天氣原因，飛機暫時降落在天津，比原定到達北京的時間晚了近八個小時。

於是，呂先生就和空服人員閒聊，說：「如果能果斷降落，我們就不會被耽擱這麼久了。」這句話讓坐在不遠處休息的牛姓副駕駛員大為不滿。牛姓副駕駛員突然跳起來，指著呂先生的鼻子說：「你說的什麼話？你負不負責任？你知道什麼？」

正是這場爭執，導致飛機降落首都國際機場後，雙方大打出手。如此心態的飛行員，乘客豈能安心？

別的不說，單就飛行員「暴跳如雷」這一點，我們就可以發現，那個牛姓副駕駛員的脾氣的確是太「牛」了，心理承受能力和自身素質存在一定問題。這一事實，在事後國航向呂先生的致歉信中也說得清清楚楚，其中一點就是，飛行員不該衝動，不該跳出來對乘客的抱怨進行指責。

可以說，在整個的飛行服務過程中，飛行員是服務的核心，也是航空公司管理水準、企業文化和企業形象的集中體現。飛行員的業務能力包括心理素質，直接決定著服務品質的好壞，甚至決定著數百名乘客的安危。在危難時刻，飛行員就是他們的主心骨。中國乃至世界航空史上無數的事例都證明，沉著冷靜、處變不驚的飛行員，往往能讓飛機轉危為安，讓乘客平安到達目的地。

但對於航空公司這類服務性企業來說，最主要的資源其實是乘客。有了乘客，就有了市場；有了市場，就能保證收益；有了收益，也就能聘用到更多、更好的飛行員。一家航空公司在一個地方能否生存下去，有沒有設立的必要，首先就要看有沒有客源。否則，一切都是空談。

所以，無論是從乘客安全的角度，還是從航空公司持續發展的角度，我們都需要心理素質健康的飛行團隊。

（二）空中乘務人員

空中空服員屬於機上工作人員，與機組成員組成飛行與服務團隊。在履行航班任務時，空中空服員與機組成員應該分工明確、團結協作，共同完成服務工作。空服人員應該履行自己的職責，其中，乘務長應全程監控服務工作，對乘務服務進行組織與管理，確保客艙安全，提高服務品質。

空中空服員是服務的直接提供者，其服務意識、敬業精神、意志品質、服務技能以及綜合素質決定著客艙服務品質。

除了服務的內容與細節之外，旅客對空服服務人員的服務態度與意識有著很敏感的反應。而良好的服務態度與服務意識，取決於乘務人員的綜合素質與意志

品質。乘務人員除了應具備良好的外在條件以外，其綜合素質更為重要。據統計，對乘務人員服務投訴的事件中，絕大部分都是針對服務態度以及由此引起的服務糾紛。要重視服務工作，更要重視人的選拔。

另外，空中乘務工作具有很強的技術性，乘務人員需要受到良好的培訓與技能訓練。不言而喻，完美的服務體現於服務的全過程，而服務的失誤往往出現在一瞬間，因此，服務過程必須精細而持久，全面展現良好的職業修養與職業訓練，微笑、禮貌、溝通、詢問以及各服務環節的基本服務技能可以全面展示乘務人員的服務能力與服務狀態。如遇到飛機延誤，應即時廣播原因，空服員到客艙安撫旅客，延誤20分鐘以上需為旅客加水；在地面等待期間，如果客艙溫度較高，應隨時為旅客加水，乘務長應按延誤服務標準為旅客提供服務，協助旅客解決相關問題；遇到航班延誤、顛簸等特殊情況時，即時用中外文廣播通知旅客，廣播時，要親切、熱情，發音準確、清晰，語調柔和，廣播速度、聲音適中。

機組成員與乘務人員需要團結合作，密切配合，互相補充。只有機上全體服務人員具有很強的團隊精神，旅客才能感受到服務的輕鬆、服務的溫馨。

訊息卡

臺灣包機航班上的乘務組

國航直航臺灣的包機已經準備就緒。為了保證臺灣乘客安全、愉快、順利地返回家鄉，國航將提供最好的飛機、最好的空服員、最好的機務保障和富有特色的餐食，讓臺灣乘客在國航的飛機上感受到大陸人民的情誼和溫暖。

據悉，國航本次共有1月29日兩個，2月5日、2月13日各一個，共計四個直飛臺灣的包機航班，機型為B737300。國航客艙服務部為國航執行的四個航班服務工作作出了前所未有的精心安排。國航的四個航班組織了強大的空服員陣容，選拔了具有豐富飛行經驗的乘務長和空服員組成乘務組。經過精心準備，她們將以最優質的服務帶給包機旅客一次最快樂的旅行經歷。空服員身著專門定做的民族服裝——旗袍——在客艙中服務，為中華民族傳統節日——春節——增添氣氛；客艙懸掛中國結、貼「福」字、「喜」字，渲染節日氣氛；精心準備富有民族特色的禮品，為臺灣旅客帶來意外驚喜；空服員將在客艙與臺灣旅客進行春節

聯歡；客艙影片娛樂系統還準備了戲曲、故事片等精彩節目可供觀看。

▌二、機內設施及機上餐飲的提供

（一）機內的設施

旅客在乘坐飛機時，希望在旅途中有一個舒適、乾淨的環境，飛機上的客艙環境及飛機內的服務設施決定了旅客能否有著較為愉悅的心情。當然，較為豪華的飛機設施也會在一定程度上增加航空公司的費用。

自2004年11月開始，國航斥資6.8億元對波音747、空客340飛機的頭等艙、公務艙坐椅及客艙環境進行了全面的升級改造。新兩艙坐椅可以平躺，舒適、寬大、新型互動的娛樂系統內容精彩紛呈，多制式電源插座可滿足多種需求。繼北京—紐約航線後，截至2006年5月1日，北京—法蘭克福、上海—法蘭克福航線也相繼完成兩艙硬體的改造和服務的升級；到2006年7月1日，國航美國航線（北京—紐約、北京—洛杉磯和北京—舊金山）全面升級為新兩艙機型和新的客艙服務標準，頭等艙及公務艙環境的升級，會滿足高端客戶不斷增長的需求，提高服務水準。

機上的設施是為旅客提供的硬體，對一個航班來說設備本身是不變的，而這些設施的狀態是變化的，儘管設施狀態不屬於乘務人員的服務範疇，但作為服務的整體，機艙內設施整潔、狀態完好、使用便捷是乘務人員必須關注的問題。

案例

豪華航班，只是廉價航班

目前開設上海到曼谷航班的有東航、新航、太航和印航等，其中東航一天有數個航班。在上述的航空公司中，印航是公認的飛機最為老化、服務最差的航空公司。1月30日凌晨1點登機、起飛後，乘客們馬上就發現飛機內部設施老化，衛生狀況不良，服務人員態度很差。凌晨4點左右，乘客從睡夢中被驚醒，機艙內的氧氣罩脫落，煙味濃重，機艙失壓，乘客忍受著失重帶來的呼吸困難和耳膜刺痛等痛苦，飛機連續做類似自由落體運動，急速下降，飛機引擎全部停止，在

短短的幾秒之內從1萬多公尺下降到3000多公尺。機艙內嚴重缺氧，直至緊急迫降在越南河內機場。在飛機發生故障到迫降之後的整個過程中，印航機組人員未給予任何關於飛機狀況的解釋和說明。迫降成功後，乘客以為已經到達曼谷，在等待了45分鐘之後，機艙門才打開，乘客被要求攜帶護照進入河內機場。此後，印航置所有乘客於不顧，機組人員甚至不下飛機，對事故原因以及善後事宜等沒有任何解釋。事後據印航機長介紹此次故障係飛機高壓氧艙部件脫落，導致機艙失壓，氧氣供應不足，同時引擎停止；另據印航機長在中國駐越使館人員到達之後所述，該飛機早已不適合做客運班機。

由此可見，印航班機從飛機硬體、乘務服務、訊息通報和緊急事件處理等方面來講，絕非旅行社聲稱的豪華航班，充其量只是廉價航班。

（二）機上餐飲

機上餐飲是乘務服務的重要內容。從航空公司的整體來看，機上餐飲是公司讓旅客滿意的服務理念的具體體現，一份餐食體現著體貼與關懷，傳遞著一份溫情。航空旅行須知中規定：長途飛行，飛機上備有酒水、茶點、食品、早餐、正餐等。

飛機上的食品要保證衛生，還要考慮到旅客的一些飲食禁忌。為了保證食品的安全和衛生，航空餐飲大多是「冷鏈加工」，航食從製作到乘客食用，要經歷十幾道工序。其中做好的餐食要立即放入零下50℃的冷庫中進行速凍，包裝後再放入5℃的冷藏箱中保鮮，之後由專車送上飛機冷藏。

案例

乘客不滿意飛機餐飲

「2004年旅客話民航」用戶評價結果顯示，本年度，除了航班延誤依然是投訴的焦點外，機上餐飲登上了「最不滿意」的榜首。經常在中國國內多個城市間往返的劉先生昨天抱怨說，「國內航空公司提供的機上飲食一般就是一盒糕點，配以零食和小菜，然後每人發一份飲料，不僅份量少，而且口味難以讓人滿意，有些食品明顯是剛從冰櫃裡取出來的，吃了腸胃都不舒服。」由於長期乘坐

中國國內航班，對此現像已司空見慣了，但上個月他乘法航班機去了一趟歐洲，才知道有些外航班機上的餐飲比國內好得多，有燻魚、海鮮派、義大利麵、五香培根肉、炒飯等可供選擇。不論是口味還是份量都能滿足乘客的需要。劉先生納悶，相對機票價格動輒數百上千來說，一份簡單航食的成本實在算不了什麼，為什麼航空公司不能在這個問題上多為乘客著想呢？中國國內幾家主要航空公司的工作人員就此問題給記者算了一筆帳。東航江蘇公司的一位工作人員說，目前以航食為主的客艙供應成本每年都有好幾億，已成為緊隨航油、航材、維修費之後的一項主要成本。如果標準提高10元，這項開支一年就會增加2億多，航空公司的利潤就會更薄。還有就是加工技術上的限制。但是，「航空公司以成本太高而不提高航食標準的理由是站不住腳的。」南京理工大學經管學院院長俞安平指出，冷鏈加工的航食味道不好僅是技術問題，總是有辦法解決的。

（資料來源：《揚子晚報》）

‖ 三、航班延誤

（一）天氣對航班的影響

飛機是一種現代化的交通運輸工具，它給人們旅行帶來了很大的方便，人們都希望所乘坐的民航班機能夠安全、舒適、正點地抵達目的地。但有時也會遇到因飛機返航、備降、空中交通管制、天氣等原因而使航班延誤的情況。

儘管現在飛機的性能不斷提高，地面保障設備不斷改善，但是天氣因素仍對飛行安全、正點和經濟效益有著嚴重的影響。據東北地區民航各航站飛機放行情況統計，僅天氣原因所造成的航班延誤就占航班延誤總數的41%，可見天氣因素對飛行的影響是很大的。

影響飛行的主要天氣因素有雷雨雲、低雲、大風、雷暴、冰雹、空中中度以上顛簸、雲中中度以上積冰、低空風切變及低能見度等。

小資料

天氣與飛行

簡單地説，由於大氣在運動過程中受熱不均或緯度不同，大氣中的冷暖空氣會產生相對的垂直運動和水準運動，特別是當有大規模系統性垂直運動時，造成大氣的對流性不穩定。當水氣條件具備，就會產生強大的雷雨雲系。這種雲中有大量的正負電荷，形成巨大的正負電場，會產生強烈的放電現象，當飛機進入這一區域航行時，就有遭到電擊和雹砸的可能。強烈的上升、下降氣流，可使飛機產生左右搖擺，前後衝擊，上下顛簸和機身震抖的現象，強大的氣流甚至會將飛機上下拋動50公尺以上。

民航規定，有盲降設備（利用飛機儀表著陸）的大中型飛機，飛行員起飛的最低能見度為0.5公里，降落為0.8公里；無盲降設備的飛機，1號飛行員能見度的最低標準為2.4公里，2號飛行員為3.6公里。對雲高的要求根據飛機引擎的數量而定。因此，無論是起飛站還是降落站，當出現影響能見度的天氣現象，例如大雪、大雨、大霧、揚沙等，而導致能見度低於飛行員起飛或降落的最低標準時，飛行員就不能駕機起飛和降落，只能暫緩起飛或返航、備降，等天氣轉好後方可飛行。

不利的天氣條件輕則會干擾飛行員的正常駕駛，影響飛行任務的完成；嚴重時還會損壞飛機，使飛機結構改變，甚至解體，危及飛行安全。尤其是當飛機低空近進或著陸飛行時，會發生因飛機動態失速而墜地，造成不可挽回的損失。另外當飛機穿越冷卻雲層時，有產生飛機積冰的可能。對於沒有自動除冰設備的中小型飛機來説，如果積冰嚴重，飛機暴露部位的機械部件會被冰覆蓋而失去功能，使得飛機的空氣動力性能改變，飛行員無法控制飛機，這是極其危險的。

當飛行員在飛行中遇到大面積的雷雨雲封閉航路或覆蓋機場時，為了安全起見只好繞航、返航或備降鄰近機場，這就使飛機不能正點到達目的地，造成航班延誤。此外，地面低能見度對飛行的影響也很大。能見度是制定飛行天氣標準和決定機場開放、關閉的重要標準。

天氣因素直接影響飛機的飛行狀態，而旅客必然是直接的受害者。為了旅客的安全，機組成員在飛行前，必須充分瞭解航線的天氣狀態與機場的氣象情況，判斷可能出現的問題，制訂積極的防範措施，保證飛行的安全。在飛行過程中，

要準確判斷天氣的變化，當遇到影響安全飛行的天氣變化情況時，要果斷地進行技術處理，切莫粗心大意。當航班遇到雷雨天氣時，如果機長認為天氣不適航，無法保證旅客和飛機的安全，會作出推遲起飛的決定；如果路上或著陸機場有雷雨，機長會進行空中繞飛、等待，甚至備降到另外一個機場，以確保飛機的安全。

在遇到氣流影響，飛機出現顛簸時，機長通報情況是十分必要的，因為，乘客認為機長是權威，是最有發言權的。機長冷靜、自信的聲音是對乘客的情緒最好的安慰。同時，乘務人員必須堅守崗位，控制整個客艙狀況與旅客的心理狀態，配合機長處理好各種問題。

由於經驗和心理等問題，乘務人員也會有恐慌的表現，甚至表露得很明顯。這對旅客的心理影響是十分不利的。作為乘務人員必須具備勇於獻身的精神和崇高的職業道德，提高心理素質和對緊急情況的應變能力，從容面對各種飛行狀態，透過學習與訓練，掌握多方面的知識，積累飛行經驗。否則，將影響旅客對服務水準與質量的感受與評價。

小資料

影響飛行的六大氣象因素

1.氣壓、氣溫、大氣密度：這些因素影響飛機起飛和著陸時的滑跑距離，影響飛機的升限和載重，以及燃料的消耗。專家指出，飛機的準確落地和高空飛行離不開場壓和標準大氣壓，而氣溫對飛機的載重和起飛、降落過程的滑跑距離影響較大。隨氣溫的升高，空氣密度變小，產生的升力變小，飛機載重減小，同時起飛滑跑距離變長。

2.風：風影響著飛機起飛和著陸的滑跑距離和時間。專家介紹說，一般飛機都是逆風起降，側風不能過大，否則無法起降。航線飛行，順風減少油耗，縮短飛行時間，頂風則正好相反。但易造成飛行事故的是風切變，它占航空事故的20%左右，這是風的不連續性造成的，具有時間短、尺度小、強度大的特點。

3.機場上空高度較低的雲會使飛行員看不清跑道，直接影響飛機的起降。其

中，危害最大的雲是對流雲，飛機一旦進入對流雲，易遭到電擊，使儀表失靈，油箱爆炸，或者造成強烈顛簸、結冰，使操縱設備失靈，發生飛行事故。

4.能見度。專業能見度的概念是正常視力的人在當時天氣條件下，從天空背景中能看到或辨認出目標物的最大水準能見距離。它對飛機的起降有著最直接的關係，所謂的「機場關閉、機場開放，簡單氣象飛行，複雜氣象飛行」，指的就是雲和能見度的條件。

5.顛簸。飛機飛行中突然出現的忽上忽下、左右搖晃及機身震顫等現象稱為顛簸。顛簸強烈時，一分鐘上下拋擲幾十次，高度變化幾十公尺，空速變化可達每小時20公里以上。造成飛行員操縱困難或暫時失去操縱，顛簸的出現一般與空氣湍流有關。

6.結冰。結冰是指飛機機體表面某些部位聚集冰層的現象。它主要由雲中過冷水滴或降水中的過冷雨碰到飛機機體後結冰形成，也可由水氣直接在機體表面凝結而成。飛機結冰會使飛機的空氣動力性能變壞，使飛機的升力減小，阻力增大，影響飛機的安全穩定性和操縱性。在旋翼和螺旋槳葉上結冰，會造成飛機劇烈顫動；引擎進氣道結冰，可能會損壞飛機；風擋結冰，妨礙目視飛行；天線結冰，影響通信質量或造成通信中斷。

（二）航班延誤

從「2006年旅客話民航」用戶評價結果發布會上獲悉，旅客最希望航空公司改進的服務項目為航班延誤服務時的訊息溝通，最希望機場改進的是「候機娛樂」。

每一位乘坐民航班機外出的旅客，都希望航班準時起飛、準時在目的地的機場安全著陸，完成一次美妙而愉快的空中旅行。但是，總有10%左右的航班，由於各種原因而造成延誤，不能確保他們100%地按公布的航班時刻表的時間執行。如飛機故障、機場關閉、交通管制、惡劣天氣等原因使得航班不能正點到達，這些情況並不在航空公司控制的範圍之內。

航班延誤或取消時，航空公司應迅速即時地將航班延誤或取消等訊息通知旅

客，做好解釋工作，航班延誤或取消時，旅客可要求簽轉或退票。

由於航空公司自身原因（工程機務、運輸服務、空勤人員、公司計劃），造成航班在始發地延誤或取消，在必要時航空公司應當向旅客提供餐食或住宿等服務。

在一次消費者協會的統計當中，大概40%的受訪者都對航班延誤提出了批評。目前造成航班延誤的原因有三個大的方面：一是航空公司自身管理的原因，占40%左右；二是天氣的原因；三是空管流量控制的原因。儘管絕大部分飛機延誤的原因不是人為控制得了的，比如說天氣、機械故障以及外圍的原因，但是從主觀來講，主要責任方還是在民航，不論是管理方、企業還是機場，都不同程度地存在著管理不到位的現象。

航班延誤本身並不是旅客不能理解的，關鍵還是航空公司的態度。從旅客的投訴來看，42%的旅客覺得航空公司的透明度不夠。無論是天氣原因、飛機故障抑或其他因素，縱使航空公司列舉出千條理由，也不能否認給旅客帶來不便的事實。飛機延誤了，旅客不知道是什麼原因，而航空公司的服務人員獲取訊息的渠道也很少。在北京連續出現暴雨天氣，航班大規模延誤後，華北民航局頒布規定，要求氣象部門對天氣預報每半小時更新一次，並確保每個機場的空管、機組和運行控制中心都能夠在系統中搜索到更新的訊息。

案例

不可推卸的責任

某航空公司航班因「機械故障」造成延誤，導致133名乘客滯留在蘭州中川機場9小時。焦急萬分的旅客在漫長無望的等待中，沒有得到航空公司任何一位領導對此事的解釋。乘客對此非常不滿，集體拒絕登機，要求得到航空公司的說法。據機場方面解釋：當日該航空公司的航班，在起飛前發現有機械故障。航空公司出於安全的考慮，當即通知乘客航班推遲起飛。「為了旅客安全」這樣做一點兒沒錯。但旅客不明白的是：檢修人員早幹嘛去了？為何不能提早發現，非要到飛機該起飛前才臨時發現？

延誤的航班復航後，會給空服員的服務帶來不利的影響，增加服務的難度。此時，旅客等待階段的服務失誤的影響將延續，旅客的抱怨並沒有完全消除，很容易引發服務的衝突與矛盾。如個別旅客在航班延誤時，拒上飛機或占機不下，不僅影響民用航空秩序和航空運輸安全，也會損害後續航班旅客的權益。

航空公司應該儘量減少飛機的延誤，加大航班正常的管理力度，抓住航班運行的關鍵控制點和薄弱環節，細化保障措施。當飛機延誤時，要耐心地對乘客進行解釋並提供必要的服務。

小資料

怎樣理解航班正點？

根據國際民航有關的規定及慣例，飛機關艙門後允許有正負15分鐘的時間差。例如，旅客乘坐的航班，機票上寫的起飛時間是10：00，飛機在10：15內起飛都算是正點起飛。這是因為，一個機場的跑道、一條航線有多架次飛機待起落，順序要聽航管部門的指揮。一是安排地面跑道的起飛順序；二是安排空中同航線飛機安全的間隔時間及高度。這樣才能保證起降飛行的安全。

第二節 空服服務品質評價體系

在國際經濟一體化和民航市場逐步對外開放的背景下，中國民航業將進入一個高度競爭狀態。航空公司提供的產品是服務，服務是航空公司的生命。服務品質的提高，可以為旅客提供比競爭者更好的服務，使公司獲得更多的市場份額，並為其員工提供良好的發展條件和工作環境。提高空服服務品質已經成為各航空公司提高企業競爭力的一個重要手段，空服服務品質不是簡單的好與壞，而是航空公司綜合管理水準的體現。那麼如何來評價空服服務品質的高和低呢？

一、空服服務品質評價的特點

（一）服務品質的含義

　　服務品質是顧客對服務的期望（期望服務品質）與其實際所感知的服務（體驗的服務品質）的對比，當感知超出期望時，服務被認為具有特別的質量，否則服務就被認為不符合顧客的質量要求。

　　服務品質不是服務者主觀評價的結果，而是顧客感受的綜合，具有客觀性，評價服務品質的本質就是透過顧客的評價來反觀自己的服務狀態，從而找出提高服務品質的基本途徑。服務的目的是滿足社會的需要，而為了滿足顧客的要求，就必須知道自己的服務水準在顧客心目中的反映，知道自己的服務品質在同業中處於什麼位置，這樣才能不斷地改進服務，為顧客提供滿意的服務產品，贏得顧客的信任，取得競爭的優勢。

　　服務的無形性、差異性和不可分離等特性，決定了服務品質的概念與有形產品的質量在內涵上有很大的不同。服務品質就是滿足顧客需求，並且要一次將事情做對。

　　服務的國際標準可以構成一個三角四圓圖（見下圖），位於三角上的三個圓分別是「管理者職責」、「質量體系結構」和「人員及物資資源」，而中心的一個圓是「與顧客的接觸面」。在構成的類似三角形關係中，顧客是中心，國際上稱為「服務金三角」，這是服務品質管理中的基本構架，三者之間應以顧客為中心建立起彼此的互動關係。因此，開展服務活動，首先要確定服務對象（顧客），明確顧客的需求，再把服務的需求轉變成與之相應的服務屬性，這些屬性可稱作「質量特性」。對於航空公司來說，就是要確定旅客，明確旅客的需求，再把服務的需求轉變為與此相應的服務屬性，轉化為具體的服務措施和方法。

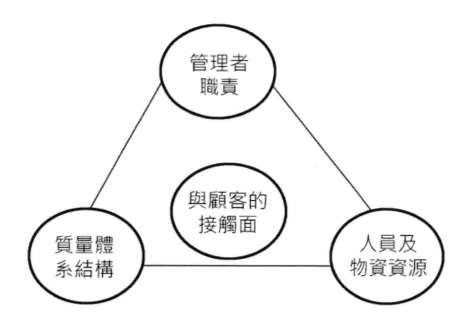

（二）服務工作中顧客的需求質量

顧客需要的是什麼？其實這是一個與服務者密切相關的問題。考察顧客的需求，本質上是探索服務者應該給服務對象提供什麼樣的質量內涵，才能使服務更貼近顧客的需求。顧客的需求質量恰恰反映了服務品質的內涵。

（1）功能性：指服務發揮作用和效能、滿足顧客需要的程度。

（2）經濟性：指顧客得到不同的服務所需的費用是否合算。

（3）安全性：指服務過程對顧客健康、精神、生命及貨物和財產安全的保障程度。

（4）時間性：指服務在時間上滿足顧客要求的程度，包括即時、省時和準時三方面。

（5）舒適性：指服務過程的舒適程度，包括設施的適用、舒服、方便與環境的整潔、美觀和有秩序等方面。

（6）文明性：指服務過程的文明程度，包括親切友好的氣氛、和諧的人際關係等。上述這六方面的質量特性是透過人或物對顧客在物質和精神上的滿足程度而表現出來的。

（三）空服服務品質的特點

空服服務品質與旅客對航空服務的期望和其在乘坐飛機中實際感知的服務高度相關，總結起來，空服服務品質具有如下特點：

1.空服服務具有互動性

空服服務品質是旅客在乘坐飛機的過程中形成的，也就是說是在空服服務人員（服務提供者）與旅客（服務接受者）的互動過程中形成的。與有形產品不同的是，空服服務的生產和消費是無法分割的，服務品質就是在服務生產和服務消費的互動過程之中形成的。

2.服務品質的評判具有很強的主觀性

空服服務品質的評價主體是旅客而不是航空公司或社會其他部門，在一定的環境和道德的前提下，旅客根據自身的需要或期望，說服務品質是「什麼」，就是「什麼」。與技術質量不同，功能質量一般是不能用客觀標準來衡量的，顧客通常會採用主觀的方式來感知功能服務品質。

3.服務品質的評判具有一定差異性

空服服務品質，與顧客感知服務品質密切相關，具有一定的差異性。不同的時間、不同的服務提供者所提供的服務是不同的，即使同一個服務提供者在不同的時間提供的服務品質也存在著差異；不同的顧客，乃至同一個顧客在不同的時間對服務品質的感知也是不相同的。

4.服務品質具有變動性

當旅客的口味改變或提高以後，自身的服務品質應隨之改變或提高。航空公司必須提供高質量的服務，透過採用嚴謹的策略和制度，加強人員管理，來滿足或超常滿足現有的及潛在的、內部和外部顧客的要求和願望。

5.在空服服務品質中服務過程尤為重要

旅客感知的服務品質由顧客所追求的「結果質量」（技術質量）和「過程質量」（功能質量）兩個方面組成。有形產品的質量是可以用一些特定的標準來加以度量的，消費者對有形產品的消費在很大程度上是結果消費。而空服服務則不同，旅客對服務的消費，不僅僅是對服務結果的消費，更重要的是對服務過程的消費，服務過程直接影響了服務品質的好壞。服務結果與服務過程相輔相成、缺一不可。

▎二、空服服務品質評價體系

隨著市場經濟的發展，服務品質從認識、觀念、內涵到要求、標準都有了很大的變化。在航空運輸企業中，服務品質與有形產品的質量不同，有形產品的質量是在工廠生產的過程中已經形成了的，有具體的技術指標來進行度量；而服務品質卻是一種顧客感知的質量，決定因素是在顧客，而不是企業。

企業應當有自己的服務品質評價體系，而且要將其與顧客感知的服務品質評價體系有機地結合，這樣得出的結論才更具科學性。

服務品質評價系統應使用幾種調研方法，系統地收集、整理、分發服務品質訊息，以便系統地聽取顧客的意見，協助管理人員作出正確的經營管理決策。

建立服務品質評價系統，管理人員應該從認真聽取本企業的外部顧客、競爭對手企業的顧客、本企業的內部顧客（員工）三類顧客的意見入手，提高服務品質管理水準，從而提高本企業的服務品質。

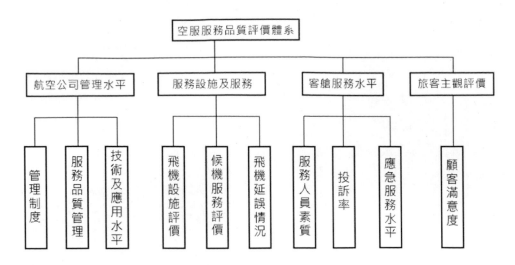

有效的服務品質評價系統可使高層管理人員全面地瞭解本企業的服務品質、顧客重視的服務屬性、本企業服務體系中存在的問題、本企業哪些服務品質投資可提高經濟收益，並根據各個基層單位的服務實績，確定獎勵金額。此外，管理人員還可利用這個系統，瞭解服務第一線員工的工作實績，確定員工的報酬。

三、服務評價調查方法

（一）交易調查

在員工每次服務工作結束之後調查顧客的滿意程度，收集顧客的回應。如乘務長（其職責之一就是作為一線服務品質管理者）在空服員給旅客服務的過程中和服務結束後，巡視客艙，或發放意見卡，以瞭解和收集旅客對航班服務的評價和相關意見、建議，在航班任務結束後將其整理成書面報告或填寫專用的表格，上交給上一級服務品質管理部門。

發放用戶服務意見表時，至少應注意四點：

（1）必須說明調查的目的，表明本企業的誠意，使被調查者願意填寫。

（2）調查項目的說明要清楚。

（3）避免使用意義不明確的字句。

（4）必須避免可能造成偏見的調查，如把調查表內容搞成了推銷廣告。

（二）暗查

調研人員以顧客身分，接受服務，評估服務品質。目前民航總局、管理局、航空公司機關的服務品質檢查人員和外聘的服務品質檢查（或監督）人員經常用此類調查方法，檢查員工的服務行為。這類調查方法有其優點，但侷限性也很大，主要表現為暗查人員的調查具有一定的主觀性；暗查人員和顧客的看法可能不同；暗查費用較高（例如跟機檢查）；還可能會傷害員工的自尊心等。同時，暗查人員應接受一定的培訓，瞭解服務規程與標準。

（三）新顧客與流失的顧客調查

調查新顧客選購本企業服務的原因、老顧客在本企業消費額減少的原因、流失的顧客不再購買本企業服務的原因。這種方法要求企業必須識別每位顧客，長期記錄每位顧客消費情況，才能持久地採用這類調查方法。目前一些航空公司採用了「常客計劃」等形式來分析、研究、吸引旅客。銷售部門也要注意採用此法來分析研究顧客，特別是旅行社、大的企事業單位的客戶代表。這種調查尚未引起許多公司重視，因而未被普遍採用。

（四）專題座談會

調查對象可以是本企業的顧客、競爭對手企業的顧客，也可以是本企業的員工。調查對象可在這類座談會中為企業提供正式的服務訊息回饋，提出各種改進服務工作的建議。同時可以加強溝通，增加感情。企業要注意定期、不定期地召開此類會議。

（五）顧客諮詢委員會（或類似組織，如民航協會用戶工作委員會）

透過會議、電話調查、問卷調查等方式，定期徵求這類委員會成員的意見和建議。

（六）服務實績評論

定期走訪一批顧客，瞭解顧客對本企業服務的期望和評價。營銷複雜服務、

需與顧客保持持久關係的企業和部門最適於採用這類調查方法，例如客貨銷售部門。

（七）顧客投訴、評論和問詢記錄

企業記錄顧客投訴、評論和問詢情況，透過分類整理，發現最常見的服務差錯，以便即時採取有效的改進措施。

（八）整個市場調查

透過調查競爭對手企業的顧客，對本企業服務進行全面評價。

（九）員工現場報告

採用正式的程序收集、分類整理員工在服務現場獲得的訊息，以使管理人員瞭解顧客對本企業服務的期望和評價。訊息主要來自乘務人員、銷售人員、航務人員、地面服務人員等。

（十）員工調查

員工直接為顧客服務，瞭解本企業服務品質問題產生的根本原因，能為改進服務工作提出許多寶貴的意見。服務品質管理人員應積極聽取這些意見。民航企業要鼓勵本企業員工利用出差、外出學習等機會監督本企業的服務品質，收集和反映其他企業的服務訊息。

（十一）經營數據記錄系統

企業記錄、分類、整理、分發服務差錯率、員工回應顧客要求的時間、服務費用等經營實績數據，監控服務實績，以便採用必要的措施，改進經營實績。在這方面，目前中國民航企業特別需要增強和改進。

以上各種調研方法既有優點，也有缺點，不能單純地使用某一種方法。管理人員應根據本企業的具體情況，確定調研方法。可重點採用「交易調查」、「顧客投訴、評論和問詢記錄」、「整個市場調查」、「員工調查」四種調查方法。採用這四類方法，管理人員可全面瞭解三類顧客的意見，發現服務體系中的薄弱環節，既可瞭解顧客對某項服務工作的回饋，又可獲得顧客對本企業服務的總體

評價。

第三節 顧客滿意度

‖ 一、顧客滿意度測評對企業的意義

什麼是顧客滿意度？每一天人們都在和各種各樣的企業打交道，購買這樣或那樣的商品和服務。每一次交易都有滿意或不滿意的感受。這種顧客與企業在購買產品或服務以及接觸的過程中由於期望與實際感受的差距所形成的態度，就是顧客滿意度。

一個顧客對待企業的態度不算什麼。但所有顧客對企業態度的總體感覺，就會形成社會對企業的認知，在消費者的心裡形成定位，也就決定了企業的生存與發展。

事實上，美國股市中的明星企業，其顧客滿意度指標均居同行業前列。相反，那些做得比較差的企業，其道瓊斯指數也都處於較低的水準。據美國《財富》雜誌對「全球500強企業」的跟蹤調查，企業的顧客滿意度指數同「經濟增值」和「市場增值」呈明顯的正比關係：企業的顧客滿意度指數若每年提升一個點，則五年後該企業的平均資產收益率將提高11.33%。

對企業而言，「滿足顧客的要求和期望」將取代追求質量合格或服務達標而成為企業所追求的最高目標。透過顧客滿意度調查或測評，可以使企業盡快適應從「賣方」市場向「買方」市場的轉變，意識到顧客處於主導地位，確立「以顧客為關注焦點」的經營戰略。在提高顧客滿意度、追求顧客忠誠的過程中顯著提高經營績效。

顧客滿意度是顧客在歷次購買活動中逐漸積累起來的連續的狀態，是一種經過長期沉澱而形成的情感訴求。它是一種不僅僅限於「滿意」和「不滿意」兩種狀態的總體感覺。營銷界有一個著名的等式：100－1=0。意思是，即使有100個顧客對一個企業滿意，但只要有1個顧客對其持否定態度，企業的美譽度就立即

歸零。這種形象化的比擬似有誇大其詞之嫌，但事實顯示：每位非常滿意的顧客會將其滿意的意願告訴至少12個人，其中大約有10人在產生相同需求時會考慮到該企業；相反，一位非常不滿意的顧客會把不滿告訴至少20個人，這些人在產生相同需求時幾乎不會考慮到被批評的企業。可見，顧客的滿意度是一個絕不適用數學和邏輯法則的、難以量化的主觀品質。

美國Magnus So Derlund雜誌曾刊登的一條「顧客滿意口碑相關曲線」表明，企業的顧客服務處於一般水準時，顧客的反應不大；一旦其服務品質提高或降低到一定限度，顧客的讚譽或抱怨將呈指數倍地增加。

外部顧客滿意度測評使員工瞭解顧客對產品的需求和期望，瞭解競爭對手與本企業所處的地位，感受到顧客對產品或服務的不滿和抱怨，這使員工更能融入企業文化的氛圍中，增強責任感。內部顧客滿意度測評使員工的需求和期望被企業管理層瞭解，可以建立更科學完善的激勵機制和管理機制，最大限度地發揮員工的積極性和創造性。

在顧客選擇企業的時代，顧客對企業的態度極大程度地決定著企業的興衰成敗。正因深諳此妙，麥當勞和IBM的最高主管親自參與顧客服務，閱讀顧客的投訴信，接聽並處理顧客的投訴電話。他們心中有一筆帳：開發一個新顧客的成本是留住一個老顧客的5倍，而流失一個老顧客的損失，只有爭取到10個新顧客才能彌補！同樣，如果顧客對企業整體服務中的一項不滿意，那麼，他可能會否定企業的所有服務。

▌二、顧客滿意度模型

顧客滿意度模型主要由六種變量組成，即顧客期望、顧客對質量的感知、顧客對價值的感知、顧客滿意度、顧客投訴、顧客忠誠。其中，顧客期望、顧客對質量的感知、顧客對價值的感知決定著顧客滿意程度，是系統的輸入變量；顧客滿意度、顧客投訴、顧客忠誠是結果變量。

顧客滿意度指數測評指標體系分為四個層次：

第一層次：總的測評目標「顧客滿意度指數」，為一級指標；

第二層次：顧客滿意度指數模型中的六大要素——顧客期望、顧客對質量的感知、顧客對價值的感知、顧客滿意度、顧客投訴、顧客忠誠，為二級指標；

第三層次：由二級指標具體展開而得到的指標，符合不同行業、企業、產品或服務的特點，為三級指標；

第四層次：三級指標具體展開為問卷上的問題，形成四級指標。

測評體系中的一級指標和二級指標適用於所有的產品和服務，我們實際上要研究的是三級指標和四級指標。見下表：

顧客滿意度指數測評的二級、三級指標

二級指標	三級指標
顧客願望	顧客對產品或服務的品質的整體期望 顧客對產品或服務滿足需求程度的期望 顧客對產品或服務品質可靠性的期望
顧客對品質的感知	顧客對產品或服務品質的整體評價 顧客對產品或服務品質滿足需求程度的評價 顧客對產品或服務質量可靠性的評價
顧客對價值的感知	給定價格條件下顧客對品質級別的評價 給定品質條件下顧客對價格級別的評價 顧客對整體價值的感知
顧客滿意度	整體滿意度 感知與期望的比較
顧客抱怨	顧客抱怨 顧客投訴情況
顧客忠誠	重複購買的可能性 能承受的漲價幅度 能抵制的競爭對手降價幅度

三、旅客對中國國內民航服務的總體評價

近年來,隨著人們生活水準的不斷提高和生活節奏的加快,享受便捷的民航服務日益成為廣大消費者的普遍要求。然而,快速增長的中國民航服務業還存在許多與之發展規模不相適應的地方。

中國消費者協會聯合北京、天津、河北、山西、內蒙古、黑龍江、河南、貴州、雲南九省、市、自治區消費者組織,舉行民航服務消費體察活動情況通報會。體察結果表明,消費者對民航服務總體滿意,但認為在票務、機場服務、客艙服務、航班延誤後服務以及有關補償賠償規定等方面還存在一些有待改進的地方。

此次中國消費者協會組織的民航服務消費體察活動結果表明,從總體上看,經過多年努力,中國民航服務品質已經有了很大程度的提高,得到了絕大多數消費者的認可。主要表現在:購票方便快捷,候機樓舒適,安檢、問訊服務滿意率高,空服員服務較好,客艙安全有保障。

但是，民航服務在不少地方仍存在著讓消費者不滿意的地方。主要表現在八個方面：退票手續繁瑣，收費偏高；機場餐飲和商品價格普遍較高；機艙餐飲、娛樂休閒等配套服務有待提高；航班延誤訊息提供不即時，後續服務跟不上；個別航空公司「拼班」、「超售」等行為引發消費者質疑；行李小票疏於查驗，行李汙損有苦難言；行李賠償標準偏低，航班延誤補償標準不明示；民航運輸規則有關條款欠公平。

針對此次民航服務消費體察活動中反映出的問題，中國消費者協會建議有關部門加強對機場餐飲價格的規範和管理，以滿足消費者的不同消費需求。同時呼籲各航空公司加強管理，努力提高航班正點率；提供即時準確的航班延誤訊息，切實保障消費者的知情權；改進航班延誤服務，公示延誤補償標準。

訊息卡

民航總局推進質量工程

據《成都日報》報導，機場巴士線路覆蓋火車站和長途汽車等市區交通樞紐點、地面交通調度員有基本的英語溝通能力、洗手間距離最遠坐椅在40公尺左右……記者昨日從民航西南管理局獲悉，民航總局日前頒布了《民用機場服務品質標準》（徵求意見稿），為民航機場提供推薦性服務標準。在這份標準中，對機場15個方面的設施提出了要求。據悉，頒布如此詳細的機場服務品質標準在中國民航行業還是首次。據瞭解，這份標準包括通用航空服務品質標準、旅客服務品質標準、飛機服務品質標準、貨郵服務品質標準、行李服務品質標準五項一級指標。據悉，該品質標準在制訂之前，對包括成都、北京、天津、南昌、武漢、重慶、貴陽、長春等中國國內15家不同規模的機場進行了實際的評價驗證。這份標準包括地面交通服務、航站樓公共訊息標誌系統、航班訊息顯示系統、問詢服務、洗手間等15個方面，僅對洗手間的設施要求就多達11項。

該品質標準從主觀和客觀兩個方面對機場服務品質進行了考察，主觀標準主要取決於顧客對機場服務品質的主觀體驗和判斷，客觀標準是對機場服務流程關鍵表現指標的量化。例如，車道、人行道每100平方公尺內菸蒂不得超過3個，航站樓天花板的下邊緣與地板間的垂直距離為2.2公尺，洗手間旅客最長等候時

間為5分鐘等。業內人士表示，為了縮小機場服務標準與旅客期望之間的差距，該標準在充分理解旅客需求的基礎上，以旅客的體會和感受為主進行設定，以期有效提高機場的服務水準。但也有機場方面人士表示，參照目前這一徵求意見稿的標準，中國國內大部分機場幾乎無法拿到滿分，主要原因是該標準與以往的標準相比，劃分得更為詳細，很難達到相關標準。

為了提高民航的服務品質，瞭解用戶對航空公司及其服務的滿意程度，從1993年開始，中國民航協會用戶委員會就在全國範圍內開展了服務評比活動，其中「旅客話民航」活動是從旅客的角度對航空公司的服務進行評價。

從1993年到2006年，「旅客話民航」活動已經開展了十幾年，極大地促進了中國民航服務品質的提高。「旅客話民航」的問卷方式、評價指標也不斷行調整，評價體系也越來越合理。

案例

國航榮獲2006年度「旅客話民航」「用戶滿意優質服務金獎」

由中國民用航空協會用戶工作委員會舉辦的2006年度「旅客話民航」用戶評價活動於2007年2月1日在北京揭曉，中國國際航空股份有限公司榮獲年旅客運輸量1500萬人次以上組「用戶滿意優質獎」，這是國航自2004年以來連續三年摘取這一活動的最高獎項，並因此被授予「用戶滿意優質服務金獎」。

據「2006年旅客話民航」用戶評價結果發布會公布，中國民航2006年度用戶滿意度指數為74.0分，比上年提高了2.2分。其中機場用戶滿意指數為71.7分，提高較大。航空公司的測評調查結果顯示，旅客對空中服務評價較高，達到82.7分，其次是售票服務78.7分；但對地面服務、航班延誤時服務的評價相對低一些，分別為76.2分、75.5分。旅客希望航空公司改進的服務項目，依照提及率依次為：航班延誤服務時的訊息溝通，機上餐飲，航班正點，辦理乘機手續的速度，到達站行李提取等。機場的測評調查結果表明，旅客普遍對機場工作人員服務態度、辦理乘機手續和行李提取服務評價較好，得分較高。旅客希望機場改進的服務項目，依照提及率的高低依次是：候機娛樂，進出機場交通，機場引導標誌，機場候機樓環境秩序，航班延誤時服務，機場購物等。此次活動由中國民航

協會用戶工作委員會組織，將透過對用戶對民航服務品質的印象、預期以及感知品質、感知價值等諸多因素進行相關分析而建立一種新的品質評價體系。

訊息卡

「2006年旅客話民航」用戶滿意優質服務獎頒獎

《中國民航報》、中國民航新聞訊息網記者楊群峰報導：2007年2月1日，中國民航協會用戶工作委員會在京舉行「2006年旅客話民航」用戶評價結果發布會，民航總局副局長楊國慶和中國民航協會常務副會長柯德銘等領導為用戶滿意優質服務獎獲獎企業頒獎。

在「2006年旅客話民航」用戶評價活動中，用戶滿意指數測評範圍包括行業運輸總周轉量最大的前9家航空公司和旅客吞吐量最大的前34家機場。按照隨機抽樣原則，中國民航協會用戶工作委員會組織了兩次集中現場抽樣調查，加上《中國民航》航機雜誌問卷調查，兩種調查方式共回收有效問卷近6萬份，經過電腦的統計和模型計算，得出了評價結果。中國民航2006年度用戶滿意度為74.0分，比2005年提高了2.2分，表明2006年民航用戶滿意水準又有了新的提升。其中，航空公司用戶滿意度為77.0分，比上年提高了0.2分；機場用戶滿意度為71.7分，比上年提高了4.3分，滿意度提高幅度較大（其中，航空公司評機場用戶滿意指數為69.1分，比上年提高了7.4分；旅客評機場用戶滿意指數為73.1分，比上年提高了1.1分）。

中國民航協會用戶工作委員會根據各企業用戶滿意度指數加權得分進行了分檔評優，分別評選出用戶滿意企業，授予用戶滿意優質服務獎。獲得「2006年旅客話民航」用戶滿意優質獎的航空公司共5家，獲得用戶滿意優質獎的機場共11 家，獲得單項服務優秀獎的單位有5 個，獲得航空運輸保障服務優質獎的單位有3個，連續三年獲得用戶滿意優質服務獎的7個企業被授予用戶滿意優質服務金獎。同時，在民航用戶工作和評價活動中湧現出來的52名積極分子也受到了表彰。

楊國慶在「2006年旅客話民航」用戶評價結果發布會上說，「旅客話民航」用戶評價活動開始於1993年，當時中央領導同志對各行業服務品質工作的

評價標準問題作出了明確指示，要由用戶來評價產品服務品質的好壞。民航總局認真貫徹中央精神，並委託中國民航協會用戶工作委員會專門具體負責這項工作。在過去的13年裡，用戶工作委員會的同志們嚴格按照民航總局「加強對民航服務工作督促檢查，主動接受社會監督」的指導方針，有效地開展了服務品質調查評估，即時準確地公布調查結果，使「旅客話民航」活動在社會上產生了積極影響，得到了廣大旅客的認可和歡迎，對於不斷提高民航服務品質工作造成了良好的監督和推動作用。他指出，2007年是深入落實科學發展觀、建設和諧民航的重要一年，民航總局提出，要以航空消費者為本、認真抓好航班正常作為構建和諧民航的切入點，堅持人民航空為人民的宗旨，把為旅客提供安全、正點、便捷的服務作為我們的第一責任，大力抓好航班正常工作。在推進和諧民航建設和實現民航強國目標的過程中，民航服務品質工作、用戶工作是重要的組成部分。隨著社會生活的不斷提高、民航事業的不斷進步，用戶評價活動要與時俱進，不斷創新工作方法，提高工作的有效性，真正成為廣大航空旅客的知音使者，促使全民航的服務品質工作不斷上台階，為推進民航用戶滿意工程、實現航空運輸又好又快發展作出更大貢獻。

為答謝廣大旅客用戶一年來對民航服務品質工作的積極參與和支持，民航用戶工作委員會於2006年11月28日在北京舉行了「2006年旅客話民航」幸運旅客抽獎活動，產生了一等獎2名，二等獎5名，三等獎10名，紀念獎50名和最佳建議獎8名。

中國民航協會用戶工作委員會主任劉玉梅介紹說，透過對民航用戶滿意指數模型主要模組的分析可以看出，2006年用戶切身感受的民航服務價值、服務品質、民航企業形象和忠誠度分別提高了3.2分、3.1分和1.9分，用戶抱怨率比上年降低了10.9個百分點。這些數據表明，民航企業在服務品質的提高方面作出了很大努力，得到了消費者的普遍認可。同時，用戶預期品質也提高了3.4分，說明用戶對民航服務的期望和要求更高了，需要民航企業繼續努力，追求更高的服務水準和服務境界。航空公司的測評調查結果顯示，在各個評價指標中，旅客對空中服務評價較高，總體得分達到82.7分，比上年提高了0.7分；其次是售票服務78.7分，比上年提高了1.7分；對地面服務、航班延誤時服務的評價相對低一

些，分別為76.2分、75.5分。旅客希望航空公司改進的服務項目，依照提及率的高低依次是：航班延誤時的訊息溝通、機上餐飲、航班正點、辦理乘機手續的速度、到達站行李的提取等。機場的測評調查結果表明，在各個評價指標中，旅客對機場工作人員的服務態度、辦理乘機手續和行李提取服務比較滿意。希望機場改進的服務項目，依照提及率的高低依次是：候機娛樂、進出機場交通、機場引導標誌、機場候機樓環境秩序、航班延誤時服務、機場購物等。據悉，隨著中國民航協會改革的基本完成，「旅客話民航」用戶評價工作將透過新的組織形式和評價方式繼續開展下去。

（資料來源：中國民航新聞訊息網）

本章小結

1.本章重點分析了影響服務品質的因素以及影響方式。

2.本章論述了服務品質不是服務者主觀評價的結果，而是顧客感受的綜合，評價服務品質的本質是透過顧客的評價來反觀自己的服務狀態。

3.本章分析了空服服務品質評價的特點並介紹了空服服務品質評價體系的主要框架。

4.本章闡述了顧客滿意度模型及指數測評指標體系，並介紹了中國航空公司用戶滿意度調查的活動——「旅客話民航」。

思考與練習

複習題

1.影響空服服務品質的因素有哪些？

2.舉例說明天氣對航班有哪些影響？

3.如何減少飛機延誤造成的乘客不滿？

4.請簡單評價「旅客話民航」活動。

思考題

1.構建空服服務品質評價體系應注意什麼？

2.如何理解空服服務品質評價中顧客的主體地位？

第六章 空服服務的藝術

本章導讀

在服務經濟時代，消費者的消費動機和消費行為出現了多樣化，講究藝術化的服務功能才能最大限度地適應廣大消費者的個性化消費需求。服務是一門藝術，空服服務更要講究服務藝術。作為一名航空服務員，講究服務藝術，探索服務規律，追求服務完美，是空服員做好服務工作的前提和基礎。如何提高服務藝術，樹立良好形象，是每個空服員需要認真探討和總結的一個重要課題，空服服務作為高尚服務的標誌，在服務過程中要講究服務藝術。

本章闡述了服務藝術的內容和作用、空服服務藝術的內涵和體現；並具體說明了對不同乘客的服務技巧，要達到服務藝術性需要掌握一系列的技術和技巧。透過本章學習，使讀者明確空服服務不是簡單的程序化工作，需要掌握一定的服務藝術和技巧。

重點提示

1.認識服務藝術對空服服務的重要性。

2.瞭解中國國內航空公司的服務特色。

3.掌握對不同旅客的服務技巧。

4.瞭解提高空服服務藝術的具體途徑。

案例

不同的措辭帶來不同的結果

在一個航班上，空姐為旅客提供餐食時，由於機上的餐食有兩種可供旅客選擇，但供應到一位旅客時恰好所需要的餐食沒有了，空姐很熱心地到頭等艙找了

一份餐食拿給這名旅客並説：「真對不起，剛好頭等艙多了一份餐食，我就給您送來了」。旅客一聽，十分不高興地説：「頭等艙吃不了的給我吃？我也不吃。」由於不會説話，空姐的好心沒有得到旅客的感謝，反而惹得旅客不高興。如果我們的空姐這樣説：「真對不起，您要的餐食沒有了，但請放心我會儘量幫您解決的。」這時，你到頭等艙看看是否能夠解決，拿到餐食後，在送到旅客面前時，可以這樣説：「您看我將頭等艙的餐食提供給您，希望您能喜歡，歡迎您下次再乘坐我們公司航班，我一定首先請您選擇餐食，同時我也非常願意為您服務。」同樣的一份餐食，但不同的話，卻帶來了不同的結果，作為一名空服，服務藝術真的太重要了。隨著中國經濟高速增長，服務企業迅速發展壯大，服務工作必然經歷簡單服務階段、與國際接軌的標準化服務階段、由標準化轉向個性化、藝術化服務的新階段。隨著人們物質生活的改善，空中旅客的需求也由原來的簡單、基本的要求開始追求多樣化、個性化、複雜化的需求。為了更好地適應這一轉變，滿足不同顧客的需求，空中乘務人員必須在工作實踐中，不斷探索和總結服務技巧和服務藝術，不斷提高能夠滿足顧客需求的各項服務技能和服務水準。

第一節 空服服務藝術的內涵與作用

一、空服服務藝術的內涵

作為高尚服務標誌，空服服務不僅是一種經濟行為，更是一種藝術行為。所謂服務藝術要求能體現出濃郁的文化情愫和情感色彩，透過服務人員的高雅氣質、親和力和熟練的服務技巧，游刃有餘地處理服務中的各種問題，讓被服務者有一種自豪感、一種滿足感，體現出自己的價值，讓被服務者滿意。

空服服務藝術通常是指服務人員所具有的、並在服務過程中所表現出來的，以服務技術與服務技巧為手段，以智慧與情感為核心、駕馭服務過程的特殊能力。需要強調的是，作為空服服務藝術，內涵包括以下幾個方面：

（一）空服服務藝術的核心體現是情感的自然真實表露

服務過程有了情感的投入，才使服務具有活的靈魂，而真實的情感是發自內心的，發自內心的才是真實的，才具有感染力。我們說一個空服員服務水準高，服務經驗豐富，其實，最根本的問題是其在服務的過程中總是表現出真實的情感，心與旅客處於「零距離」的狀態，讓乘客感到親切。

（二）空服服務藝術的靈魂體現在服務過程的賞心悅目，給人們以美的享受

乘務人員優美的身姿、甜美的微笑，給空服服務藝術增加了感染力；服務中動作的親切與輕柔、穩健，給空服服務增添了高雅的氣息；沉浸在服務藝術的氣氛中，乘客會感到忘我、輕鬆。

（三）空服服務藝術的價值在於總是能用最恰當的方式處理各種問題

具有服務藝術的空服人員，總是在需要的時候出現在需要出現的地方，總是為需要處理的問題找到最恰當的方式，即使是處理那些令人感到不快的服務衝突，也會感到是一種享受，而不會覺得彆扭。

（四）空服服務藝術的實質在於駕馭性

服務藝術在於追求服務的卓越與境界，具有高超服務藝術的服務人員，透過駕馭服務對象，來駕馭服務過程，透過駕馭自己的思想意識，使自己融合到服務過程中，透過服務過程讓自己與旅客一起享受服務的愉悅。「事情在你預料之中，辦法在你準備之中，服務在你掌控之中」，可謂是對空服服務藝術的恰當描述。

訊息卡

特色服務

南航CZ3097航班2005年1月29日從廣州起飛，9時30分抵達臺北，成為首架降落在臺灣的大陸民航客機。據悉，2005年臺商春節包機航班最終確定為兩岸各6家航空公司的24個往返、共計48個航班。此次參與包機的中國國內各大航空公司，紛紛推出特色服務。廈門航空公司主打親情牌，用地道的閩南話和純正的功夫茶為臺灣旅客服務。上航空姐為臺商包機學習閩南語；東航臺商包機上70%以上的餐點是臺灣口味的，並為每位臺灣乘客準備了雲南香包等特色工藝禮品。

二、空服服務藝術的作用

在旅客的消費行為多樣化、個性化的今天，服務藝術在民航企業中的地位和作用越來越顯現出來，講究藝術化的服務，摒棄那些機械呆板的服務模式，才能最大限度地適應廣大消費者的個性化消費需求，吸引旅客的注意。只有重視和不斷提高服務藝術，努力贏得顧客滿意和忠誠，塑造富有魅力的服務形象和風格，民航企業才能在激烈的市場競爭中占據有利位置，實現持續發展。服務藝術在航空服務工作中的作用主要從以下幾方面體現出來：

（一）贏得旅客滿意的作用

訊息卡

「老來樂」系列溫情服務

老年人獨自出行給親人帶來的不只是想念，更多的是牽掛和擔心。為了讓老年旅客（尤其是60歲以上的老人）能夠安全快樂乘機，感受人間溫情，航空公司精心準備，推出了「老來樂」系列溫情服務。客艙裡，空服員為老年旅客特設了方便舒適的「愛心座位」，準備了美味可口的熱飲軟食，在每個航班上都指派專人為老人安置行李、送毛毯禦寒、送熱毛巾敷面、幫助進餐、引領如廁、陪護聊天等。空服員為初次乘機的老人講解乘機常識、拍照留念。團體出遊的老年人，還會享受到空服員們精彩細緻的風土人情介紹。

服務藝術化，是以追求旅客利益最大化作為自己的服務目標的。在航空服務過程中，要使旅客乘興而來，滿意而歸。

旅客在整個旅途中，要在購機票、等待登機、上下飛機、機上旅行等各個環節中，時時刻刻都受到尊重並感受到熱情周到的服務。

服務藝術化不僅能滿足旅客所關注的企業核心利益，而且能最大限度地滿足現代旅客的聯想利益，滿足他們對於形象、體驗、個性、身分和地位等文化價值的追求，使自己具有超越一般服務的情意內涵和審美魅力。

從心理學上講，航空服務員高超的服務藝術可以緩解旅客的旅途勞累和旅途

中緊張、焦灼的情緒，使旅客高興和滿意，心情愉快。因此，要牢記「乘客至上」，提高服務藝術和服務技巧，體現出航空公司的服務特色和高水準服務，從而為旅客留下美好的印象。

（二）對企業經濟效益的作用

案例

「五星鑽石獎」花落南航

2005年1月9日，全球服務業最高榮譽——「五星鑽石獎」花落南航，標誌著中國客運量最大的航空公司的優質服務得到了世界上最「挑剔」和最專業的服務專家的認可。

當晚的頒獎儀式在廣州中國大酒店舉行，廣東省副省長游寧豐、廣州市副市長許瑞生出席了頒獎儀式。在全場熱烈的掌聲中，中國南航集團總經理、南航股份公司董事長顏志卿代表南航從美國優質服務科學協會總裁約瑟·欣輝（Joseph Cinque）手中接過金光閃閃的五星鑽石獎牌。

「五星鑽石獎」是美國優質服務科學協會頒發的國際服務業的最高榮譽，是國際公認的最具權威的優質服務獎，僅授予全球服務業中作出突出貢獻的企業。每年由世界著名的專業人士以及經常作全球旅行的高級商務客人代表組成的評審團評選出本年度全球最卓越的企業、酒店、餐廳與個人。由於評選項目繁多，標準很高，每年只有很少的單位和個人獲此殊榮。此前，新加坡航空公司、瑞士航空公司等在服務方面享有盛譽的航空公司曾獲得該獎項。

擁有良好的空服服務技巧，是現代社會對航空服務人員的工作提出的基本要求，也是提高服務品質、提升航空企業核心競爭力的重要因素。服務藝術化，是將旅客利益的最大化作為自己的服務目標，只有實現旅客利益的最大化才能最終達到實現企業利益的最大化。

當前，民航企業競爭十分激烈，企業之間的競爭，從某種程度上來說是服務品質和服務水準的較量。透過服務藝術的運用和提高，使旅客對服務工作的滿意度不斷提升，提高企業的服務品質，進而吸引更多的旅客，最終實現旅客利益與

企業利益雙提高的目標。

（三）對企業形象和品牌塑造的作用

案例

信得過航線——西北航空公司

當陝西省副省長鞏德順在西北航空公司第四會議室，將金光閃閃的「文明售票處」、「西安—北京—廣州服務品質信得過航線」、「西安—上海—名古屋服務品質信得過航線」的牌匾授予這個公司的領導時，台上台下頓時響起了經久不息的掌聲。這是該公司繼奪得全國民航優質服務獎，西安售票中心和西安—北京WH2101/2航班、北京—廣州WH2137/8航班在全國民航創建精品服務樣板活動中首批達標，分別被授予「文明售票處」與「文明航班」稱號之後，獲得的又一殊榮。

民航業是中國重要的「窗口」行業，它可以展示國民的精神風貌和企業的文明形象，高水準的服務尤其重要。空服工作是航空公司直接面對旅客服務的窗口，直接代表著中國民航和各航空公司的形象，是航空服務水準的重要體現。強調航空服務藝術可以提升航空企業的聲譽和形象。

「西安—上海—名古屋服務品質信得過航線」榮譽，無形中提升了西北航空公司的形象。從經營服務到經營形象和品牌，是服務藝術化的一個重要原則。現代消費者對體驗、意象和品牌的崇尚，企業形象和品牌對消費者的消費選擇和決策的巨大影響，使企業形象和品牌成為企業的極其寶貴的無形資產。服務藝術化對於塑造形象和品牌，對於企業無形資產的形成和增值具有重要作用。

（四）對服務人員的激勵作用

案例

南方航空公司舉辦客艙服務知識技能大賽

為加快推進南航客艙一體化，增進各單位之間的溝通和交流，進一步提高空服員的服務意識，增強空服員學習英語的興趣，提升空服員的客艙服務能力，創

建優秀的客艙服務文化，以優質的客艙服務和優秀的跨文化溝通能力提高顧客滿意率、創造服務效益，南航客艙服務知識技能大賽於9月7日～8日在海濱城市大連隆重舉行，參加比賽的有來自南航各子公司的17支代表隊，共51名選手。

服務藝術化，對服務人員有巨大的激勵作用。服務藝術化，創造新穎的服務審美價值，將使單調的、瑣碎的、每天重複進行的服務勞動具有新鮮感和創意性。職業勞動不僅是人們謀生的手段、獲取物質利益的途徑，也是人們實現自我價值的舞臺和滿足精神利益與審美需要的源泉。因此，服務藝術不僅是超越顧客期望、使顧客滿意的技巧，也是帶給員工勞動和生活滿意的技巧。南航等航空公司推出的特色服務，無疑會激發員工的工作熱情和學習動力。

懂得服務藝術的航空服務員必然會在服務中體現好的服務意識，注重服務的規範，表現出良好的風度和素質，這無疑會激勵航空服務員在平時的工作中注意提高自己的素質和修養。

第二節 空服服務的語言藝術與溝通技巧

案例

這些話能說嗎

在一次杭州—廈門的航班上，由於報紙配備不夠，小華正在後服務艙和3號服務員商量如何分發所剩不多的報紙時，從23排C座探出了一個小孩的頭說：「阿姨，我要報紙。」小華一看是一位充滿稚氣的小孩，便半開玩笑地說道：「你讀不懂報紙不能要。」可他一聽便答道：「我上小學了，我看得懂。」小華說，「這裡有廈門報和杭州報。」她的話音剛落，從23　排A座傳出了一個中年男子的聲音：「我兒子買的可是成人票，你們機票不打折，服務可是打了折的，為什麼欺負小孩，你給我解釋清楚！」小華被這突如其來的質問驚呆了。服務語言不當是旅客投訴的導火線，即便是和小孩說話也應注意。

‖ 一、空服服務中的語言藝術

語言是人們用來表達思想、交流感情的交際工具。在乘務行業中，語言是每個接待人員完成任務不可缺少的工具，因此服務用語是關係服務品質、服務水準的大事。

作為一名空服員，語言藝術在服務工作中是基礎性的，也是最重要的。語言得體、談吐文雅、滿面春風，能使客人「聞言三分暖」，見面總覺特別親。要作好服務工作，就要學好服務語言，掌握語言藝術，用禮貌、幽默的語言與旅客交談，並用含蓄、委婉、使人不會受到刺激的話代替禁忌的語言。

（一）服務語言的藝術化

服務語言是服務人員素質和服務藝術的最直接體現，語言表達是空服服務的基本技能。在空服服務中，服務語言藝術的運用如何，會給服務工作帶來不同的結果。一句動聽、富有藝術性的話語，會給航空公司帶來很多回頭客，而一句讓旅客不滿意的話語，很可能就會從此失去一位或多位旅客。

服務語言是旅客對服務品質評價的重要標誌，在服務過程中，語言適當、得體、清晰、純正、悅耳，會使旅客有柔和、愉快、親切之感，對服務工作產生良好的反應；反之，服務語言「不中聽」，生硬、唐突、刺耳，客人會難以接受。強烈的語言刺激，會引起旅客的不滿與投訴，會嚴重影響航空公司的信譽。

空服服務語言與講課、演講以及人與人交往中一般的禮貌用語是有很大差別的。在服務語言標準化的基礎上，透過措辭、語速、語調和表情，使語言表達得準確清晰，語言充滿真情實意，富有感染力和說服力，顯示出乘務人員的知識素養和文明服務水準，使旅客感到輕鬆自在。

藝術性的禮貌服務用語應該做到：

（1）柔和，適度而不刺耳；

（2）清晰，準確而不模糊；

（3）純正，悅耳而不雜亂；

（4）言簡意賅而不囉唆。

（二）語言要與表情、動作相一致

語言要與動作相一致，人若滿腔熱情，說話時便會不由自主地加上動作，做動作時也會自然而然地伴隨著語言。空服在為乘客服務時，應儘量在自己說話時配以適當的表情和動作，並保持一致性，要以飽滿的熱情，拿出最佳狀態，才能取得最好的效果。

（三）常用藝術性服務語言

1.稱謂語

例：小姐、先生、夫人、太太、女士、大姐、阿姨、同志、師傅、老師、大哥等。

這類語言的處理，有下列要求：

（1）恰如其分。

（2）清楚、親切。

（3）吃不準的情況下，對一般男士稱先生，女士稱小姐。

（4）靈活變通。

2.問候語

例：先生，您好！早上好！中午好！晚上好！聖誕好！國慶好！中秋好！新年好！

這類語言的處理，有下列要求：

（1）注意時空感。問候語不能是「先生，您好！」一句話，應該讓客人有時空感，不然客人聽起來就會感到單調、乏味。例如，中秋節時如果向客人說一聲「先生，中秋好！」就強化了節日的氣氛。

（2）把握時機。要在合適的時候問候乘客。

3.徵詢語

徵詢語確切地說就是徵求意見或詢問時的用語。例如，小姐，您有什麼吩咐

嗎？徵詢語常常也是服務的一個重要程序，徵詢語運用不當，會使旅客很不愉快。

使用這類語言時要注意以下幾點：

（1）注意客人的形體語言。例如，當旅客東張西望的時候，從座位上站起來的時候，或招手的時候，都是在用自己的形體語言表示他有想法或者有要求了。這時服務員應該立即走過去說「先生／小姐，請問我能為您做點什麼？」「先生／小姐，您有什麼吩咐嗎？」

（2）用協商的口吻。經常將「這樣可不可以？」「您還滿意嗎？」之類的徵詢語加在句末，顯得更加謙恭，服務工作也更容易得到客人的支持。

（3）應該把徵詢當做服務的一個程序，先徵詢意見，得到客人同意後再行動，不要自作主張。

4.拒絕語

例如，您好，您的想法我們理解，但恐怕這樣會違反規定，給旅行安全帶來影響，謝謝您的合作。

這類語言使用時有下列要求：（1）一般應該先肯定，後否定。（2）客氣委婉，不簡單拒絕。

5.指示語

例如，先生，請一直往前走！先生，請隨我來！

使用這類語言時有下列要求：

（1）避免命令式。命令式的語言，會讓客人感到很尷尬，很不高興，甚至會與服務員吵起來。如果你這樣說：「先生您有什麼事讓我來幫您，您在座位上稍坐，我馬上就來好嗎？」可能效果就會好得多。語氣要溫和，眼神要柔和。

（2）應該配合手勢。有些服務人員在碰到客人詢問地址時，僅用簡單的語言指示，甚至揮揮手、努努嘴，這是很不禮貌的。正確的做法是運用明確和客氣的指示語，並輔以遠端手勢、近端手勢或者下端手勢，在可能的情況下，還要主

動地走在前面給客人帶路。

6.答謝語

例如，謝謝您的好意！謝謝您的合作！謝謝您的鼓勵！謝謝您的誇獎！謝謝您的幫助！謝謝您的提醒！

這類語言的使用，有下列要求：客人表揚、幫忙或者提意見的時候，都要使用答謝語。

乘客提出一些服務方面的意見，有的意見不一定提得對，這時有的乘務人員就喜歡去爭辯，這是不對的。正確的做法是，不管他提得對不對，我們都要表示感謝：「好的，謝謝您的好意！」或者「謝謝您的提醒！」客人有時高興了誇獎服務人員幾句，也不能心安理得，無動於衷，而應該馬上用答謝語給予回報。

7.提醒道歉語

例如：「對不起，打擾一下！對不起，讓您久等了！請原諒，這是我的錯。」

「對不起，機組沒有醫生，這就為您廣播找醫生。」

提醒道歉語是服務語言的重要組成部分，使用得好，會使旅客在旅行中隨時都感受到尊重，並留下良好的印象。同時提醒道歉語又是一個必要的服務程序，缺少了這一個程序，往往會使服務出現問題。

8.特殊情況下的服務用語

‧請別讓孩子在過道走，飛機顛簸得厲害。

‧請按順序排隊。

‧對不起，這裡是緊急出口，您的行李不能放在這裡。

‧請跟我來！

‧對不起，太太，我能看一看您的登機牌嗎？

‧動作快！

・請您不要在飛機上打手機。

9.客艙內禁止使用的服務用語

・嘿！

・老頭兒

・大兵

・土老帽兒

・你想幹什麼？

・沒辦法。

・我解決不了，愛找誰找誰。

・這是其他部門的事，與我們無關。

・越忙越添亂。

‖ 二、空服服務中的溝通技巧

案例

航班延誤引發的衝突

2004年12月7日，因為機械故障，南航北方公司由成都飛往瀋陽的CZ6412航班延誤了近6個小時。20名旅客因為堅持要「討説法」而拒絕登機。航空公司在勸説無果後放棄等待，於當晚8點50分左右將飛機飛走。

原定於2004年12月3日下午6點55分從廣州起飛的南航公司3485次航班，由於航班延誤了14個半小時，124名旅客滯留在廣州一夜。第二天上午11點，飛機到達重慶機場後，61 名旅客拒絕下機，要求南航公司給予經濟賠償，旅客中有人提出了要賠償1000元，由於雙方對賠償問題難以達成一致，旅客在飛機上逗留了4個小時。

2004年10月1日上午9時許，原本應前晚出發的從成都至杭州MU5408航班再

次因故延誤，激怒了數十名旅客。他們與雙流國際機場安檢人員發生衝突，安檢工作被迫中斷，11個航班、2000餘名旅客出行受阻。

航班的延誤、取消，給旅客帶來諸多不便，旅客的心情也在等待中變得焦躁，這時候，空中的服務工作稍有不周，就會引發矛盾，上面提到的案例就是由於航班的延誤而造成的旅客不滿，而航空公司的工作人員由於和旅客的溝通、解釋不當又使得矛盾進一步激化。

（一）良好溝通的意義

良好的溝通不僅意味著把自己的想法整理得井然有序並將其進行適當的表述，使別人一聽就懂，而且還要深入人心，促使聽者全神貫注。溝通的前提是尊重、信任和理解，溝通又能促進彼此的尊重、信任和理解。一個人的成功，20%靠專業知識，40%靠人際關係，另外40%需要觀察力的幫助，要獲得成功，就必須不斷地運用有效的溝通方式和技巧。

溝通是一門藝術，也是一名優秀乘務人員不可或缺的能力。交流溝通是人類行為的基礎。但是，您的交流溝通是否能準確傳達出您的願望？溝通成功與否，與其說在於交流溝通的內容，不如說在於交流溝通的方式。

在航空服務中，乘務人員時時刻刻和人打交道。耐心地解釋和溝通是非常必要的，需要瞭解溝通的過程和特點來提高服務藝術，所以一定要注意如何有效地傳遞訊息，掌握與人溝通的技巧。

訊息卡

成功導航：良好溝通的益處

1.獲得更佳更多的合作。

2.能減少誤解，使人更樂於作答。

3.能使人覺得自己的話值得聆聽。

4.能使自己辦事更加井井有條。

5.能增進自己思考的能力。

6.能夠把握所做的事。

（二）溝通容易出錯的地方

有了良好的溝通，辦起事來就暢行無阻。許多問題都是由於溝通不當或缺少溝通而引起的，結果會不可避免地導致誤傳或誤解。要想獲得有效的溝通，瞭解什麼地方容易出錯，無疑對獲得有效溝通大有用處。

1.溝通不當的標記

或許，你很少會花費心思去正確表達自己的觀點，這經常會導致對方不能完全明白你要表達的意思。這時候他們可能會說：

「如果您的意思正是這樣，那又為何不這麼說？」

「我希望他們把話說明白點。」

「我不敢肯定自己該做什麼。」

「我實在沒聽明白。」

有時候對方也許不會直接把這些話說出來，而只是以皺眉或嘆息的形式表達出來。從這一點可以看出，表達的內容與接受的內容並非永遠是對等的，因此，想辦法填補兩者的鴻溝是至關重要的。

2.沒有正確地闡述訊息

「思想」和「訊息」要轉換成「能用於傳遞的訊息」，需要你進行正確的領會。有兩點可能會影響良好的溝通：第一是不能對溝通的內容進行清晰而有邏輯的思考。例如，當要表達「我們需要些信封」時卻說「信封用完了」。第二是不能理解對方的關注所在並正確地表達訊息，以便獲得對方的全部注意力和理解。例如，該用通俗上口的口語時，卻用了晦澀拗口的學術語。如果你的訊息沒有得到清晰的表達，它便不能被聽者正確地理解和加工，有效的溝通也無從談起。

3.給人以錯誤的印象

在日常工作、生活中，我們可能很少會拳腳相向，或出口傷人。但是，其他方面的行為舉止會不知不覺給人們幾乎同樣糟糕的印象。其中有三個方面最值得

注意：

外表：著裝時不拘禮節表明你要麼對交流溝通的另一方漠不關心，要麼你想先聲奪人。破爛的牛仔褲和邋裡邋遢的運動鞋與筆挺氣派的西裝給人以截然不同的印象。根據場合的不同，兩種著裝風格會給人以完全錯誤的訊息。

措辭：不假思索地使用鄉言俚語會得罪他人，也會扭曲訊息。舉個例子，私下裡把顧客或主顧叫做「夥計」，似乎給人以一種哥們義氣的感覺，但它也不知不覺地傳達出對別人的輕慢。

拖沓：不準時赴約表明您不把別人當回事。如果某人守時，別人會認為他很重視自己。

以上所有這些都會傳達出這樣的一個訊息，就是你沒有真正把別人放在心上。在開口說話之前，怎樣防止溝通障礙，怎樣留下良好的印象，注意這三方面是很重要的。

4.沒有恰當地聆聽

如果人們沒有聆聽，他們有可能只聽到片言隻語，而錯失至關重要的部分，因為他們的注意力已開小差了，或者，他們只拾得一些牙慧，反把它當做全部了。一些話可能被聽到並進行了加工，但原意已經被扭曲了。

作為空服員要善於與旅客溝通，達到與旅客的相互理解，要讓客人從空服員既維護航空公司利益又得理讓人的語言藝術中得到心理上的滿足，航空服務員掌握溝通技巧、善於與旅客溝通正是航空服務藝術性的體現。

（三）有效溝通的行為法則

溝通要講究方法和藝術，要給對方台階下。如對一位高聲吵鬧的旅客禮貌地說：「您先喝口水消消氣。」然後以足夠的耐心讓旅客把話講完，本著大事化小，小事化了的原則提出解決問題的辦法。在解決問題時不要與旅客爭執，應該借助溝通的藝術，化解不同的見解與意見。以下提供幾個達到有效溝通的行為法則：

　　熱情的態度。對每一位旅客都要一視同仁，面對旅客應主動問候、主動溝通，這是和旅客建立良好溝通的開端，而熱情的微笑，起著潤滑劑的作用，它能使緊張的關係變得輕鬆，面對著真誠的笑臉時，沉重的心可以得到撫慰，浮躁的心可以暫時獲得寧靜，憤怒的心能得到舒緩。要把旅客看做親人，以親人般的情懷去體察不同旅客的心。

　　體諒。空中空服員會接觸到各種類型的人，有的人文雅禮貌，有的人粗暴野蠻，有的人行為古怪。待人做事寬容耐心，才能幹出一番事業。我們儘量去體諒旅客，以「嚴於律己、寬以待人」的工作態度去接觸旅客，用真誠的心為旅客服務，與旅客形成輕鬆、和諧、完美的人際關係。

　　善用詢問與傾聽。在想為旅客提供更好的服務之前，要瞭解旅客的需求。而善於詢問和傾聽是瞭解旅客真實想法的最好途徑，尤其在旅客默不作聲或欲言又止的時候，可以用詢問行為引出對方真正的想法，瞭解對方的立場以及對方的需求、意見與感受，並且運用積極傾聽的方式，來誘導對方發表意見。一位溝通能手，絕對善於詢問並積極傾聽他人的意見與感受。

　　訊息卡

　　認識聆聽，反省自己

　　積極聆聽的作用：

　　獲得更多訊息

　　幫助談話繼續下去

　　處理不同的意見

　　有效地發表自己的意見

　　保持溝通氣氛的友好

　　反省自己是否做過：

　　當別人講話時，你在想自己的事

　　聽別人講話時，不斷比較與自己想法的不同

打斷別人的講話

為講演者結束他的講演

當別人講話時談論其他的事情

忽略過程而只要結論

僅僅聽那些自己想聽的或希望聽的事情和內容

人的外表或他們的説話方式影響你客觀地聆聽

很容易被其他的背景或聲音分散注意力

第三節 對不同乘客的服務技巧與藝術

案例

把母愛傳遞給嬰兒旅客——東航空姐的親身感受

在福州—香港這條往返航線上，大部分旅客都是從臺灣和國外轉機的旅客，最讓空服員印象深刻的是這條航線上那些可愛的寶寶們。還記得我第一次飛這條航線時的情景：迎客時，許多懷抱孩子的旅客讓狹小的客艙顯得更加擁擠，寶寶們一上飛機就哭個不停。

這種情景讓我真有些不知所措。孩子們怎麼會哭成這樣呢？我看到許多人都在努力哄著寶寶，可是效果並不明顯。原來大部分人都不是孩子的爸爸媽媽或爺爺奶奶，很多人都是幫朋友把孩子帶回國。在乘坐我們這個航班之前，他們已經帶著孩子們坐了近20小時的飛機了。這時我才明白，這些只有幾個月大的還不會説話的孩子要承受著連大人們都很難承受的身心疲憊，當然只能用哭泣來發洩了。

一次航班中，一名年輕男子抱著一個看上去還不滿一週歲的嬰兒上了飛機，從他們一上飛機開始，小孩就不停地哭泣，小臉漲得通紅。年輕人似乎有些不知所措，臉上露出越來越不耐煩的表情。我連忙走到他身邊，詢問孩子是不是餓

了，他煩躁地說：「可能吧！」於是，我幫他把奶瓶拿到服務艙加水沖泡奶粉。喝完奶後，孩子漸漸安靜了下來。

在經年輕人同意後，我把嬰兒抱起來繼續哄他。我努力地像其他母親哄孩子那樣，抱抱他，輕輕拍拍他，跟他呀呀地說說話，拿塊柔軟濕潤的小毛巾給他輕輕地擦擦小鼻子小眼睛，讓他感覺親切舒服。此時的客艙充滿了暖暖的愛意，年輕人也鬆了口氣。在與他的交談中，我瞭解到他只是幫朋友把孩子帶回國，根本就不知道怎麼照顧孩子，小孩的啼哭讓他情緒非常急躁。小孩安靜地睡著了，當我把孩子交還給那個年輕人時，我們都開心地笑了。看著那張可愛、天真、無瑕、粉撲撲的小臉蛋上已經沒有淚水流過的痕跡，臉上滿是甜蜜的睡意，愛也在我的心中蔓延開來。

在客艙服務中，乘務人員要和形形色色的旅客打交道，因此，要善於揣測旅客的心理，特別是對於一些特殊的旅客更是要瞭解他們的心理，以便能夠給他們提供最需要的服務。空服員在服務中也會碰到各種各樣的問題，要提高服務品質，提供最佳的服務，只有服務的熱情和態度還是很不夠的，有必要分析和掌握各類旅客的性格特點及服務方法。

‖ 一、對不同類型旅客的服務技巧與藝術

在今天，坐飛機已經成為很多人出行的方式，旅客的成分也越來越複雜，有政府官員、高級白領，也有普通的市民，甚至學生、農民。不同旅客的性格、愛好、特質以及心理需求是有很大不同的，因此要想使旅客滿意，就應該瞭解他們的性格特點，有針對性地服務。在飛行前的準備階段就作好詳盡的準備，以便完美地完成航班飛行任務。

（一）對不同身分的旅客的服務技巧與藝術

根據旅客不同的身分，採取不同的服務方式，以體現服務的藝術性。

1.政府公務員

這部分旅客的社會責任感較強，往往從國家和社會的角度審視窗口單位的服

務工作。他們把飛機上的所見所聞，特別是親身感受，作為評價航空服務品質好壞的標準。如果這部分旅客碰到服務態度「生、冷、硬」的情況，就可能出現越級投訴。

2.國有企業公出旅客

這部分旅客大多是領導幹部。他們生活工作節奏快，希望飛機的環境寬鬆舒適。由於他們在單位説了算，出門在外更受不了委屈。如果服務不到位，質量不高，就會受到他們的指責，嚴重的要損害航空公司的聲譽。

3.法律工作者

這部分旅客由於職業的特殊性和對法律、道德的敏感性，乘機時常常對照承諾，要求服務高質量，並好打抱不平。如果對這部分旅客接待不熱情，服務不周到，就會被投訴，使民航企業的聲譽受到影響。

4.低收入旅客

這部分旅客大多是打工者和農牧民，主要的訴求是票價便宜，希望機票有較低的折扣。這部分旅客中有的很少坐飛機，對飛機環境不適應，對飛機提供的食品及其他的服務期望較高，他們有的心理承受能力較差，和其他乘客容易發生衝突，很容易引起突發事件。一般來説他們更希望得到尊重和重視。

5.軍人旅客

軍人旅客較為寬容、有禮貌，是執行乘務工作的有力支持者，尤其是遇到歹徒作案時，他們大多見義勇為，主動協助空服員維護治安秩序，保障人民群眾的生命財產安全。

6.私營企業家

這部分旅客社會交往比較廣，講究享受，追求舒適。他們對服務品質要求很高，對飛機上提供的食品等都很重視，認為享受這些服務是身分的象徵，另外他們的時間非常寶貴，如果飛機誤點會引起他們很大的不滿。

7.旅遊觀光旅客

他們盼望的是飛行平安，旅途愉快，玩得高興。他們願意多聽、多看，比如旅遊地的人文地理、風光特色、風味小吃。他們願意和乘務人員交流，希望瞭解服務知識，還要瞭解旅遊景點、風土人情知識等。

8.大中專學生

一些家庭經濟比較寬裕的學生會在寒、暑假乘飛機回家或在公共假期乘飛機去旅行。他們是家中寵兒，喜歡被讚揚和誇獎；也有嬌氣、受不了委屈的一面。他們中的大多數品德比較好，只要重視他們，還可為航空公司多做宣傳工作。

9.專家、工程技術人員

他們希望登機後環境舒適、安靜，時間對他們是寶貴的，給他們創造良好的學習環境非常重要。他們對飛機提供的食品要求簡單、方便。飛機到達目的地之前最好要提前預告，讓他們有時間收拾行包、書籍和資料，作好下機的準備。

10.求醫治病的

這是需要重點服務的特殊旅客，尤其是在飛機上病情發作的旅客，需要乘務人員給予高度的關愛體貼，要遞上熱水、毛巾，說上幾句安慰話，患者會由衷地感激。

11.新聞記者

這部分旅客對窗口單位的服務品質比較敏感，他們注重細節，善於捕捉新聞點。但無論是對飛機服務的曝光還是表揚，都應該正確對待，以實事求是的態度不斷改進服務工作。

12.外國友人

他們來中國最大的障礙是語言不通，乘務人員要掌握一定的外語，與他們交流時儘量使用他們的語言。不同國家的人，有不同的飲食、風俗習慣。不同國家、不同等級、不同風俗習慣的旅客，要求有不同的服務，要多瞭解不同國家的習俗，注意他們的禁忌。

13.老年旅客和婦女兒童

老年人身體虛弱，冬天怕冷、夏天怕熱。他們在感覺方面比較遲鈍，對周圍事情反應較緩慢，內心容易感到孤獨，非常需要別人關注。這部分旅客通情達理，理解乘務人員的辛苦，只要真誠服務、體貼入微，就能達到他們的滿意。

婦女，特別是那些帶小孩的婦女，旅途中會遇到很多不方便，孩子拉屎撒尿不方便，給孩子熱奶餵奶不方便，需要充分關照。

（二）對不同地域的旅客的服務技巧與藝術

按照不同地域，中國國內旅客可以大致分為北方旅客和南方旅客。北方旅客和南方旅客在性格上就有很大的不同，他們在旅行中的需求及表現也不相同。

東北地區的旅客性格較為豪爽、說話比較直接、好面子，他們在飛機上如果遇到不公正的待遇，往往容易發火，甚至吵架，但如果你對他付出百倍的熱情，他必以千倍來回報。南方地方的旅客恰恰相反，他們做事認真，說話婉轉，對服務要求較高，對他們服務要含蓄、細緻。

因此，在服務過程中應用不同的服務方式、語言方式來對待不同地域的旅客，以取得良好的服務效果。

（三）對外國乘客的服務技巧與藝術

中國國內航線也會有很多外國旅客，對不同國家、不同地區的旅客的特點、風俗要有一定瞭解，這樣的服務才能使乘客滿意。下面就以一些國家為例，來說明不同國家旅客的特點。

1.美國旅客

美國客人大多性格開朗、活潑好動、非常健談，客艙內往往是熱鬧非凡，對於服務不是十分挑剔。對這樣的旅客，我們每一位空服員也要活躍起來，暫且將東方人的含蓄拋開，融入旅客當中。你越是與他們一起分享開心的事情，他們就越會豎起大拇指對你說：「Good service，OK！」對美國旅客禁忌問年齡，禁忌問服裝價格。

2.英國旅客

英國旅客相對保守一些，非常講究細節，彬彬有禮，注意衛生。在一個航段中往往只喝一種飲品，不是在休息就是在閱讀。因此，空服員在提供服務時「輕、靜、溫和、禮貌」幾個字十分重要。在為英國人服務、與他們談話時，微笑是必需的。天氣是英國人交談中最普遍的話題。

3.韓國旅客

韓國旅客一般不輕易流露自己的感情，在公共場所不大聲說笑，頗為穩重有禮。特別講究輩分，年輕人在長輩面前要服從。韓國人不喜歡聽人家叫他們的國家是朝鮮，因為這個名詞在韓國人的心目中，包含有被日本統治的恥辱的意味，因此在韓國人面前，切勿提到「朝鮮」二字。

4.俄羅斯人

俄羅斯人性格豪放、開朗，飲食上喜歡吃奶油麵包、大塊蒸肉、番茄、黃瓜、甘藍等。

（四）對不同民族旅客的服務技巧與藝術

飛機上常常遇到少數民族旅客，少數民族的習俗、宗教信仰和主要禁忌，空中空服員應該有所瞭解，這樣就可以有備而來，使服務更到位、更貼心。

1.漢族

漢族是中國人口最多的民族，也是世界上人口最多的民族，漢族在旅客中占的比例最大。中國地域廣闊，不同地域的漢族人在禮儀和習俗上存在明顯的差異。漢族的飲食主要以米食和麵食為主食，以各種肉類、蔬菜類為副食，形成了一日三餐的飲食慣例。

2.回族

回族是中國分布最廣的少數民族，主要分布在寧夏回族自治區，其餘散居在全國各地，有大分散、小集中的特點。回族信奉伊斯蘭教。由於既受阿拉伯傳統文化的影響，又吸收了漢族的文化，回族形成了自己的特色禮俗。回族人非常講究衛生，尤其注重水源衛生。回族人分布廣，食俗也不完全一致。主食為蒸饃、

包子、餃子、餛飩等，對肉類的挑選比較嚴格，主要是牛肉、羊肉、雞、鴨和有鱗的魚。忌食豬肉、豬油、狗肉、驢肉，非清真店製作的點心和罐頭等也不食用。平時談話，忌帶「豬」或同音字。嚴格禁止用食物開玩笑。

3.維吾爾族

維吾爾族主要分布在新疆維吾爾地區，其中80%居住在南疆，多信奉伊斯蘭教。維吾爾族人熱情好客。維吾爾族人忌吃豬、狗、驢肉，炒菜忌用醬油。維吾爾族人有時喜歡送一些東西給服務員，如果服務員堅決拒絕，他們會不高興，因此婉言拒絕不行時，要用雙手接受，忌用單手接東西。

（五）對不同個性的旅客的服務技巧與藝術

以下是對個性不同的旅客的分類，根據他們不同的特點總結服務和溝通的技巧。

1.一般型

一般型旅客是航班中的大多數，他們懂人情、講禮貌，也要求物質和精神享受及高質量、高效率的服務。

2.社交型

社交型旅客由於常常出門在外，練就一套應酬本領。平時交際多，見識廣，老於世故。服務時要特別注意，言談舉止要禮貌大方，注意服務周到，以防發生意外，引起旅客抱怨。因為這類旅客個個都是「小廣播」，他們樂於談論空服員的服務態度和服務水準，所以留下了優良的服務印象，他們會去宣傳，可以提升航空公司的聲譽；相反，如果服務品質差，負面影響也很大。

3.健談型

健談型旅客最喜歡聊天，天南海北，似乎世界各地的事情他都知道。服務時不要追求好奇，聽其海闊天空，但對正確的意見或建議要耐心聽取。

4.急躁型

急躁型旅客性情急躁，動作迅速，對服務效率要求較高，但生活馬虎，以學

生和年輕人為多。為他們服務時，弄清要求後要很快完成，說話要簡明扼要，否則，容易使他們急躁冒火，引起抱怨，影響服務效果。

5.開放型

開放型旅客性格豪爽，對任何事情都毫無保留地發表自己的意見，但不輕易聽別人的話，以歐美國家旅客為主。服務時要儘量滿足他們的需要。

6.寡言型

寡言型旅客言語不多，性格孤僻，但一般很有主見，服務時一定要耐心聽取他們的意見和要求，熱情有禮，表示尊重，按其要求保質保量地完成服務工作。

7.貴婦型

歐美一些國家以女權至上，特別是有身分、地位的女人，她們平時的生活豪華、舒適，所以比較追求物質和精神享受。為其服務時要特別精心、注意細節、注意講究禮貌禮節。

航空公司應把不同旅客（如不同國家）的特點、地域特徵、生活習慣等細化、歸類，整理成冊，專門作為旅客人性化服務的準則，讓空服員熟悉、掌握，這是有效提升空服服務的手段，也是科學提高服務藝術和服務品質的方法。

二、對特殊旅客的服務技巧與藝術

1.對初次乘飛機的旅客的服務技巧與藝術

初次乘飛機旅客的心理，一般來說是好奇和緊張，因為民航運輸，畢竟不同於汽車、火車、輪船的運輸。初次乘飛機的旅客對飛機上的設備、環境十分感興趣，並帶著一種好奇心去探索一切。

為滿足初次乘飛機旅客的好奇心，空中空服員要主動為他們介紹本次航班的情況。如機型、飛行高度、坐標等，以滿足他們的好奇心。初次乘飛機的旅客缺少乘坐飛機的常識，一方面，空中空服員要耐心地介紹，不要嘲笑他們，避免使旅客感到不必要的自卑；另一方面，空中空服員還要透過親切地交談來分散他們

緊張的心情，使他們感到乘坐飛機是安全的。

2.對重要旅客的服務技巧與藝術

一般來說，重要旅客（Very Important Person，VIP）有著一定的身分和地位，他們比較典型的心理特點是自尊心、自我意識強烈，希望得到應有的尊重；與普通旅客相比，他們乘坐飛機的機會可能較多，他們會在乘飛機的過程中對空服服務作有意無意地比較。空中空服員在為他們服務時要態度熱情、言語得體、落落大方，針對他們的心理需求採用相應的服務。

例如，要客一上飛機，空服員應能準確無誤地用他們的姓氏和職務來問侯他們；當要客遞給空中空服員名片時，應當面讀出來，使他們在心理上產生一種滿足感；同時要注意與旅客精神上的溝通，使他們的整個旅程都沉浸在愉悅的心情中。

3.對老年旅客的服務技巧與藝術

老年人由於年齡上的差異與年輕人想法不同，因而心理寂寞，孤獨感強。這部分旅客通情達理，理解乘務人員的辛苦，只要真誠服務、體貼入微，就能達到他們的滿意。老年人關心航班的安全，尤其在飛機起落時。因此對老年人服務時，要細緻，與老年人講話速度要慢，聲音要略大，要主動關心他們需要什麼服務，洞察並即時滿足他們的心理需求，儘量消除他們的孤獨感。

4.對生病旅客的服務技巧與藝術

在旅客中還有一些生病的旅客以及在乘飛機過程中突然發病的旅客。這些人較正常的旅客自理能力差，迫切需要別人的照顧。空中空服員一定要密切關注他們，對他們體貼、耐心，必要時動員飛機上的旅客予以支援和幫助。遇有需搶救的重患，要提前與機場和醫院取得聯繫，讓救護車把病人即時送到醫院，爭取搶救時間。對病情較輕的旅客或中途患感冒的旅客，需要在機上即時給予救助，控制病情，並密切注意病情變化，防止病情惡化。

5.對挑剔旅客的服務技巧與藝術

在飛機上偶爾有個別比較挑剔的旅客，他們對服務和設備以及餐飲等提出難

以達到的要求，這可能是由於旅客本人性格因素決定的，也可能是由於個別旅客在上飛機前遇到了不愉快的事情，沒有得到解決或發洩而引起的。

對此，空中空服員一定要耐心、不急躁，以平靜的心情聽客人的傾訴，不要急於解釋和辯解，避免在客人的心理上引起更大的反感。用耐心、熱心、周到的服務，使客人的心情慢慢地平靜下來。

第四節 提高空服服務藝術的途徑

空服服務需要高超的藝術，而空服員要在服務中努力提高服務藝術，充分發揮服務藝術的重要作用，促進服務工作上台階。要提高服務藝術和服務技巧，不是一件簡單的事情，更不是一句口號，要善於把握和總結提高服務藝術的方法和途徑。

‖ 一、樹立為旅客服務的理念

服務理念是公司全部服務工作的行為標準和目標。在激烈的市場競爭中，服務品質的高低決定著企業是否能夠生存，市場競爭的核心實際上是服務的競爭。民航企業競爭的核心就是看誰在市場中能夠贏得旅客，贏得旅客的關鍵是靠優質服務，空服員必須有很強的服務意識和先進的服務理念。先進的服務理念是服務藝術和技巧的基礎和源泉，服務藝術是先進服務理念的外在體現。

訊息卡

國航的「四心」服務

國航為全面提升服務品質，提出「放心、順心、舒心、動心」的服務理念，努力落實在服務實踐中，取得了顯著成效。「放心」是以安全為核心的服務要求，就是讓顧客在選擇國航後，感到放心和安心。「順心」是以航班準點、旅客出行各環節順利通暢為主要內容的服務要求，要保證旅客從購票、乘機到抵達目的地全過程順利圓滿。「舒心」是保證旅客在旅行過程中感到舒適、愜意和愉

快。「動心」是根據顧客的特殊要求和其他具體情況，即時提供打動人心的個性化服務。

（一）樹立旅客至上，服務第一的意識

要想提高服務藝術，首先要樹立旅客至上，服務第一的意識。旅客花高價錢坐飛機旅行的目的就是想快捷、舒適，買的就是享受、尊重，他（她）們就應該得到相應的服務。再則，航空公司收了旅客的費用，就應該向旅客提供優質的服務，這是權利享受和義務履行的關係。

旅客是航空公司的「衣食父母」，是「上帝」和「財源」，是航空事業賴以生存和發展的基礎。空服人員要用真誠深厚的感情去為他們服務，就要突出一個「情」字。因為旅客的需要，不僅僅包括物質上的滿足，還包括精神上、感情上的滿足。

要做到理解人、關心人、體貼人和幫助人。要做到急旅客之所急，想旅客之所想，做旅客之所需，解旅客之所難。即使是遇到故意挑剔的旅客，也一定要有強烈的「角色」意識，遵循「旅客永遠是對的」的服務準則，擺正關係。維護了旅客利益，實際上也就是維護了公司的利益。

（二）真誠友好的情感

熱情、熱烈的感情，是一種較高級的情感形態。對所有的旅客都要抱有歡迎的態度，要熱情迎接，誠懇相待，不能有任何的怠慢。以誠懇、熱情、親切、溫柔的服務，消除旅客的陌生感、疏遠感，增強信賴感。對旅客的熱情是出於崇高的職業道德，要發自內心地去關心、尊重和溫暖旅客。

（三）高效、耐心

1.高效

高效就要突出一個「快」字，這就要求要精通業務，每一個環節都不要讓旅客久等。

通常辦事的效率應達到「四快」。

（1）辦事節奏快。所承辦的事要迅速敏捷、乾淨利落，能辦的要立即辦，經努力實在辦不到的要向旅客說明原因和情況，以使他們理解。

（2）計劃變更應變快。航空服務受氣候等方面的影響，不可能完全按計劃進行，在服務的過程中往往會發生意想不到的情況，當計劃變更時，空服員應該在乘務長領導下有序地進行工作。

（3）臨時問題發現快。要細心觀察每個旅客的表情，能即時發現問題，解決問題。

（4）突發事件處理快。突發事件往往是未預料到的，來得突然。多數情況下往往打亂了原來的一套計劃安排，這要求空服服務人員有能力迅速處理突發事件，不能被突發事件弄得暈頭轉向。

2.耐心

耐心來源於意志上的耐力，而耐力又來源於高尚的職業道德，就是在為川流不息的旅客服務的過程中，不急躁、不厭煩。主動周到的服務，在短時間內是可以做到的，要想長期地堅持就要有耐心，有耐心才能真誠地、實心實意地為旅客服務。

耐心服務的具體表現是：

（1）來往客多，服務不亂。

（2）百問不煩，百答不厭。

（3）有問必答，辦事認真。

（4）遇事不急，機智果斷。

案例

一次在北京—武漢航班上，一名微有醉意的旅客引起了空姐李菲的注意。當飛機途經山谷上空時，飛機突然顛簸，該旅客由於惡心難受，一口穢物就吐到了前排旅客身上。李菲來不及多想，立即上前把雜物袋撕開遞給旅客，並關切地問他怎麼樣，隨後一邊向前排旅客道歉，一邊迅速找來乾淨的濕毛巾給旅客擦拭。

前排旅客本來十分惱火，但看到李菲的舉動，也很感動地說：「你對旅客這麼好，我有什麼可說的呢？」

‖ 二、加強業務知識學習

小資料

機艙內的15種中英文常用語

（1）您好，歡迎您登機。

Good morning（afternoon，evening），Sir（Madam），welcome aboard.

（2）是的，我明白了。Yes，I see.

（3）請。Please.

（4）好的，我馬上就去。Yes，I'll do that right now.

（5）很抱歉（對不起）。I'm sorry.

（6）讓您久等了。Thank you for waiting.

（7）我馬上給您拿來。I'll get one for you right now.

（8）打擾了。Excuse me.

（9）我知道。／我不知道。Yes，I know./No，I don't know.

（10）是您叫我嗎？ Did you call me?

（11）我不清楚，我馬上給您查詢。I'm not sure.I'll check it now.

（12）不客氣。It's my pleasure.

（13）非常感謝。Thank you very much.

（14）祝您旅途愉快。May you have a nice flight.

古人云：「工欲善其事，必先利其器。」空服人員若沒有過硬的素質和能力，就根本談不上優質服務，若沒有扎實的語言功底，也不可能順利地進行文化

交流，完成高水準的空服服務工作。

隨著民航服務業的飛速發展，航線不斷擴張，旅客隊伍成分日益龐雜，對航空服務員提出了更高的需求。要提高空服服務藝術和服務技巧，需要空服員具有過硬的業務知識和各種有益的知識。

（一）業務知識

只有具備良好的專業技能和業務知識才能在每一個航班上完整、即時地回答旅客的詢問，服務才能更加到位規範，有了過硬的理論基礎才能表現出高超的服務藝術。熟練的業務知識是空服人員提高服務水準的前提和保障。空服人員除了要熟練掌握飛機的設備、緊急情況的處理、飛行中的服務等工作程序，還要瞭解一般的航線知識、航班知識、救護知識、地理風土人情、心理知識等。

小資料

中國國內航班（全程）廣播詞

1.歡迎詞

女士們，先生們：

歡迎您乘坐中國_____航空公司_____航班從_____前往_____（中途降落_____）。由_____至_____的飛行距離是_____，預計空中飛行時間是_____小時_____分。飛行高度_____公尺，飛行速度平均每小時_____公里。

為了保障飛機導航及通信系統的正常工作，在飛機起飛和下降過程中請不要使用手提式電腦，在整個航程中請不要使用手提電話，遙控玩具，電子遊戲機，雷射唱機和電音頻接收機等電子設備。

飛機很快就要起飛了，現在由客艙空服員進行安全檢查。請您坐好，繫好安全帶，收起坐椅靠背和小桌板。請您確認您的手提物品是否妥善安放在頭頂上方的行李架內或坐椅下面。（本次航班全程禁煙，在飛行途中請不要吸煙。）

本次航班的乘務長將協同機上_____名空服員竭誠為您提供即時周到的服務。

謝謝！

2.起飛後廣播

女士們，先生們：

我們的飛機已經離開_____前往_____，沿這條航線，我們飛經的省份有_____，經過的主要城市有_____，我們還將飛越_____。在這段旅途中，我們為你準備了_____餐。供餐時我們將廣播通知您。

下面將向您介紹客艙設備的使用方法：

今天您乘坐的是_____型飛機。您的坐椅靠背可以調節，調節時請按座椅扶手上的按鈕。在您前方坐椅靠背的口袋裡有清潔袋，供您放置雜物。在您坐椅的上方備有閱讀燈開關和呼叫按鈕。如果您需要空服員的幫助，請按呼喚鈴。在您座位上方還有空氣調節設備，您如果需要新鮮空氣，請轉動通風口。

洗手間在飛機的前部和後部，在洗手間內請不要吸菸。

3.餐前廣播

女士們，先生們：

我們將為您提供餐食（點心餐）、茶水、咖啡和飲料。歡迎您選用。需要用餐的旅客，請您將小桌板放下。

為了方便其他旅客，在供餐期間，請您將坐椅靠背調整到正常位置。謝謝！

4.意見卡

女士們，先生們：

歡迎您乘坐中國_____航空公司航班，為了幫助我們不斷提高服務品質，敬請留下寶貴意見，謝謝您的關心和支持！

5.預定到達時間廣播

女士們，先生們：

本架飛機預定在_____分鐘後到達_____。地面溫度是_____，謝謝！

6.下降時安全檢查廣播

女士們，先生們：

飛機正在下降。請您回原位坐好，繫好安全帶，收起小桌板，將坐椅靠背調整到正常位置。所有個人電腦及電子設備必須處於關閉狀態。請您確認您的手提物品是否已妥善安放。稍後，我們將調暗客艙燈光。

謝謝！

7.到達終點站

女士們，先生們：

飛機已經降落在＿＿＿＿機場，外面溫度＿＿＿＿攝氏度，飛機正在滑行，為了您和他人的安全，請先不要站起或打開行李架。等飛機完全停穩後，請您再解開安全帶，整理好手提物品準備下飛機。從行李架裡取物品時，請注意安全。您交運的行李請到行李提取處領取。需要在本站轉乘飛機到其他地方的旅客請到候機室中轉櫃辦理。

感謝您選擇＿＿＿＿航空公司班機！下次旅行再會！

8.旅客下飛機廣播

女士們，先生們：

本架飛機已經完全停穩（由於停靠廊橋），請您從前（中、後）登機門下飛機。謝謝！

（二）綜合知識的學習

1.政治、經濟、社會知識

世界上信奉各種宗教的教徒約占全世界總人口的2/3。宗教往往和一個國家和地區的社會各個領域及各個階層有著密不可分的深刻聯繫。空服人員掌握相關的社會學知識，熟悉各國的社會、政治、經濟體制，瞭解當地的風土民情、婚喪嫁娶習俗、宗教信仰情況和禁忌習俗等顯得十分必要。

2.心理學知識和美學知識

服務工作是一門綜合藝術，其中就有心理學方面的知識。要使服務藝術化，就要在心理學上下工夫，要細心分析揣摩旅客心理，掌握規律，因此空服人員必須掌握一定的心理學知識。如觀察旅客的情緒，瞭解旅客的興趣和旅遊動機等。

空服人員在向旅客服務的同時，也要傳遞美的訊息，讓旅客獲得美的享受。一個好的空服人員要懂得什麼是美，知道美在何處。空服人員代表著自己的國家（地區），其本身就是旅客的審美對象，空服人員要用美學知識指導自己的儀容、儀態。

3.醫療衛生常識

空中飛行的特殊性，必然會對人體產生一定的影響。空中空服員應該努力掌握各種醫療衛生知識和急救常識，防範和處理各種緊急情況，對患病的旅客進行科學、合理、周到的服務。

案例

資深醫療和護理專家東航講課

2006年9月20日，東方航空公司江西分公司客艙服務部與江西省兒童醫院開展共建活動，邀請該院資深醫療和護理專家講課。活動在溫馨、活潑的氣氛中進行，專家們用通俗易懂的語言給大家講授了如何預防及治療兒童呼吸道疾病方面的知識，以及幼兒常見疾病的護理常識。在接下來的醫療知識諮詢環節中，大家踴躍提問，兩位專家都一一作瞭解答。

近年來，隨著人們生活水準的提高，越來越多的家庭也開始把孩子送上航班，讓他們體驗首次搭乘飛機出行的激動和飛機飛向藍天時的壯麗。與成人旅客不同，孩子搭乘飛機需要空服人員更多的協助、關心和照顧。因此，空服人員應該掌握一些照顧兒童的知識，特別是護理和治療生病兒童的基本知識和技能。

東航的部分空服員比較年輕，遇到兒童乘客生病時，內心焦急卻束手無策。透過這次活動，空服員增長了護理兒童的醫療知識，有效地解決了空服人員的實際困難。

本章小結

1.本章闡述了空服服務藝術性的內涵及表現。

2.本章分析了空服服務的語言藝術對服務的重要意義，並舉例說明了不同服務用語應注意的事項。

3.本章分析了乘客的不同需求，並闡述了對不同特點的乘客應採取的不同的服務藝術技巧。

4.本章結合實際分析了提高空服服務藝術的途徑。

思考與練習

複習題

1.什麼是服務藝術？空服服務藝術的內涵有哪些？

2.常用的服務語言如何體現了服務藝術？

3.為什麼對不同的乘客要有不同的服務技巧？舉例說明對不同乘客應採取怎樣不同的服務技巧。

思考題

1.如何提高空服人員的語言藝術？

2.如何在空服服務工作中有效地與乘客溝通？

第七章 空服服務管理與創新

本章導讀

隨著航空公司生產規模的擴大，員工隊伍的壯大，旅客服務需求的多樣化，服務工作上反映出的問題也呈現多樣性。針對這種情況，航空公司應該重視對空服的服務管理，處理好服務的前台與後台的關係，有效地配置各種服務資源，提高員工的工作主動性。本章重點講授服務管理的主要內容、服務創新的重要意義以及服務創新模式。透過本章學習，使讀者明確：在經營環境瞬息萬變的今天，企業要想生存，就必須擁有不斷創新的能力、不斷創新的勇氣以及不斷創新的企業文化。

重點提示

1.掌握服務管理的主要內容。

2.瞭解中國各航空公司的服務管理狀況。

3.明確空服服務創新的意義。

4.瞭解空服服務創新的不同模式。

5.理解作為空服人員要成為自我創新的主體。

案例

國航股份副總裁楊麗華女士在「2006年旅客話民航」用戶評價結果發布會上領獎，發表了題為《提升服務品質，打造國際品牌》的演講。

楊麗華副總裁在演講中說，2006年，國航始終不渝地在提升服務品質上下工夫，安全形勢總體平穩，經濟效益繼續保持較快增長，旅客運輸量達3150.4萬人次。她說，國航以新的理念和價值觀指導服務品質的提升。倡導以市場為導

向、以客戶需求為中心的工作理念，把「放心、順心、舒心、動心」作為工作標準和檢查的結果，把「滿足顧客需求，創造共有價值」作為國航的使命，不斷追求「服務至高境界，公眾普遍認同」。

國航以創新管理促進服務品質的提升。從公司戰略的高度審視和思考提升服務品質工作，高度重視從優化、再造服務流程上系統地解決問題。如旅客最關注的航班延誤問題，國航從航班計劃、旅客組織、場區秩序、訊息傳遞等關鍵環節和關鍵流程中尋找問題，優化流程。

在介紹國航2007年的服務工作重點時，楊麗華指出：國航將以公司組織轉型為契機，建立起以市場為導向，以顧客為中心的組織模式，積極應對激烈的市場競爭和日益增長的旅客需求。國航將把提高航班正點率作為提升運行品質的突破口，從抓飛機調配、機務資源整合、訊息系統建設入手強化整體運行品質的提升，提高運行效率。同時做好航班不正常時的服務工作，制定出有利於旅客利益的服務補救政策，使旅客在航班延誤的情況下得到妥善安排。作為北京奧運會航空客運合作夥伴，國航把服務於奧運作為自己神聖的責任與使命，目前國航在設備、設施、流程、訊息、人員培訓等各個方面已經進入倒計時的攻堅階段，我們將以創新的運行模式和高效的流程再造迎接奧運會的到來。

第一節 空服服務管理解析

在市場經濟條件下，航空企業競爭日益加劇，民航企業正面臨前所未有的變革和激烈競爭。全球化的趨勢、訊息技術的發展以及民航規模經營的兼併重組浪潮等，使得民航企業必須加強管理，運用科學的管理手段和先進的管理技術提高服務管理水準。

一、空服服務管理

管理是指組織中的如下活動或過程：透過訊息獲取、決策、計劃、組織、領導、控制和創新等職能的發揮來分配、協調包括人力資源在內的一切可以調動的

資源，以實現單獨的個人無法實現的目標。

（一）服務管理

服務管理是以服務為導向的管理行為，是指導企業在服務競爭中進行決策和行為管理的原則。簡單地講，服務管理是一種提高顧客感知服務品質和促進企業發展最重要的方法，服務管理的核心是服務品質。芬蘭服務管理研究大師格羅魯斯把服務管理的含義概括為：研究顧客透過消費或使用組織提供的服務所認識的效用，分析服務是如何單獨或與有形產品一起構成這種效用的，這就是說，研究顧客關係中的全面感知質量及隨時間變化的規律。

（二）空服服務管理

服務品質對於航空公司來說是一個永久話題，它不僅關係到公司的經營、效益、聲譽，更關係到公司的興旺與成長。空服服務好壞直接關係到客戶的滿意度，關係到企業的信譽和聲望，關係到企業的發展和未來。航空公司和其他企業有很大的不同，航空公司在上萬公尺的高空向旅客提供服務，旅客的評價是一次性的；空服服務既要靈活，有一定的技巧，同時又要遵循一定的程序和規則，不允許有任何的差錯，因此只有對空服服務的全過程進行科學的管理，才能提高服務效率，才能滿足乘客實實在在的需要，從而打造服務品牌，提高航空公司的整體效益。

空服服務管理就是對空服服務的過程以及影響空服服務過程的因素進行管理，以確保空服服務目標的實現。空服服務過程是全體機組成員與空服服務人員合作的過程，需要全體空服服務人員以實現服務目標為目的，調動各種資源，把影響服務品質的要素與人的行為有機結合起來，作到協調合作，最大限度地調動人的積極性，保證服務目標的實現。

前面提到，空服服務是按照民航服務的內容、規範要求，以滿足乘客需求為目標，為航班乘客提供服務的過程。空服服務需要運用先進的理念、方法和手段，確定服務目標，進行有效的組織，確定相應的服務職責，高效發揮服務人員的作用，使服務系統有效運轉。

　　航空服務的運營特徵和行業屬性決定了空服服務管理要重點解決以下幾個方面的問題：發展戰略定位、服務模式管理、服務期望管理、服務品質管理、顧客滿意度調查、人力資源管理、顧客的管理、服務設施與服務過程的管理。由於篇幅等原因，有些內容在本章展開說明，有些內容在其他的章節介紹。

‖ 二、服務規範化與服務品質標準

　　在市場競爭日益激烈的今天，要留住客人，贏得客人，擴大市場份額，單純靠熱情是遠遠不夠的，更重要的是要給乘客實實在在的幫助，也就是說使空服服務更加有內涵。作為航空公司，要加強對航空服務的過程管理，即透過一些規章、制度、程序、方法，保證空服服務的可靠性，提高航空公司的服務優勢。

　　（一）服務標準

　　服務標準是服務品質標準的簡稱，是指服務企業用以指導和管理服務行業行為的規範。現在大多數民航企業都有自己的服務標準，其中有的還達到了國際水準。

　　廈門航空公司連續多次獲得「全國旅客話民航」單項獎第一名，他們在追求旅客滿意過程中，不斷完善管理方法，提高自身管理水準，針對不足實施以旅客滿意為主導的改進，獲得了較好的旅客滿意度。他們完善了窗口部門服務品質定量評定方法，規定了加、扣分標準，按服務形象、規範運行、服務接口與訊息傳遞、兌現服務承諾、顧客評價、服務差錯、質量目標管理等項目進行評定。對公司的質量目標管理也建立了考核制度，透過每月、每季度對安全目標、航班正常率、顧客不滿意率的定量考核，著重發現差距及影響顧客滿意度的因素、趨勢等，即時採取措施，加以引導。

　　訊息卡

　　東航江蘇公司頒布了節假日服務規範及操作細則

　　應民航業內服務競爭和本公司快速發展的形勢需要，進一步加強和規範航班節日服務工作，提升整體服務水準，鞏固服務品牌優勢，更好地實現與旅客的溝

通，東航江蘇公司日前頒布了節假日服務規範及操作細則，使服務真正地得到了落實，使服務內容得到了有效的管理。

仔細閱讀《細則》各項內容，可以發現它具有一定的可操作性。就其方案策劃而言，《細則》把元旦、聖誕節、春節、元宵節、勞動節和國慶節等主要節假日列為主要內容，並把所有節假日的宣傳招貼畫和廣播詞內容編製成文稿，還以表格的形式規定好了相關節假日的禮品、航班餐食配發標準與式樣，十分便於各服務主管部門對照落實。在環境布置方面，《細則》考慮的問題也很周到。比如對節日主題宣傳口號、服務人員問候語、服務窗口招貼畫、客艙廣播詞、客艙背景音樂等一些細節問題，都作了統一的規定。服務人員只需按照服務程序做就行了，完全避免了無章可循的被動式服務的弊端。

以元旦、聖誕節、春節、元宵節幾個重大節日的服務方案為例。《細則》對元旦和聖誕節服務的規定是：自12月20日至次年元月3日，公司售票處、貨運營業廳、值機櫃台、頭等艙旅客休息室、行李查詢室、常客辦公室、企業管理部等服務場所，統一要放置易拉寶宣傳架，服務人員分別著唐裝或聖誕服，使用「新年快樂（或聖誕快樂）！」問候語；客艙內放置「新年伊始，快樂旅行！」（或「聖誕歡樂，吉祥幸福！」）招貼畫宣傳板，廣播詞用「尊敬的各位旅客，今天是元旦（或聖誕節），本次航班機長、乘務長代表公司全體員工，祝您新年發達（或聖誕快樂）！」相關服務場所一律擺放鮮花，廣告宣傳語統一用中、英文「新年（聖誕）快樂！」機組向旅客發放專門設計的實用精緻、色彩濃郁、便於攜帶的聖誕禮品。

（二）規範化服務

每一個航空公司為了確保穩定的服務品質，通常會根據旅客的基本需求以及公司自身服務項目的具體內容，制定出相應的服務規範和服務標準，這就是規範服務，空服員按照服務規範或標準為旅客提供的服務屬於制度性的規範化服務。例如南方航空公司為了加強規範化服務，制定了規範化基礎管理總冊——南航營運部工作手冊，大大提高了員工的服務品質和標準，從而為贏得顧客的滿意獲得了技術上的保證，可以說規範化服務是空服服務管理的基礎，是確保服務品質穩

定、可靠的基本條件。

　　規範化服務應服從旅客取向、旅客滿意、旅客至上的服務原則，規範空服人員的行為（如表情、服飾、舉止要求、候機禮儀、迎送禮儀和機艙服務禮儀等）和服務內容。

　　制度性的規範化服務是整個服務的一個部分。它是服務中能夠加以常規化和標準化的部分，是能用規章加以條文化的東西，這個部分有時也是航空公司體現服務特色的部分，它通常是針對特定旅客層中需要重點予以滿足的需求範圍。明文規定的「制度性規範化服務」應該是向旅客提供的最基本的服務內容，也就是說在任何時候對任何人都起碼要做到的內容，或者是航空公司要求達到的服務品質下線，也就是在任何時候對任何人都必須達到的服務標準。

　　（三）顧客導向的服務標準

　　儘管很多企業制定了他們心目中的較高服務標準，然而，目前大多數企業的服務標準並非來自對顧客期望的理解，而是來自企業自己的理解，是企業根據運營需要制定的服務標準，這樣的服務標準與顧客期望存在著差距。

　　顧客導向的服務標準也稱為顧客界定的服務標準，是指服務提供者按照顧客期望或要求而制定的服務標準，服務標準的顧客導向，是服務競爭的要求。廈門航空公司在實施規範化管理中，不僅把國家法律、民航規章和公司內部制度要求直接轉化為各崗位的業務流程和工作程序，而且把一些行之有效的，能提高顧客滿意度的舉措和顧客歡迎的服務方式，也轉化為崗位業務流程和工作程序的操作標準，實現優質服務經驗和做法的共享，確保這些服務不會因為人的經驗差異，影響到相應的服務品質。如在常客服務中，對如何辦理里程獎勵，旅客怎樣升航，如何辦理旅遊、酒店優惠一條龍服務等新項目，經過實際操作摸索出了一套行之有效的做法，形成了規章制度，從而避免了因隨意服務而影響服務品質的現象。

第二節 空服服務管理的基本內容

一、空服服務的組織

（一）組織工作

通常所講的組織是指「確定所要完成的任務，由誰來完成以及如何來管理和協調這些任務的過程」。管理者必須把組織中的成員調動起來，以便使訊息、資源和任務在組織中能夠順暢流動，透過組織工作，使組織中的每個行為與組織目標的實現結合起來。每個人的責任、權利、義務相結合，才能最大限度地調動其積極性，組織目標的實現才有可靠的保證。這裡，組織文化和人力資源管理對組織工作至關重要，而且，要求管理者必須根據組織的戰略目標和經營來設計組織結構、配備人員和整合組織力量，以提高組織的應變力。

訊息卡

南航汕頭公司飛行部春運期間的有效組織

南航汕頭公司飛行部根據春運期間飛機運力增加，包機、加班增多，飛行機組執行任務點多面廣的特點，合理安排機組人員，飛行幹部帶頭飛行，確保了第一線生產力量的充足。機務工程部細化了18條具體措施，將責任落實到各單位和個人，春運期間，共完成各種排故工作105項，更換機輪及剎車組件65個，完成飛機普查及非例行工作148項。完成各類定檢工作12架次。保衛部認真務實抓好空防、消防安全和綜合治理工作，即時制止和正確處置旅客在飛機上吸煙的事件13起，保證航班運行正常。

（二）機組及空服服務人員職責

航空公司以完成公司的服務目標為主線，空服服務的整體目標是在每個相關人員的努力下完成的，有效的分工、明確的職責，使得空服服務工作有序。只有每個人都知道自己應該做什麼，應該怎麼做，才能避免服務的「真空」與推卸責任，才能考核每個服務人員的工作業績。

1.機長的主要職責

在執行飛行任務期間，機長負責領導機組的一切活動，對飛機和飛機所載人

員及財產的安全、航班正常、服務品質和完成任務負責。機組全體成員必須服從機長命令，聽從機長指揮。

領導機組認真執行「保證安全第一，改善服務工作，爭取飛行正常」的方針，任何時候都必須把保證安全放在第一位。

飛行前，根據任務的性質、特點和要求，熟悉與該次飛行有關的資料，領導機組從最困難、最複雜的情況出發，充分做好飛行前準備工作。

飛行中，切實按照飛機飛行手冊和使用手冊的有關規定，正確操控飛機和各種設備，合理節約油料、器材，並對機組全體成員的工作實施督促檢查。

要求機組成員並且帶頭做到熱情周到地為旅客服務，不斷提高服務品質和作業質量。

要求機組成員並且帶頭做到嚴格按照飛行規章制度辦事，遵守飛行紀律，服從空中交通管制。在飛行中，遇到複雜氣象條件和發生特殊情況時，組織全體空勤人員密切協作配合，正確處置。

在執行任務期間，必須認真負責、嚴格要求，對機組進行全面管理。妥善安排作息時間，搞好內外團結，圓滿完成飛行任務。

飛行後，主持機組講評，並向上級匯報。

機長有如下權力：

（1）在飛行前，確認飛機、氣象條件、機場等情況不符合規定的最低標準，或者在缺乏信心，不能保證飛行安全時，拒絕飛行；

（2）遇到複雜氣象條件和發生特殊情況時，為保證旅客和飛機的安全，對飛機處置作出最後決定；

（3）在執行飛行任務過程中，發現機組成員不適宜繼續飛行，有礙飛行安全時，提出將其更換；

（4）在飛行中，對於任何破壞飛機內正常秩序和紀律、觸犯刑律、威脅飛行安全或妨礙執行任務的人，採取一切必要的適當措施。

2.客艙服務員的主要職責

按照分工負責本區域的旅客服務工作，服務中嚴格按照公司的服務程序，有針對性地做好服務工作。

負責本服務區的客艙清潔衛生及書報的分發。旅客登機時，負責清點旅客人數，即時將旅客的特殊情況報告乘務長。

負責檢查和操作空服員控製面板，檢查所負責區域內的應急設備、服務；主動向旅客介紹航線地標、機上設備、乘機常識，耐心回答乘客的問題。

負責起飛、下降、滑行、巡航等各階段通艙安全檢查。

緊急情況下按機長的指令指揮乘務組採取行動，組織旅客撤離。

‖ 二、服務工作流程設計與顧客價值

在以產品為導向的觀念中，企業的產品質量和管理水準被認為是取得競爭優勢的關鍵要素，服務不過是附加在產品之上的一種可有可無的東西，即使在服務性的企業內，服務流程與接觸顧客也被許多企業認為是無關緊要的事情，重要的是設計出好的服務，「生產」出好的服務。

對於今天的服務競爭來説，服務過程就是產品。因為顧客直接參與服務傳遞，因而，要提高產品或服務本身的附加價值，企業必須把代表市場訊息的「顧客之聲」融入代表企業內部作業的流程之中。

空服服務流程有著嚴格的設計，這些內容一方面適應了飛行與安全的技術性要求，另一方面，使旅客的需求滿足得到了可靠的保證。流程決定工作內容，工作內容決定了分工與責任。空服服務的流程，反映了空服服務的基本規律，本質上體現了「旅客的價值」的導向，滿足旅客需要的流程是空服服務的基本程序，因此，服務責任必須以流程為導向。是否從乘客角度設計服務流程，體現出航空公司是否真正重視旅客的價值。

訊息卡

新航不斷適應乘客的需求

新加坡航空公司以其優異的客艙服務在航空界享有「潮流開創者」的美譽。從1991年起，不斷根據旅客的需要調整服務內容。

1991年首度裝設機上環球衛星電話；

1996年在三個客艙裝備最先進的「銀刃世界」客艙娛樂及通信系統；

1998年引進具有隨選視聽功能的「WISEMEN」客艙娛樂系統；

1999年採用杜比耳機科技，讓乘客在飛機上享受如電影院般立體環繞音箱效果。

新航的創新設施，無不體現「服務至上，乘客第一」的原則。現在，新航每天兩班從北京，每天三班從上海，每天一班從廣州飛往新加坡，其中從北京、上海起飛的旅客們可以享受「銀刃世界」客艙娛樂及通信系統，可以看電視、打遊戲、聽音樂，輕鬆地度過漫漫旅途。

憑藉高水準的服務品質與運營表現，新航連續獲得了100多項國際大獎。秉承公司一貫的傑出服務與創新精神，新航不斷進步，一如既往地為中國乘客提供最優質的服務。

‖ 三、航空服務中的人力資源管理

國泰是一個擁有75架飛機的航空公司，其規模並不大，但在香港、歐洲，卻能與最強大的國際競爭對手進行激烈競爭，並能保持強大的競爭優勢，其優勢不在於規模，而在於擁有樂於承擔責任、主動學習的高素質的員工。

人是管理中最重要的因素。航空公司的服務任務能順利完成並使系統正常運轉，需要配置合適的空服服務人員，並對之進行有效的管理。包括：系統地評價人力資源的需求量；選拔合適的人員；制訂和實施培訓計劃。

目前中國正處於從民航大國向民航強國的轉變過程中。由此預測到2010年中國至少需要新增加40000多個空服服務人員崗位，民航空服服務人員隊伍將超

過25萬，規模將是目前的5倍。按照行業的中長期發展規劃，在未來的20年中，中國民航的總體人力資源需求將在40萬人～60萬人，需求量增大導致了人才引入門檻的降低。選拔高素質的人才，並加以培訓，使之成為航空公司的服務人才，對航空公司來説，就顯得尤為重要。

‖ 四、服務文化及其管理

（一）公司服務文化的重要性

組織文化是指組織成員的共有價值觀、信念、行為準則及具有相應特色的行為方式、物質表現的總稱。組織文化使組織獨具特色，區別於其他組織。

組織文化是在一個企業核心價值體系的基礎上形成的、具有延續性的共同的識別認知系統和習慣性的行為方式，既包括看得見的舉止行為，也包括隱含的規則、價值和假設，基於這些價值和假設，企業形成了自己的政策和行動。

文化可以解釋為什麼那些在一個市場上使用同樣業務模式進行競爭的公司，其業務結果卻截然不同的現象。眾多企業的發展史表明，文化在企業發展中發揮了不可替代的巨大作用。它使企業成員之間能夠達成共識，形成心理默契，成為組織成員思想、行為的依據，成為企業核心專長與技能的源泉，成為企業可持續發展的基本驅動力。一個沒有形成統一文化的企業將是一盤散沙。

航空公司需要塑造獨特的企業文化，來影響成員的服務態度，引導實現組織目標，提高服務的水準和技能。2001年，南航被總部位於英國倫敦的「航空服務品質」網站（www.airlinequality.com）評為中國地區最佳航空公司。基於新的形勢，南航制定了新的發展戰略，並同時啟動文化變革，推出南航公司新文化——「南航心約」。2002年，中國國內民航業重組以及中國加入了WTO，競爭環境發生新的變化，南航與羅蘭‧貝格諮詢公司（德國）合作，開展公司新戰略的研究，其中包括文化戰略，提出了南航文化變革方案，制定了南航新文化——「南航心約」，確定了一整套公司使命、核心價值觀與公司原則。

之所以命名為「南航心約」，一方面，體現了文化作為共同價值觀以及標準

的某種約定含義；另一方面，新的文化強調「用心為人、處事」，它主要包括五個方面的內涵——對員工關心、對客戶熱心、對同事誠心、對公司忠心、對業務專心。這就是「南航心約」的靈魂所在。

訊息卡

美國西南航空公司的企業文化

美國西南航空公司，創建於1971年，當時只有少量顧客，幾隻包袋和一小群焦急不安的員工，現在已成為美國第六大航空公司，擁有1.8萬名員工，服務範圍已橫跨美國22個州的45個大城市。

1.總裁用愛心管理公司

現任公司總裁和董事長的赫伯‧凱勒，是一位傳奇式的創辦人，他用愛心（LUV）建立了這家公司。LUV說明了公司總部設在達拉斯的友愛機場，LUV也是他們在紐約上市股票的標誌，又是西南航空公司的精神。這種精神從公司總裁一直感染到公司的門衛、地勤人員。

踏進西南航空公司總部大門，你就會感受到一種特殊的氣氛。一個巨大的、敞頂的三層樓高的門廳內，展示著公司歷史上值得紀念的事件。當你穿越歡迎區域，走過把辦公室分成兩側的長走廊時，你就會沉浸在公司為員工舉行慶祝活動的喜悅氣氛中——長廊的牆壁上掛著數百幅配有框架的圖案，鑲嵌著成千上萬張員工的照片，內容有公司主辦的晚會和集體活動、壘球隊、社區節目以及萬聖節、復活節活動。早期員工們創作的一些藝術品，也巧妙地穿插在這些圖片和照片中。

2.公司處處是歡樂和獎品

你到處可以看到獎品。飾板上用籤條標明心中的英雄獎、基蒂霍克獎、精神勝利獎、總統獎和幽默獎（這張獎狀當然是倒掛著的），並驕傲地寫上了得獎人的名字。你甚至還可以看到「當月顧客獎」。

當員工們邁著輕鬆的步子穿越大廳過道，前往自己的工作崗位時，他們談論著「好得不能再好的服務」、「男女英雄」和「愛心」等。公司制定的「三句話

訓示」掛滿了整個建築物，最後一行寫著：「總之，員工們在公司內部將得到同樣的關心、尊敬和愛護，這也正是公司盼望他們能讓外面的每一位乘客得到的關愛。」好講挖苦話的人也許會想：是不是走進了好萊塢攝影棚裡？不！不！這是美國西南航空公司。這裡有美國西南航空公司保持熱火朝天的愛心精神的具體事例：在總部辦公室內，每月作一次空氣過濾，飲用水不斷循環流動，純淨得和瓶裝水一樣。

節日比賽豐富多彩。情人節那天有最高級的服裝，復活節有裝飾考究的節日彩蛋，還有女帽競賽，當然還有萬聖節競賽。一年一度的規模盛大的萬聖節到來時，他們把總部大樓全部開放，讓員工們的家屬及附近小學生們都參加「惡作劇或給點心」遊戲。公司專為後勤人員設立「心中的英雄」獎，其獲得者可以把本部門的名稱油漆在指定的飛機上保留一年，作為榮譽。

3.透明式的管理

如果你要見總裁，只要他在辦公室，你可以直接進去，不用通報，也沒有人會對你說：「不，你不能見他。」

每年舉行兩次「新員工午餐會」，領導們和新員工們直接見面，保持公開聯繫。領導向新員工們提些問題，例如：「你認為公司應該為你做的事情都做到了嗎？」「我們怎樣做才能做得更好些？」「我們怎樣才能把西南航空公司辦得更好些？」員工們的每項建議，在30天內必能得到答覆。一些關鍵的數據，包括每月載客人數、公司季度財務報表等員工們都能知道。

「一線座談會」是一個全日性的會議，專為那些在公司裡已工作了十年以上的員工而設的。會上副總裁們對自己管轄的部門先作概括介紹，然後公開討論。題目有：「你覺得西南航空公司怎麼樣？」「我們應該怎樣使你不斷前進並保持動力和熱情？」「我能回答你一些什麼問題嗎？」

4.領導是朋友又是親人

赫伯和員工們一起拍照片時，他從不站在主要地方，總是在群眾當中。赫伯要每個員工知道他不過是眾員工之一，是企業合夥人之一。上層經理們每季度必

須有一天參加第一線實際工作，擔任訂票員、售票員或行李搬運工等。「行走一英里計劃」安排員工們每年一天去其他營業區工作，以瞭解不同營業區的情況。旅遊鼓勵了所有員工參加這項活動。

為讓員工們對學習公司財務情況更感興趣，西南航空公司每12週給每位員工寄去一份「測驗卡」，其中有一系列財務上的問題，答案可在同一週的員工手冊上找到。凡填寫測驗卡並寄回全部答案的員工都登記在冊，有可能得到免費旅遊。

這種愛心精神在西南航空公司內部閃閃發光，正是依靠這種愛心精神，當整個行業在赤字中跋涉時，他們連續22年贏利，創造了全行業個人生產率的最高紀錄。1999年有16萬人前來申請工作，人員流動率低得令人難以置信，連續三年獲得國家運輸部的「三皇冠」獎，表彰他們在航行準時、處理行李無誤和客戶意見最少三方面取得的最佳成績。

（二）組織文化與企業發展戰略

文化的變革源於戰略的調整，文化戰略是企業發展戰略的一個重要部分。文化的全面推行是公司戰略得以成功實施的基礎。企業文化在一定意義上說，是企業以及企業領導者管理思維、標準的反映。反過來，企業文化又透過發揮其引導、約束、激勵、規範等功能，對企業管理起著巨大的作用。因此有人把企業文化稱為「軟管理」。

（三）服務文化

航空公司的企業文化，目的是要發現問題、解決問題，一方面，用公司的價值標準與規範，對照尋找企業觀念上的問題，企業管理理念上的問題；另一方面，在公司的管理層面特別是在招聘、考核等人力資源管理方面，充分體現企業精神的要求，從而達到解決問題、改進管理的目的。

企業文化不等同於服務文化。例如，一個強有力的製造導向或銷售導向的文化對於提供優質服務反而可能是一個障礙，在需要企業對市場服務方面的變化作出反應，或留住現有顧客成為贏利的重要手段時，尤其如此。在服務性的企業，

培養建立在服務戰略基礎上的贏利能力需要服務文化，需要很鮮明的服務導向文化告訴員工如何對新的、無法預知的、甚至可怕的行為作出反應。

訊息卡

「南航心約」

（一）公司使命：讓南航成為客戶的首選，成為溝通中國與世界的捷徑

（二）公司核心價值觀

1.南航人

（1）我們為員工提供培訓和職業發展機會，並把員工的業績作為選拔、提升和獎勵的唯一標準；

（2）我們吸引和招聘傑出、有抱負和最具企業家精神的人才；

（3）我們堅信公司成敗的關鍵在於能否使員工發揮其巨大的力量和才能。

2.客戶至上

（1）我們的客戶既包括外部的乘客和貨主等，也包括內部的同事；

（2）客戶在我們的心目中占有至高無上的地位；

（3）我們竭力滿足客戶的要求，並儘可能超越客戶的期望。

3.安全

（1）安全是人類的基本需求，安全是航空公司生存與發展的基礎；

（2）有了安全不等於有了一切，沒有安全將失去一切；

（3）我們堅信只要採取必要的措施，安全就可以得到保證。我們把安全工作作為所在業務領域裡的最基本工作，我們致力於保障客戶和員工的安全。

4.誠信

（1）我們誠實正直，坦率待人，並始終努力去做正確的事情；

（2）我們是遵紀守法的企業；

（3）我們堅信，不講誠信，其道不正，不講誠信，其財不遠；

（4）我們在做每一次決定、採取每一項行動時始終堅持公司的價值觀和原則；我們堅守並履行「對公司忠誠、對客戶熱誠、對同事坦誠」的承諾。

5.行動

（1）我們挑戰陳規，勇於創新；

（2）我們以最快的速度採取有效行動；

（3）我們主動進取，並努力把我們所做的任何事情做到最好。

6.和諧

（1）我們堅持積極健康的人生態度，推崇互相信任、密切配合的處事原則；

（2）我們和客戶、供應商、政府以及我們的社區有著共同目標，與所有為實現公司使命作出貢獻的各方建立和諧友好的關係；

（3）我們致力於建設和諧的團隊，依靠團隊的共同努力達到我們的目標。

（三）公司原則與行為期望

1.專注於航空運輸主業是我們的長期發展戰略

（1）公司的願望是5年內成為中國最大和最成功的航空公司，在10年內進入亞洲前5位航空公司之列；只要我們始終專注於航空運輸主業，我們一定能實現願望目標；

（2）我們在較長的時間內專注於航空運輸主業。將所有資源投入到航空運輸主業，只做也只爭取做促進航空運輸主業發展的工作，抵制任何業務多元化的誘惑。

2.公司必須在贏利的情況下不斷擴大

（1）創造效益是企業的責任，沒有效益就沒有企業的明天。我們將在符合我們其他原則的情況下爭取獲得最大限度的利潤；

（2）我們追求公司整體效益最大化而非局部效益最大化；追求公司長期效益最大化而非短期效益最大化；重視企業的長期可持續發展；

（3）控制成本是我們的成功之本，節儉是我們推崇的美德；

（4）任何擴張都必須符合公司的贏利目標。

3.增強企業競爭力是我們規模經營的基礎

（1）全面提升企業內部的網路管理能力、營銷水準、運行管理、服務水準和安全水準；

（2）我們競爭力的差距在於我們的人員技能和管理水準；

（3）提高管理水準和技術水準是我們實現規模經營的基礎；

（4）科技水準的持續提高是企業不斷發展的原動力。

4.我們尊重每一位員工

（1）我們相信每一位員工的能力，並且相信其願意發揮最大潛力；

（2）我們激發和幫助員工去實現更高的期望、標準和具有挑戰性的目標；

（3）我們珍視每個員工的不同之處；

（4）我們如實反映個人的表現。

5.時刻關注生存環境的變化，保持危機和變革意識

（1）沒有危機意識就是最大的危機，沉醉於成功必將導致沒落。唯有時時心懷恐懼才可能保持長期的成功，讓我們保持虛心學習的態度及足夠的靈活；

（2）我們力求即時地瞭解客戶及其不斷變化的需要，發展與供應商之間緊密互惠的關係，隨時關注競爭對手的動向，積極分析政府政策對我們業務潛在的影響，關注宏觀經濟發展趨勢；

（3）隨時準備調整我們的戰略，隨時準備進行業務和管理變革。

6.學習和創新是我們成功的基石

（1）未來的成功取決於我們現在的學習態度以及學到了什麼；

（2）我們向優秀的同行學習，向競爭對手學習，也從我們所犯的錯誤中學習；

（3）我們要進行有效的知識管理，透過培訓讓更多的人接觸到更多的知識；

（4）學習型企業是一個員工不斷追求創新的企業，持續成功的唯一道路是不斷創新；

（5）客戶是我們創新的源泉，滿足客戶需求的過程應是創造和完善的過程；

（6）我們不斷進行自我評估，鼓勵創造性思維，不斷改進工作流程和提高技術水準。

7.以正確的方式做正確的事情，努力把所做的任何事情做到最好

（1）公司相信每個員工都能識別並能夠去做正確的事情；

（2）正確的方式是指按規章制度辦事，反對隨意、盲目和蠻幹；

（3）我們用最高的道德和職業水準來做正確的事情，對照公司內外的最高標準來衡量我們的工作表現；

（4）我們善於從過去的成功與失敗中吸取經驗教訓。

8.提倡業績為標準的公平，反對平均主義

（1）偶然的過錯可以寬容，無所事事不能原諒；

（2）我們以業績論英雄；

（3）公平不是平均主義。平均主義是對貢獻突出者的打擊，對業績平庸者的遷就。

▌五、航空服務的控制

訊息卡

三家航空公司承諾：航班延誤，每半小時通知一次

中國民航總局消費者事務中心在首都機場舉辦民航「3‧15」國際消費者權益主題活動，在活動中國航、東航、南航三大航空公司承諾，如航班延誤，將每隔半小時，透過簡訊方式、95539熱線電話及機場廣播系統等向旅客通報一次航班動態。

控制是管理過程中不可分割的一部分，對於空服服務來說也不例外。由於空中服務的特殊性，要求對航班的時間、安全、服務品質進行較嚴格的控制。

靠現代科學的管理思想、手段和設施保證安全工作。在繼承傳統安全經驗的基礎上，要講究科學的態度、科學的方法、科學的手段。

建立以顧客為中心的控制監督系統。如客戶投訴處理中心應形成一套由受理、處理、回覆、統計、分析、回饋等眾多環節構成的完整而有效的運作流程。這樣才能傾聽顧客需要、滿足顧客需要、改善客戶關係、有效補救服務、提升服務水準。

首先，航空公司應圍繞航空公司的服務理念，落實服務標準和措施，結合客艙部的特點，建立起符合主流航空公司要求的一系列標準。

其次，明確和理解公司的服務戰略和各自的崗位要求，熟悉程序、掌握標準，提升職業精神和專業能力。在各營業部設立質量訊息員，透過主動與客艙社會監督員交流等方式，收集改進服務的意見和訊息。注重投訴過程管理，積極修復客戶關係。

如東航服務熱線95108全天受理客戶投訴，成為客戶投訴的主要渠道，改變了之前各個運行部門散亂受理的局面。投訴受理、處理完之後，工作人員再將處理情況進行總結統計，典型案例還要進行分析，並將最終統計、分析結果回應給公司，使相關服務部門針對回應結果進行有的放矢地改善。

第三節 空服服務創新

▌一、創新及服務創新

《財富》雜誌曾列出了當今世界最令人羨慕的公司的九條標準，創新是首要條件。現在人們在分析中國航空公司與外國航空公司的差距時，主要從機隊規模、年運輸周轉量、銷售利潤等指標上進行比較，而對創新機制探討得不多。實際上，創新問題不僅對製造業至關重要，對服務業更是十分重要。

創新是企業家向經濟活動中引入的能給社會或消費者帶來價值追加的新事物，這種事物以前未曾從商業的意義上引入經濟活動之中。創新是一種商業行為，絕不是單純的技術行為，決定創新成敗的標準是其市場表現。

（一）創新的基本含義

創新是一種思想及在這種思想指導下的實踐，是一種原則及在這種原則指導下的具體活動，是管理的一種基本職能。創新的含義包括了幾方面的內容：開發一種新事物的過程、採用新事物的過程、新事物本身。

創新不是個人行為，它是整個公司自上而下的過程；創新不僅僅與技術相關，它是一種公司行為、組織行為，它希望傳遞這樣一個訊息——創新是一個組織的整體能力，而非個人的「靈光乍現」，或者僅僅來源於某個特定的職能部門。

案例

美航空公司設首席道歉官

據《紐約時報》19日報導，為了安撫那些對航空服務不斷投訴的乘客，並使美國國會打消立法保護消費者的念頭，美國的航空公司對待顧客的態度變得好了起來。其中尤以西南航空公司做得最好。這家公司專門設立了一個向乘客致歉的部門，並聘用佛瑞德‧泰勒為首席道歉官。

37歲的泰勒每天要工作12個小時，查出西南航空公司有哪些服務不夠周到，然後寫信向乘客道歉。他每年大概要為180個航班寫道歉信，向乘客解釋該航班存在疏漏的原因。假如每個航班按110位乘客計算的話，他一年大概要向2

萬多人發函致歉,並且每封信後都附有他的直撥專線電話。「這不是我們必須做的,」泰勒說,「只是我們覺得這是我們的客戶應得的。」

(二)服務創新

創新一般有兩種方式。一種是由技術和工程推動的產品開發模式,稱為「推動式」創新,多見於傳統製造業的產品創新。另一種是在服務經濟時代,主要由顧客需求驅動的服務創新,稱之為「拉動式」創新。本書認為服務創新,就是針對一個組織的內外環境的變化,對服務內容、服務方式、服務理念、服務手段適時地進行變革和創新。

‖ 二、服務創新的作用

創新隨著人們的實踐活動的展開而越來越受重視,越來越被強化,管理創新及服務創新更受到了組織的內在動因及外在動因的驅使。

航空公司作為一個企業,其主要的產品是提供服務,其服務能否讓旅客滿意決定了它的生存和發展。航空公司和其他組織相比,外部環境的變化對其經營效果的影響更為明顯,可以說企業每時每刻都要面對各種外界挑戰。能夠適應環境的變化進行不斷的調整,是航空公司得以發展的前提。

航空服務面對的對像是旅客。形形色色的旅客有著各種各樣不斷變化的需求。馬斯洛把人的需要分為若干層次,包括生理需要、安全需要、社會交往需要、尊重的需要、自我價值實現的需要。旅客乘飛機不僅僅是為了安全到達目的地,更重要的是要滿足自己獨特的需要和慾望。因此航空服務應該根據旅客不斷變化的需求,創新服務方式、服務內容、服務理念,使旅客在乘飛機的時候,獲得令他們愉悅的體驗,從而贏得旅客的滿意。

近年來,世界範圍內航空市場興起了創新風暴,各國航空公司都在進行創新,新加坡、美利堅、漢莎等服務卓越的航空公司紛紛在進行創新,從競相改造客艙設施,安裝先進的娛樂視聽系統、空中睡椅、通信設備,到地面使用智慧卡等,進入了新一輪的服務競爭,創新已經成為一種常態的表現。

▎三、服務創新的特徵

由於服務的特性，尤其是無形性和異質性，使服務開發蘊涵著許多複雜的因素。

服務創新不僅是簡單地革新產品和服務內容，還包括創造顧客潛在的新需求或者體驗現有服務的新方式。因此服務創新的源泉來自顧客的需求。顧客直接參與服務生產的特性使得很多新服務直接在市場上誕生，而不是誕生在企業內部。

風險大、難以測試是服務創新的另一個特點。服務創新面臨著一個檢驗尺度的問題，新的服務項目在市場推廣前很少能夠進行測試，服務創新必須在現場而非在實驗室裡證實其意義。

▎四、空服服務創新的途徑

案例

關鍵時刻——新加坡航空公司的服務創新

乘客想要一份素食，但飛機上沒有專門的素食配餐，這時候該怎麼辦？直接告訴乘客說不供應素餐嗎？新加坡航空公司的要求是，員工要靈活應對，想出解決方案，比如把各種水果和蔬菜放在一個盤子裡，讓乘客嘗試一下，而不能只按照服務手冊照本宣科。

新航的這種做法，實際上是服務界流行的管理理念——關鍵時刻（MOT，Moment of Truth）——的體現。「關鍵時刻」指的是顧客接觸第一線員工的15秒鐘。這短短的15秒鐘，就決定了整個公司在顧客心中的形象。

MOT的概念起源於航空業，斯堪地那維亞航空公司（現北歐航空公司）首先開始運用此理念。正是借助它，斯堪地那維亞航空公司取得連續20年贏利的佳績。

在有效實施MOT的理念之後，新加坡航空公司取得了卓越的成就，被民航業權威雜誌《世界航空運輸》授予「20年國際民航卓越服務大獎」。新加坡航空

公司的品牌價值為3.32億新加坡元，在所有新加坡公司中位居第7位。而且，新航也是航空界為數不多的幾家具有很強正面品牌效應的航空公司之一。

新航之所以能夠取得成功，正是因為深刻理解並貫徹了MOT的理念。新航多年來對創新服務孜孜以求，力爭為乘客提供最好的服務。新航不僅有硬性的、制度化的集中創新模式，還有軟性的、自發的、分布式的創新模式。像其他許多製造型公司一樣，新航也有一個產品創新部，不過這個部門設計的產品是服務。硬性的創新主要由產品創新部領導。產品創新部利用各種訊息獲取新的創意。比如，調查人們生活方式的潮流，對競爭對手進行分析等。

軟性的創新則由各個職能部門執行，不受框架的限制，是一個自發性的過程。這種創新模式可以確保所有的職能部門都著眼於自身，不斷改進服務。參與項目的大多是進行實際操作的員工，他們更瞭解什麼樣的服務方式更有效。

更進一步，新航不僅賦予員工權力，而且對員工進行培訓。新航讓各級員工參與服務創新，以培養他們的創造性與靈活性。因為員工在掌握了所有的基本程序後，他們就有能力隨機進行個性化服務，揣測乘客的需要。新航的成功之道，也許可以激勵企業家和經理人，不斷追求卓越，也啟發他們如何去追求卓越。

時代在變化，技術在更新，人們對服務品質的要求也就越來越高。隨著社會的不斷進步和文化生活的不斷豐富，消費需求向更高層次、多元化以及更細緻的方向發展，客觀上對民航服務的要求越來越高，而民航服務作為社會服務的標誌，必將面臨更嚴峻的挑戰。

航空服務僅僅靠提供簡單的、一般的服務已經不能滿足人們多樣、複雜的要求，這就要求服務人員不斷自我完善，不斷創新服務方式、服務手段，以滿足旅客的差異化需要。

創新精神是航空企業精神在新時期企業精神的集中與凝聚，服務創新精神包括了革新、進取、競爭、應變、永爭第一的企業精神元素，這些元素將引領航空企業不斷走向新的高峰。

因此，很多航空公司探索各種各樣的創新形式、創新內容，透過創新來提高

企業的競爭力。比如國航把「創新導航未來」作為企業精神的核心，力圖透過企業各個方面的不斷創新，適應業界競爭的需要，保持活力和競爭力，實現永續經營的長遠目標。如深航為實現公司宏偉的「369」發展戰略規劃，培養更實用、更高素質的空服人員，滿足公司快速發展對優秀空服人員的需求，招聘高素質的服務人員，創新空服招收培養模式，招收空服定向班，由深圳航空公司和中國民航管理幹部學院聯合舉辦的首個民航定向乘務培訓班，開創了民航空中空服員招收、培養的新模式。深航之所以採取這種新型的模式來招收和培養空服人員，一方面是為了提高空服人員的綜合素質，滿足深航不斷提高服務水準的需要；另一方面是為了解決目前中國國內空服人員招收過程中存在的問題和弊端，減少社會和家長對航空公司的誤解。

（一）服務理念的創新

服務理念是企業服務工作應遵從的基本策略和指導思想。航空企業想透過創新贏得市場，首先應對服務理念進行創新，即順應社會時尚和旅客的需求，不斷完善自己的經營服務理念。

隨著領空的逐漸開放，不同國家航空公司之間的交流與合作日益增加，現代航空服務的理念、先進的管理模式與服務模式，將對中國傳統的空服服務模式帶來很大的衝擊，這種衝擊是不以人的意志為轉移的。航空公司要想靠服務取勝，首先就應該在航空公司傳統的理論基礎上，融入先進的服務理念，並順應社會的時尚和旅客的需求，制定出新的服務策略，突出空服服務特色，開發新的服務項目，根據自身條件設置服務內容。例如國航以「放心、順心、舒心、動心」的「四心」服務理念為指針，在國航每個服務環節突出「以市場為導向」、「以滿足顧客需求為中心」，理念先行，對持續提高服務品質造成了重要作用，體察顧客的需求，努力為顧客提供優質服務，其服務產品在市場中的影響正在逐步擴大，被越來越廣泛地接受與認可，客戶的認知度和忠誠度得到進一步增強。深航始終重視服務人員的改善和服務品質的提高，它的服務一直以來受到社會公眾的廣泛讚譽，曾連續八次獲得全國「旅客話民航」第一名。為提高乘務人員的服務理念和服務意識，深航將「乘務長」稱謂改為「客戶經理」，一個簡單稱謂的改

變，從理念上改變了乘務人員的服務內涵。

（二）服務流程和服務方式的創新

空服服務的核心是使旅客安全、正點地到達目的地。因此，空服服務創新，就是要在服務的各個環節及滿足服務的各種手段、方式上進行創新，從性能上改善服務，加快服務進程，簡化服務環節，擴大服務內容。這是最常見的革新方式，用新的性能使原有的服務更豐富，更迅速。

如國航為了配合中轉服務，為空服員繪製了北京中轉業務訊息圖，收集和製作了紐約等9個國際航站的中轉延伸服務訊息；在銷售和地面服務方面，推進聯程航班的訊息發布，初步實現了國航聯程航班訊息自動生成；開展中轉旅客進港全程引導服務，完善了「分區域按等級」登機服務措施。這些服務手段為提高空服服務品質、為旅客安全、滿意地到達目的地提供了保障。

中國國內一些航空企業機制僵化，公司運轉效率低、訊息傳遞慢、對市場反應遲鈍，服務技術落後。面對新的生存環境，提升競爭能力，航空企業需要轉型，實現資源優化配置。特別是對服務流程應該進行優化，使空服服務的各種要素有機地結合在一起，使管理和服務更高效。

例如，東航在最近幾年逐步完善轉機模式，擁有了內部代號共享航班、聯程值機、行李直掛、分段值機、本場中轉、兩場中轉等轉機模式。「內部代號共享航班」的站點在中國國內已開設了哈爾濱、瀋陽、大連等城市，在國外已開設了倫敦、巴黎、洛杉磯等幾個城市。「聯程值機、行李直掛」的站點在中國國內已開設了溫州、成都、重慶、瀋陽、深圳以及香港等城市和地區，在國外已開設了溫哥華、曼谷、新德里、新加坡、洛杉磯、倫敦等城市，中轉旅客從上述站點出發，可以享受始發站一站式服務，經上海轉機免提行李、免辦登機牌、透過快速轉機通道的優質服務。此外，浦東客運部還編寫了「浦東機場東航中轉旅客指南」，並積極與機場協調，改造浦東機場候機廳的引導標誌，為東航中轉旅客自助轉機模式的形成奠定了基礎。2006年全年旅客運輸總量達506119人次，比上年同期增長44.9%，並於2006年12月29日，創下歷年單日轉機人數的新高──2570人次，占當日東航浦東始發航班業務量的23%。

案例

新制服新視聽——南方航空機上服務創新升級

2006年8月28日，南航第四套空姐制服在飛機上首次向公眾亮相，同日，在廣州出港的南航班機上播出全新空中頻道——《南航時空》，給乘坐南航班機的旅客帶來全新視聽感受。

「魅力南航」展服務新姿

記者在廣州白雲機場看到，身著新款制服的空姐顯得特別精神靚麗，乘務長身著天青藍色制服，空服員則穿玫粉色和芙蓉紅色制服，款型高雅親切，修身適體。顏色一改原來的深藍色和大紅色，款式上也沒有沿襲上下一體的組合，乘務長是身著有藍寶石般光澤的、具有純淨和透明感的天青藍色制服，而空服員穿著具有女性魅力的玫粉色和芙蓉紅色制服。她們的上裝是V字領，用淺金色線條對領邊和袖口進行了勾勒，而下裝則是紅、蘭斜紋面料的西服裙，既活潑別緻，又顯得親切、幹練、時尚、高雅。細心的旅客發現空姐的制服變了，不禁開始品頭論足起來：「嗯，真漂亮，顏色好！」

新形象，新服務。客艙裡，空姐們的新制服，再加上親切的笑容、熱情的問候、優雅的舉止，令旅客耳目一新。為配合換裝，空姐們還準備了一份特別的廣播詞向旅客介紹新制服。

乘南航飛機看當日新聞

另悉，借空姐新裝面市之機，南航的機上娛樂頻道也舊貌換新顏。南航組織有關部門經過認真研究，決定自主全面創新機上娛樂服務，從8月28日起，率先在廣州始發航班上開播一檔全新空中頻道——《南航時空》，讓旅客們「耳」目一新。該頻道設有新聞快訊、娛樂在線、文體集錦、時尚前沿，是一檔集新聞、娛樂、文體、時尚於一體的全新的綜合性機上娛樂頻道，內容精彩紛呈，訊息量大，讓旅客足不出機，盡享天下訊息資源，在萬里高空，也能瞭解國內外大事。能在空中看到新聞，旅客感到意外並表示非常歡迎。一位頭等艙旅客說，「昨天晚上有應酬沒看新聞，沒想到在飛機上能看到，今天飛機上的節目挺新活，編排

得好，希望越做越好，我們將首選南航航班。」

（三）服務內容的創新

空服服務一般來說既包括為旅客提供的最基本的服務，即運送旅客到達目的地，同時為了使旅客能夠使用到基本服務，常常有一些附加的服務，如訂票服務、行李託運服務、檢票登機服務等。如果沒有這些附加服務，核心服務就不能實現。空服服務除了要滿足對旅客的基本服務外，還要對支持性的服務精心設計，不斷推出新的形式、新的內容，促使服務差異化，以體現航空公司的服務特色。

服務內容的創新既包括航空公司的新業務，也包括新服務。如海航著力為乘客提供個性化、人性化的服務，透過不斷創新，填補航空服務空白，提升服務品質。海航首開在機上進行機票拍賣之先河，第一個在空中推出保健操，第一個推出包括查詢訊息和購票服務等多個服務項目在內的「800」電話服務系統等，這些都在廣大旅客中引起了熱烈反響。

案例

2006年3月國航西南分公司，在頭等公務艙服務中增加了「茶藝服務」。在客艙中為旅客提供只有在茶樓才能感受到的茶文化，大大滿足了現代旅客的精神需求。今年年初，東航江蘇分公司開通了無錫—香港的航班，大大方便了周邊地區人民到港澳旅遊。為了提高航線知名度，3月24日，無錫政府和東航江蘇分公司共同舉辦了有六對新人參加的「天使之愛——無錫到香港的空中婚禮」活動。在上萬公尺的高空中，伴著《結婚進行曲》，再加上美酒和新婚蛋糕，新人們透過廣播和大家一起分享他們的戀愛經歷。

後排旅客優先登機

3月27日，記者從南寧吳圩國際機場有關部門獲悉，以後從南寧坐飛機出發的旅客將不再為自己坐的是後排座位而發愁了，南寧機場地勤運輸部聯合深圳航空公司南寧機場旅客服務部推出新的服務項目——後排旅客優先登機。

後排旅客優先登機是指從南寧出發的旅客超過90人以上的航班飛機，當飛

機停靠在登機廊橋口後，即由機場地勤運輸部服務員透過廣播通知和組織後排的旅客優先登機。實行這項服務可以大大地改善旅客登機廊橋口的秩序，改變以往客艙過道擁擠的現象，縮短航班旅客登機時間5～8分鐘，更好地保障南寧始發航班的正點到達。

該項服務從3月25日推出以來，得到了乘機旅客及航空公司的好評。

目前還只有持深圳航空ZH代碼航班的旅客在南寧機場登機時才能享受此項服務，待條件成熟後，此項後排旅客優先登機服務將在南寧始發的所有航班上全面展開。

郵寄兒童

春運期間，南方航空公司黑龍江分公司推出了針對5 至12 歲兒童的「郵寄兒童」業務。無法陪伴孩子乘坐飛機的家長，可以在航空公司免費辦理「郵寄」業務，由航空公司地面保障和空中乘務人員為這些兒童提供接送飛機服務和旅途中的關照。此項業務推出後，受到了很多家長的歡迎。據統計，春運以來，南航黑龍江分公司已經接待了200 多名兒童，南航「郵寄兒童」業務深受歡迎。

（四）個性化服務創新

訊息卡

親切周到的個性化服務

1980年代以來美國航空業一直蕭條，進入90年代以後赤字總額累計達80億美元，僅1992年虧損額就高達20億美元。然而就在這一片蕭條之氣中，一家名叫西南航空公司的小企業卻獨放異彩，在美國航空史上取得輝煌成績：西南航空公司從1973年以來連續28年有盈餘，其中9年利潤有增長；其獲利率平均每年達到5%，是業界最高的；1992年它的營業收入增長率為25%。2000年的總營運收入達到56億美元，純利潤大約為6.3億美元。

這些都來源於其提供的親切周到的個性化服務。以顧客為中心的彈性服務規則可以使員工以額外的時間和耐心對待有特別需要的旅客。西南航空的員工經常表現出真誠和親切的服務態度，並為旅客帶來歡笑。西南航空的航班正點率、行

李託運和旅客投訴等項目在行業權威評選中記錄良好。這是由於工作人員對服務顧客的積極投入和奉獻的結果。

航空公司是現代服務行業中感情密集型企業，針對市場需求的差異性和客戶的差異性，在服務中要堅持以客戶為本，充分體現人文關懷，透過量體裁衣式的優質個性化服務，贏得客戶青睞。在市場競爭日益激烈的今天，要贏得旅客的滿意，單純靠規範化服務及嚴格的服務流程是不夠的，更重要的是能給旅客實實在在的幫助，也就是說服務要更加有內涵。真正完善的、優質的客艙服務應該是空服員把預先準備好的「制度性的規範化的東西」同每位旅客的具體情況結合起來所達到的，是適合特定對象和場合的個性化的、富有人情味的服務。

個性化服務，是對有限制性的規範化服務的補充。個性化服務，就是以客人為本，並根據旅客層次及需求上的差異，對不同旅客採取不同的服務方式。個性化服務在內涵上應包括兩層含義：

一是服務人員根據自身的獨特條件為顧客提供具有獨特風格的、無法加以標準化的部分。但服務人員獨特的工作方式必須以適應顧客的消費習慣為前提，而不能讓顧客來適應你獨特的服務風格。

二是指服務人員把每一位顧客都當做具有獨特個性和不同需求的「個人」來加以「分別接待」。

在個性化服務中，空服員不再只用程序化的語言、程序化的動作與旅客交往，而是採用依服務對象不同而即時加以調整的、豐富生動的語言和動作，從而讓旅客感受到空服員為使旅客滿意而對其特殊需求所做的特別關照的努力。

小資料

南航開老人專用登機櫃台

對象：獨自出行的老人。

辦法：在廣州白雲機場南航值機2號櫃台辦理老人服務手續，並填寫《特殊旅客交接單》。

服務內容：專人引導過安檢；帶到專門休息室候機休息，按時送上飛機；到達後由專人送至到達廳等。

幾乎每一個人都希望自己的個性得到他人的承認和尊重，表現在服務交往中就是幾乎每一位旅客都希望自己所得到的服務是特殊的，是與其他人不同的，空服員給予自己的是特殊的服務。因此個性化服務的關鍵就是透過細微的觀察揣摩客人的心理，滿足旅客的需求。要搞好個性化服務，無疑增加了空中空服員的工作量、勞動強度、工作難度，難以統一規範、不能量化。但個性化服務又最能發揮空中空服員各自的潛能，創造性地開展服務工作，取得事半功倍的效果。

那麼如何提高空服員個性化服務水準，讓個性化服務在經營活動中發揮出重要作用呢？應從以下幾個方面開展工作：

（1）航空公司服務定位在高起點。應根據本公司的規模安排空服員，在服務工作中要嚴格執行本公司切實可行的服務規範。每個服務細節都要有嚴格標準，並把個性化服務貫穿在整個服務過程中。個性化服務的內容從教科書上是找不到的，是根據本公司的特點在工作實踐中透過旅客回應的大量事例逐漸總結出來的。在推行個性化服務工作中，要求經營者做到有組織、有計劃、有落實、有檢查、有總結，不能流於形式。

（2）潛心研究旅客消費心理。個性化服務的關鍵是要瞭解不同旅客在接受服務過程中的不同需求。只有瞭解了旅客所需才能在服務中得心應手。如果抓不住旅客的需求，旅客就不會喜歡再次乘坐該公司航班。在個性化服務中，空服員應時刻保持最佳的精神狀態，才能更好地瞭解旅客的需求，才能使旅客對該公司的服務滿意，增強航空公司的競爭力。

（3）強化空服員的服務意識，在全面提高空服員素質的同時，讓空服員認識到自己的工作崗位在公司經營中的重要作用，知道為什麼經營者常說：「你砸企業的飯碗，企業就砸你的飯碗。」強化服務意識絕不僅限於空服員，全體員工都要認識到禮貌待客是民航企業服務的核心，是贏得客源的重要因素。空服員要用心做好服務工作，學會觀察和分析旅客心理，瞭解旅客的喜好和忌諱，以滿足旅客的需求。

（4）提高靈活服務技巧，要求空服員不僅要掌握各項服務技能，而且要善於根據不同旅客的需求靈活掌握好各種禮節，如問候禮節、稱呼禮節。

總之，個性化服務，要堅持以下幾點：

（1）更活的服務。不管是否有相應的規範，只要旅客提出了要求，且是合理的，在服務範圍內，就應盡最大的可能去滿足他們。比如，在飛機爬升時，避免耳膜受壓，適時發一份牛肉乾，給年紀大的旅客或幼童發一份易於咀嚼的其他食物等。

（2）提供滿足癖好的服務。有的旅客十分愛乾淨，眼不見就不放心，就可以按她（他）們的意願，當面為她（他）們服務好。

（3）意外服務。嚴格來講，這不是旅客原有的需要，但由於旅途中難免發生意外，旅客急需解決有關問題，在這種情況下「雪中送炭」式的個性服務必不可少。例如，旅客暈機，心臟病突發或孕婦臨產等。

（4）心理服務。凡是能滿足旅客心理需求的任何個性化服務，都將為旅客帶來極大的驚喜，這些都要求我們現代空服員有強烈的服務意識，主動揣摩旅客心理，服務於旅客開口之前。

隨著社會生活水準的提高和人們消費觀念的改變，很多航空公司不單單提供個性化服務，在個性化服務基礎上更提出了人性化服務。人性化服務已受到各航空運輸業的高度關注和重視。人性化服務就是以人為本，用心去服務。人性化服務是在規範化、程序化服務、個性化服務的基礎上的昇華。人性化服務，是最高層次、最高境界的服務，人性化的客艙服務就是站在旅客的角度為旅客服務，使旅客感受到家人般的照顧。

▎五、服務創新的形式——常旅客計劃

許多航空公司都有常旅客計劃。這些計劃可以根據旅客使用該航空公司飛行的里程數，使旅客得到免費旅行或升艙或其他獎勵。常旅客計劃是指航空公司向經常乘坐其航班的旅客推出的以里程累積獎勵為主的促銷手段，是吸引公、商務

旅客，提高航空公司競爭力的一種市場手段。

就亞洲地區而言，1993年的國泰、新航和馬來西亞航空公司共同實施了一項常旅客計劃。與1993年相比，現在亞洲地區乃至全世界的旅客對常旅客計劃更瞭解，並且要求更高了。

1994年，中國國際航空公司在中國最早推出了常旅客計劃和相應的知音卡。中國東方航空公司1998年7月正式推出了常旅客計劃。隨後，廈航、南航、北航等也相繼推出了自己的常旅客計劃。

目前，航空公司的常旅客計劃都採用入夥其他航空公司家戶的方式實施。諸如，國泰航的「亞洲里程計劃」就入夥於寰宇一家聯盟，新航的「假期旅客」計劃入夥明星聯盟。航空公司為實施常旅客計劃均成立了俱樂部，如「國航俱樂部」、「東航金燕俱樂部」等。符合各航空公司常旅客計劃要求的旅客均可申請加入相應航空公司俱樂部，並得到一張會員卡。會員透過乘坐該航空公司的航班而得到里程，也可透過在該航空公司的合作夥伴（如酒店）消費而得到里程。當里程達到一定標準時，會員可憑所得的里程換取免費機票、免費升艙或其他指定的獎勵。

選擇常旅客計劃應注意相關條款：如特定的獎勵需要多少公里？每個航班的獎勵是否有最低限額？里程積累是否有最終期限？里程是怎樣累計的？當旅客預訂航班或辦理乘機手續的時候，旅客應提供自己會員身分的證明。乘機後保留登機牌和客票的旅客聯直到得到常旅客計劃的聲明，表明這次旅行的里程已被正確累計在旅客的帳戶中。如果出現問題，應記錄與旅客通話的人的名字以及談話內容。

本章小結

1.本章闡述了空服服務管理的基本內容，重點分析了空服服務的計劃、組織、控制等內容。

2.本章介紹了中國主要幾家航空公司的服務管理情況及特點。

3.本章說明了空服服務創新的意義、特點及途徑。

思考與練習

複習題

1.請簡單介紹一下中國不同航空公司的服務管理特點。

2.空服服務管理的基本內容有哪些？

3.什麼是創新？什麼是服務創新？

思考題

1.為什麼航空公司必須進行服務創新？

2.如何理解空服人員在服務創新中的作用？

第八章 空服服務補救

本章導讀

空服服務是在特殊環境下開展的，在服務過程中，免不了會出現服務失誤、衝突，引發旅客抱怨與投訴等危機服務事件，這些事件如果不能得到即時的處理，將產生不良的後果，如影響公司形象、失去旅客的信任，嚴重的服務衝突還會危及飛行安全，因此，在出現服務失誤的情況下，即時採取補救措施，是彌補服務失誤，儘量減少可能給航空公司帶來不利影響的有效途徑，也是控制事態進一步發展的必要舉措。本章全面地闡述空服服務補救概念、服務失誤產生的原因以及補救策略。透過本章學習，使讀者樹立服務補救意識，理解服務補救的必要性，明確服務失誤產生原因，以及服務補救的基本策略。

重點提示

1.明確空服服務補救的概念及意義。

2.理解空服服務失誤原因。

3.掌握空服服務補救的原則、方法與基本策略。

案例

1980年代，英國航空公司進行私有化改革時，就對公司內部管理結構進行大刀闊斧的改革，確立了顧客導向的服務理念。

公司調查發現，有1/3的乘客對公司的服務不太滿意，其中，69%的乘客從未提出過批評；23%的乘客在不滿時，只向身邊的服務人員口頭提出抱怨；只有8%的乘客與公司顧客關係部聯繫過，希望公司系統地解決自己的抱怨，這時候，公司才會將顧客的批評納入訊息系統。然而，顧客關係部在處理顧客的批評

時，經常否認自己的錯誤，或者是找出一個藉口搪塞過去。因此，公司要透過服務彌補過程來贏得顧客的忠誠，必須在問題出現時就努力維繫自己與顧客的關係。為此，公司對前台員工進行了培訓，讓他們學會如何在現場解決問題，開設熱線電話，由顧客關係部負責接聽並解決顧客提出的問題，開發了顧客分析與維持系統，收集整理有關顧客的數據資料，為顧客服務部門提供決策依據，另外，還擴大了員工處理顧客問題的權力。

此外，英航還注意到，在沒有投訴的不滿意乘客中有一半的乘客是不誠懇的，還有13%的顧客徹底地放棄了公司。因此，英國航空公司由顧客流失量估算其收益流失的總額。英航採取的措施是：對於8%提出正式投訴的顧客，航空公司的回覆速度由12個星期縮短到5天，對於23%向英航服務人員口頭上投訴的顧客，公司透過賦予員工可作出回覆的附加權力從而提供更加即時的回應。英航建立了情報通信部，整個系統不到一年就得到了可觀的經濟回報。投訴的顧客量增加了150%（90%的顧客也不再沉默）。

在採取了上述步驟後，英航仍然面臨著當今服務業的一個基本話題，就是如何激勵顧客提出批評？如何「溶解掉抱怨的冰山」？

其實，面對複雜的服務對象，出現問題是正常現象，旅客提出問題或者提出抱怨，其實是對航空公司服務的期待，是否採取積極措施應對，體現了公司對旅客的態度，而從旅客那裡得到更多「抱怨」訊息，無疑是對公司服務品質最好的鞭策，忽視了旅客的意見，就意味著疏遠了旅客，是自己在丟掉市場，而不能抱怨別人。

第一節 空服服務補救及其必要性

‖ 一、服務補救

所謂服務補救，是指企業在遇到服務危機事件時，為了重新贏得因服務失敗而已經失去的顧客的好感而做的努力。這些努力有時會使企業失去面子，甚至會暫時影響形象，但任憑危機事件的結果蔓延而熟視無睹，久而久之就會傷及企業

賴以生存的根基。服務補救的反面就是偽裝、推卸責任，其實，任何人心裡都清楚，當問題出現的時候，迴避是下策，面對才是最好的選擇，從這個意義上說，服務補救是企業正視問題，從不同的聲音中找到發展源泉的重要舉措，是在竭盡全力地歸還顧客應有的權益。

‖ 二、空服服務補救

空服服務過程包含諸多的服務步驟和詳盡的細節，客觀上使服務存在著失敗的可能，即可能出現衝突、失誤、糾紛，甚至錯誤等損害旅客權益、利益或者心境的危機事件。在空服服務的過程中，乘務人員與旅客之間是互動的，旅客各不相同，興趣、愛好、性格、修養等也各不相同，在特殊的環境下，易情緒化。另外，空服服務的狀態也必然受到諸如天氣、飛機故障和競爭過度等航空公司無法控制的因素的影響。面對服務出現的各種各樣的危機事件，航空公司必須主動承認這一事實，並制訂非常計劃與對策對正在發生的服務失敗予以管理和控制。

所謂空服服務補救，就是對空服服務過程中出現的各種服務危機事件所採取的積極措施，以避免與挽回服務失誤對企業形象的影響。服務是一個過程，服務中的各種衝突是服務的衍生品，因此，服務補救是服務的延續，如果服務中的危機事件未能得到妥善解決，就意味著服務沒有完成，服務補救是服務的重要組成部分。而且，企業的信譽與形象是歷史的事件的沉積，良好的形象需要諸多積極因素的支撐，這是民航企業整體發展的需要。

任何產品的消費都具有可替代性，乘機旅行消費更具有可替代性，留住旅客，必須首先留住旅客的心。當旅客對空服服務不滿時，他們會透過有效的途徑表達其不滿，航空公司如果能正視問題，積極採取補救措施，就能夠即時解決問題，保持競爭優勢。如果問題不能解決，乘客的抱怨得不到釋放，他們合法的權利得不到保護，乘客就會失去對公司的信任，因此，危機事件出現後，航空公司必須對自己、對乘客採取負責的態度，即時進行服務補救。

空服服務補救具有即時性，就是說服務中的失誤，不管多麼微小，都會是後續服務的導火索從而被無限地放大。因此，空服服務補救必須在第一時間得以實

施，如果服務補救的時機掌握得不好，或者顧客感覺受到怠慢，會引發更大的衝突與糾紛，降低旅客的忠誠度，損害公司的形象。

‖ 三、服務補救的必要性

服務是個無形產品，給消費者留下的更多的是內心體驗，而恰恰是這種內心體驗，使人們對某一事物的看法揮之不去。服務過失一旦出現，首先影響的是旅客的內心體驗——當時的心情以及以後的心態，並有延續的可能性，甚至有繼續惡化的傾向。

案例

其實與你無關

航班上，一位乘客表情嚴肅地看著報紙，似乎有一絲心煩。空服員送飲品了，當送到他面前的時候，空服員禮貌地說：「先生，您喝點什麼？」該乘客沒有作答。空服員以為該乘客沒有聽到，又說道：「先生，您需要什麼飲品？」此次，空服員加大了聲音。該乘客突然說道：「喊什麼呀？沒看到我在看報紙嗎？你們空服員怎麼都是這樣的素質！」空服員覺得特別尷尬，對乘客的態度和言行甚為不解。為了不激化矛盾，空服員在完成對其他乘客的服務後，專門來到了這位乘客面前，說：「先生！抱歉，剛剛是我考慮不周，讓您生氣了，特來向您道歉！看這會兒您想喝點什麼飲品？」看著空服員友善甜美的笑容，這位乘客也說出了心裡話，「這事本來與你無關。我登機的時候，看到門口的空服員心不在焉的樣子，我很不高興，所以心情不太好，剛才對你態度不好，是我的不對，請諒解！」事情清楚了，空服員又耐心地作瞭解釋，並告訴乘客，一定把他的意見回應給乘務長，「對您的服務不周，我代表乘務組向您道歉，希望能得到您的諒解！」談話之中，乘客的鬱悶心情得到了緩解，乘客的臉上露出了笑容。

服務補救的意義在於兩個方面：

1.制止服務危機事件的進一步發展，最大限度地挽回公司的形象

危機無大小，處理不當，小事可以演變成大事，抱怨可能演變成衝突，甚至

惡性事故，這對於空中乘務來說，是必須即時處理的問題，即使事態不在當時蔓延，但其滯後的影響也是不能低估的。而且，與有形產品不同，空服服務是不能重新生產的。一個旅客對服務的不滿，無法在下一次航班中得到補償，乘務人員所能做的只能是儘量從精神上給予旅客補償，並力爭在下一個服務流程中杜絕此類事情的發生。

2.維護旅客的權益，提升旅客的滿意度

雖然對一個乘客來說，特定的空服服務不可以重新生產，但恰當、即時和準確的服務補救可以減弱顧客不滿情緒，並部分地恢復顧客的滿意度和忠誠度，極個別情況下，甚至可以大幅度提升顧客滿意度和忠誠度。

案例

忠誠的旅客是怎樣得到的

俗話説「不打不相識」，其實很多乘客與航空公司的不解之緣也是「打出來的」。某乘客在一次乘坐航班後，就服務品質問題向公司提出了投訴。信件很快得到了處理：該航空公司特意打電話予以口頭道歉，同時，派人直接找到該乘客，瞭解情況，當面道歉。經過反覆調查，多次與該旅客接觸，查明了原因，公司查處了當值的乘務人員，並將結果通報給這位乘客。令公司辦事人員感到驚訝的是：該旅客提出了兩個要求：第一，減輕對當值乘務人員的處理；第二，他代表自己的公司加入CIP會員。當問及為什麼不再抱怨，而轉為支持航空公司的時候，該旅客的一句話，讓航空公司的代表深為感動：「其實，每個人都可能犯錯誤，公司也會有工作失誤，這是大家都能理解的事情，而不能理解的是對錯誤與失誤輕蔑的態度。你們已經做得很好，我無可挑剔。」

第二節 空服服務失誤的原因

造成空服服務失誤的原因是非常複雜的，既有主觀原因（服務者），也有客觀原因（非控制原因）；既有服務者的原因，又有旅客的原因。但無論哪種原因，最終都會歸結為航空公司的原因。從空中乘務的角度來看，服務品質與旅客

期望的差距是造成服務失誤的最重要的原因。在服務品質問題上，既有技術方面的原因，也有服務過程及服務者個人方面的原因。當影響服務品質的因素超過一定限度時，就形成了服務失誤，造成了服務危機。

一、因服務承諾不能兌現所引發的旅客投訴

航空公司的服務承諾與旅客對空中乘務應該提供何種服務的理解是有差距的。由於各種原因，服務的承諾無法兌現，或不能完全兌現，就會引發旅客的抱怨與不滿，即使空中乘務人員竭盡全力提供了服務，但由於旅客個性的原因，也可能會對服務感到不滿意。如航班延誤是航空服務失敗的最常見的情況。目前，中國國內民航每年有大約20%的航班不正常，因航班延誤引發的旅客投訴也成為焦點。據有關部門的統計，造成航班不正常的原因有20多種，有航空公司的原因，也有乘客方面的問題，其中六大類原因較常見：飛機晚到、天氣變化、流量控制、航空公司調配計劃、飛機機械故障、旅客晚到等。本來是空中乘務之外的因素，但會影響到空服服務的質量。再如，在餐食問題上，航空公司會周全地考慮旅客的需要，但仍不能讓每一個旅客都滿意，旅客會從消費者的權益角度看待公司的服務承諾，如不能滿足，必然會引起不滿，引發服務失誤。

由於隨機因素，特別是不可抗力造成的服務失誤是不可控因素，所以企業服務補救的重點不在服務結果的改進上，而應該在如何即時、準確地將服務失誤的原因等訊息傳遞給旅客，並從功能質量上予以有效的「補償」。

二、服務過程中的失誤所造成的服務失敗

空中乘務的環境極其特殊，容易出現服務過程的失誤。如飲料配送時飛行突然顛簸而造成的飲料濺出，對求助鈴回應較慢，特殊旅客需求的處理不當等。這些都是由於服務細節上的馬虎大意或技術不夠精湛、經驗不足造成的。對旅客來說，這些技術性較強的服務，屬於空中乘務人員必須具備的技能，是旅客基本權益得到保障的條件，這樣的服務失誤往往不會輕易被旅客所原諒。

▌三、空服人員個人因素所造成的服務失誤

這綜合反映在服務態度方面，是常見的服務失誤，最容易引發衝突。而服務態度問題更多是透過服務語言與行為反映出來。如在缺乏耐心的情況下，語言就會激進，舉止就會有違規範。

▌四、顧客自身的原因引發的服務失敗

航班延誤是航空服務過程中的常見現象，旅客在抱怨因航班延誤而耽誤自己旅程的同時，卻很難想到，也許延誤是由於旅客自身的不當行為所造成的，其中包括個別旅客在航班經停站下機而未通知航班機組或地面服務人員，從而導致機組被迫清艙，造成航班延誤。

在很多情況下，顧客對於服務失誤也具有不可推卸的責任。例如，造成航班延誤的一個主要原因是旅客及其行李。因旅客不按規定時間登機造成延誤所占的比例，與國外相比，中國國內明顯偏高。據南航統計，2002年8月份，從廣州出發的南航航班，晚到旅客達到5562人。幾乎每一個出港航班，平均都有兩名誤機旅客，這就意味著為等個把人，航空公司要調動從地面到機組的一系列人員為之「特殊服務」，為此造成的航班延誤少則幾分鐘，多則半個小時。另據統計，從2002年1月到8月，中國民航航班因旅客晚到而導致的延誤達4118班。有的旅客辦完乘機手續後，不注意聽廣播，很容易誤機。有的旅客攜帶超出民航所規定的體積、重量和數量的行李乘機，交運又不即時，也容易造成航班延誤。少數旅客上飛機後，口無遮攔，戲稱包裡有炸彈或要劫機，不但本人受罰耽誤行程，也會使整個航班的旅客要按規定重新安檢登機，導致航班延誤。

第三節 空服服務補救的益處

如何看待、處理服務失誤是對空服服務是否具有顧客導向的真正考驗，對於航空公司來說，客艙服務過程完美是一種最理想的狀態，是永恆的努力方向，但受到主客觀因素的制約，實際服務很難達到或保持理想狀態，乘客無法得到他們

所期望的服務。失誤是影響服務的關鍵因素,而且關鍵的是無論機組人員多麼努力,也難免出現航班晚點、行李遺失、服務失誤等問題。面對服務失敗的最好選擇就是去彌補、去挽救,即即時進行服務補救。

服務補救的最終目標就是將原來不滿意的旅客轉變為忠誠於公司的旅客。要正確對待旅客的批評與投訴。在服務現場要真誠耐心,即時化解各類問題;對各類投訴,要即時處理,大力提倡服務補救。在提倡無縫隙服務的今天,部門與部門之間、機組成員之間、乘務人員之間要提倡服務補救,用自身的努力去彌補上一道工序的服務差錯,為實現服務目標而努力。

儘管服務補救本身就是承認了空服服務過程的失誤,會使當事人覺得尷尬或者受到譴責,但畢竟公司的利益是重要的,承認失誤本身就是服務態度的最好表證,對公司的形像是有益的提升。

‖ 一、服務補救有助於提高顧客忠誠度

在很多情況下,旅客對服務品質總的感知可能是良好的,但對某些服務或「關鍵時刻」的服務品質的感知卻不一定是良好的,甚至有可能存在服務失誤。但是,由於採取了服務補救的措施,從而使得旅客總的服務品質感知達到了良好的狀態。

英國航空公司管理人員透過補償服務實踐,對服務補救得出了幾條重要結論:作出反應的時間越短,達到旅客客滿意所需的精力與金錢補償越少;當服務熱線的旅客滿意度達到95%時,旅客所需的賠償金會降低8%;公司每投入一英鎊用於維繫旅客關係,就可以減少兩英鎊的潛在損失。然而,有一種現象值得注意,旨在增強旅客忠誠度的常客計劃雖已幾乎在全部航空公司普遍實施,但旅客投訴卻仍在增加,原因何在?很簡單,一個顧客同時在對幾家航空公司「忠誠」。這就需要航空公司在服務品質與吸引旅客方面有新的措施,減少服務失誤,即時處理服務失誤,服務補救要到位。

‖ 二、服務補救能提升顧客感知的整體質量

只要旅客在服務體驗過程中提供了回饋訊息，或者機組成員在服務進行時發現了旅客不滿，就完全有可能提升整體品質，因為不滿的旅客很在意航空公司的服務，提出對服務的不滿，是為了使航空公司消除那些服務失誤的現象，不滿的問題消除了，公司服務的滿意度就提升了。許多研究表明，出現服務失敗後如果服務員工能成功地予以解決，此時旅客對服務的評價反而要高於沒有出現服務失敗的情形。

在服務補救的過程中，採用逐級上報制度，雖然可以減少高層管理者處理旅客不滿的工作量，但傳遞中的訊息遺漏和訊息失真會使高層管理者喪失許多重要的訊息，難以採取有效的改正措施。英航為了鼓勵旅客的批評，從而更好地把握良機，特地建立了好幾種不同類型的意見收集台，除了熱線電話，公司還引進了全球免費意見卡，公司行政人員還在全球各地組織了「非正式沙龍」討論服務問題，公司邀請提出寶貴意見的顧客與顧客關係部經理一起飛行，共同體驗公司的服務。

三、服務補救有助於發現組織管理和工作流程中的弊端

不管是在服務過程中發現了問題點，還是在稍後發現了問題點，對有關這些問題的訊息加以認真收集和儲存，可以幫助組織建立一個有關服務品質的大型數據庫，當系統分析這些數據時，會找出服務的薄弱環節，對這些環節加以詳查，也許會發現為什麼服務失敗會在某些環節無節制地發生，進而得到修正問題的思路。最後，根據服務補救的需要，將背後的真正原因加以整合、分析和矯正，使航空公司能提供一個更強有力的服務系統。此處的關鍵是系統地收集訊息，公司應考慮對回饋工具進行改進和提高，以便員工能整理出簡單、有用和易於獲得的服務補救工作報告。假若有關旅客不滿的訊息被很好地利用，服務補救就有效地降低了服務失誤的再發生率。

在實踐中，對服務補救管理的忽視有必要引起我們的重視。多數公司沒有以適當的方式對旅客的投訴進行記錄和分類，增加了公司學習的困難。一些乘務人員沒有興趣聽取旅客對問題的詳細描述，僅僅將旅客的問題作為一個獨立事件，

認為需要的只是解決方案，不需向管理層匯報；很多乘務人員不想承擔責任，而把問題歸結於客觀因素；很多投訴沒有得到妥善處理，旅客留下了訊息，但沒人據此採取行動；多數公司沒有系統地收集訊息的方法，也沒有找出導致顧客對責任人、部門或程序進行投訴的原因。

‖ 四、服務補救是創新的源泉之一

服務危機事件的處理往往是樹立與提升公司形象的最好機會，因為此時，公司更容易被旅客或媒介所重視，投訴的解決全面地反映了公司的態度與能力，顧客投訴是一個非常有價值且免費的訊息來源，前來投訴的旅客多數是因為在接受服務中乘務人員的失誤給他們造成了某種物質或者精神上的損失，所以他們反映的訊息具有很強的針對性。公司可以從中發現並修正自己的失誤，消除使更多旅客遭受損失的潛在危險，不斷提升產品和服務的質量。旅客投訴就像一位醫生，在免費為航空公司提供診斷，讓航空公司有可能充分瞭解自身的不足與問題所在，以便管理者對症下藥，改進服務和設施，避免引起更大的糾紛；旅客投訴還可能反映公司服務不能滿足顧客需要的地方，仔細研究這些需要，可以幫助公司完善服務內容，改進服務流程。旅客投訴往往蘊藏著非常有價值的訊息，是溝通航空公司管理者和旅客之間的橋梁。

‖ 五、服務補救有助於提升企業的公眾形象

旅客投訴如果能夠得到快速、真誠的解決，旅客的滿意度就會大幅度提高。他們會自覺、不自覺地充當公司的宣傳員。旅客的這些正面口碑，不僅可增強現有旅客對公司的信心和忠誠度，還可以對潛在旅客產生良好的影響，有助於公司在社會公眾中建立起將顧客利益置於首位、真心實意為顧客著想的良好形象。

第四節 服務補救的原則與策略

‖ 一、服務補救的原則

服務補救是個複雜的工作，因為服務失誤的「受害者」往往處於一種非常的心態，不容易溝通，且容易產生不滿的情緒。因此，為了有效地開展服務補救，在補救過程中，應遵循「公開、主動、迅速、關心」的基本原則。

（一）公開原則

航空公司或乘務人員要在解決服務失誤的過程中，讓旅客時刻瞭解到事情的進展情況。通常情況下，企業沒有為顧客提供適當的投訴渠道。例如，企業沒有向顧客表明企業的義務和顧客的權益，造成顧客在問題發生後，不知道損失該由誰來承擔；或沒有清楚告知顧客如果發生問題，應該透過何種渠道、向企業的哪個部門反映，使受到損失的顧客束手無策；或者提供的渠道使顧客覺得不方便，如經常無人接聽電話等。

中國民航協會2002年的一項專家調查表明，航班不正常時旅客的需求排序是：將航班延誤的訊息即時通知旅客，占47.8%；航空公司及其代理人即時妥善安排好旅客，占34.8%；對因不可抗力的航班延誤，航空公司作出安排後，可以合理收費，占9.4%；對少數違反《民用航空法》的滋事者作出處理，占8.0%。

旅客最難以忍受的是，服務提供者在航班延誤後所提供的訊息不即時、不詳細，難以讓消費者信服和理解；給乘客提供飲食的服務程序不透明，消費者不知道多長時間才能獲得餐飲服務，也不瞭解所提供的食品的數量有多少；在延誤時間較長的情況下，航空公司和機場沒有即時告知消費者，他們享有退票、簽轉、由經營者安排食宿等權利；對由於航班延誤給消費者造成的各種損失及種種不便，航空公司和機場未能充分向消費者表示歉意，也未能明確告知消費者，在什麼樣的情況下他們有權獲得相應賠償。

（二）主動

發現並改正服務失誤是服務提供者無法推卸的責任。要主動解決服務失誤問題，不要等顧客提出來再被動地去解決。鼓勵顧客投訴。首先要在企業內部建立尊重每一位顧客的企業文化，並透過各種渠道告知顧客企業是尊重他的權利的。在此基礎上，更重要的是讓全體員工，而不僅僅是顧客服務部門的員工，認識到顧客的投訴可幫助企業獲得具有競爭優勢的訊息，而不是給工作帶來麻煩。那些

直接向企業投訴的顧客是企業的朋友，那些對企業「沉默」的顧客會給企業造成更大損失，因為他們最容易轉向企業的競爭對手，而且還會散布對企業不利的訊息。許多企業不能即時地解決顧客的抱怨，只能將其逐級上報，在許多組織內部，前台員工的權力有限，只能解決一小部分批評，這會給企業服務員工帶來沉重負擔。

透過對「顧客抱怨金字塔」的研究表明，假設不滿的顧客中，有40%向前台員工提出批評意見，其中，有25%未能得到解決，被呈交給中層管理人員。在這些問題中，仍有20%未能給予解決，假設這20%中有一半被提交給主管的公司經理，就會形成抱怨的金字塔，副總裁接到的每一個批評，都代表500位不滿的顧客。如何鼓勵顧客提出批評，從兩個角度出發，一是顧客的行為方式；一是導致抱怨的一些政策規定。顧客一般不願意對服務提出批評，因為結果經常得不償失，付出的努力太多，而回報太少。

有時顧客心理上存在障礙。例如，顧客認為企業不會理睬他的投訴，更不會公正地處理他的投訴，所以投訴也是徒勞；另外，還有一些顧客由於不願意浪費時間、精力和金錢而選擇沉默。

（三）迅速

迅速在服務品質維度上指的是響應性。重視顧客問題。顧客認為，最有效的補救就是企業一線服務員工能主動地出現在現場，承認問題的存在，向顧客道歉（在恰當的時候可加以解釋），並將問題當面解決。出現失誤，要立即對顧客作出賠償。迅速、即時，避免顧客在投訴的過程中對問題一遍遍地重複（因為每次重複都會加劇其不滿）。但無論如何，企業應該承認問題的存在，向顧客道歉，並積極採取補救措施。

服務補救的關鍵是快速反應。即當發生服務失敗時，企業越快地作出反應，服務補救的效果可能就會越好。而如果企業拖拖拉拉，雖然問題最終得以解決，但也只能留住一部分不滿意的顧客。由此可見，速度和時間是個關鍵因素。並且，航空公司對問題作出快速響應，可顯示公司真正關心顧客的利益，為顧客著想，急顧客之所急。

（四）關心

關心在服務品質維度上指的是移情性。關心服務失誤對顧客精神上造成的傷害。道歉是必要的，但在很多情況下道歉是遠遠不夠的。在芝加哥奧海爾機場曾發生這樣一件事。因遭受暴風雨的襲擊，機場的一個大型屏幕嚴重破裂，無法顯示飛機航班起飛、降落的時間，由於得不到航班訊息，機場隨即出現了混亂，工作人員和旅客們對此一籌莫展。幾個星期後，旅客們都收到了美國航空公司的道歉信。作為補償，美國航空公司願意為每一名旅客免費提供上百英里的航空服務。

反觀我們的服務，經常有報導說，某某航空公司航班延誤了幾小時，出現一幕幕讓乘客憤憤不平的情景，但從未聽到公司的道歉。從某種意義講，道歉體現了一種團隊精神，表明了公司上下對航班延誤都十分在意。道歉也是對旅客表示公司的歉意，以平息旅客對公司服務的不滿情緒。道歉還能給旅客一種暗示——今後公司員工會認真對待地自己的工作，儘量減少延誤，減少給旅客造成的不便。其實，不管是幾次道歉，想旅客所想、急旅客所急、提供更加周到的服務才是航空公司追求的目標。

關心還表現在要傾聽顧客訴說，並為旅客設身處地著想，舉例來說，當一名旅客準備登機時，仍然抱怨票價方面的一些限制時，服務員不僅要主動讓對方瞭解這方面的規定和限制，而且必須能夠體諒旅客的感受。

‖ 二、服務補救的策略

（一）要建立有效的服務補救制度

企業應該制定明確的服務標準及補償措施，清楚地告訴顧客如何進行投訴及可能得到什麼樣的結果。增加接受和處理投訴的透明度，設立獎勵制度鼓勵顧客投訴，督促員工積極接受並處理投訴，從而加強顧客與企業、企業與員工、員工之間的理解。在員工的培訓中強調「從顧客投訴中學習」，以便於訊息的傳達；設計良好的問題匯報程序，將顧客投訴的問題傳達給相關的負責部門，以便於組織學習；建立內部投訴表，對顧客問題進行記錄與分類，傳播服務缺陷，以便於

改善服務；將顧客適當分類，以便於跟蹤服務；將各種數據訊息集中分析，以改進組織行為，提高公司的整體服務水準。

訊息卡

努力提高航班正點率 優化投訴處理的流程

航空公司要提高服務品質、真正讓旅客滿意，首要任務是要在確保安全的前提下，努力提高航班正點率。日前，據民航總局公布的統計數據，2006年東航全年航班正點率達83.19%，名列全行業第三，是三大航空集團之首。

2006年，作為中國國內三大骨幹窗口航空運輸企業之一的東航，狠抓航班正點工作，真正做到了公司領導高度重視、措施具體到位、管理到位，工作落實，獎罰分明。在實際工作中始終堅持「以人為本、誠信服務」和「滿意服務高於一切」的理念，以打造具有時代特徵、民航特點、東航特色的一流服務品牌為目標，在公司領導的直接領導和運行控制部門的嚴密組織下，加大了考核獎懲力度。在各單位的積極配合、各部門的有力支持下，精誠共進，積極進取，透過廣大幹部員工的共同努力，使航班正點率取得了明顯的進步。

（二）跟蹤並預期補救良機

企業需要建立一個跟蹤並識別服務失誤的系統，使其成為挽救和保持顧客與企業關係的重要工具。有效的服務補救策略需要企業透過聽取顧客意見來確定企業服務失誤之所在。即不僅被動地聽取顧客的抱怨，還要主動地查找那些潛在的服務失誤。市場調查是一個有效的方法，諸如收集顧客批評、監聽顧客抱怨。開通投訴熱線以聽取顧客投訴。有效的服務擔保和意見箱也可以使企業發覺系統中不易覺察的問題。透過跟蹤調查還可以識別出那些頻頻投訴或總是對服務補救措施不滿意的旅客。這些旅客要求的利益可能超出了航空公司的能力，或這些旅客本身就是難以滿足的旅客。對這些旅客將來在購買航空公司的機票時，可以給予特別的關注，或建議其選擇其他交通工具。

從補救中吸取經驗教訓。服務補救不只是彌補服務裂縫、增強與顧客聯繫的良機，它還是一種極有價值但常被忽略或未被充分利用的、具有診斷性的、能夠

幫助企業提高服務品質的訊息資源。透過對服務補救整個過程的跟蹤,管理者可發現服務系統中一系列亟待解決的問題,並即時修正服務系統中的某些環節,進而使「服務補救」現象不再發生。

（三）盡快解決問題

一旦發現服務失誤,服務人員必須在失誤發生的同時迅速解決失誤。否則,沒有得到妥善解決的服務失誤會很快擴大並升級。處理旅客投訴時的任何託詞或「沒了下文」的舉措,都可能招致旅客更強烈的不滿。旅客反映的問題解決得越快、越即時,越能表現出航空公司的誠意和對旅客投訴的重視,也能反映出航空公司的服務品質,並能迅速取得旅客的諒解,換來旅客的滿意和對航空公司的忠誠。在某些情形下,還需要員工能在問題出現之前預見到問題即將發生而予以杜絕。

例如,某航班因天氣惡劣而推遲降落時,服務人員應預見到乘客們會感到飢餓,特別是兒童。服務人員可向機上飢餓的乘客們説:「非常感激您的合作與耐心,我們正努力安全降落。機上有充足的晚餐和飲料。如果你們同意,我們將先給機上的兒童準備晚餐。」乘客們點頭贊同服務人員的建議,因為他們知道,飢餓、哭喊的兒童會使境況變得更糟。服務人員預見到了問題的發生,在它擴大之前,杜絕了問題的發生。

（四）授予一線員工解決問題的權力

對於一線員工,他們真的需要特別的服務補救訓練。一線員工需要服務補救的技巧、權力和隨機應變的能力。有效的服務補救技巧包括認真傾聽顧客抱怨、確定解決辦法、靈活變通。

在英國航空公司,所有員工都被賦予靈活處理投訴的權力,可以自行處理價值5000美元以內的投訴案,並且有一個包括了12種可供挑選的禮物清單。一些公司經常擔心這樣的政策會導致濫用職權、錯誤判斷和過度消耗一線人員的精力。事實上,多數情況下,一線員工是相當理智的,顧客在他們心中也是如此。當然這種權力的使用是受限制的,在一定的允許範圍內,用於解決各種意外情況。一線員工不應因採取補救行動而受到處罰。相反,企業應鼓勵員工們大膽使

用服務補救的權力。

從顧客的角度來看，最有效的補救就是當發生了失誤後，一線員工能夠立即採取補救措施。有時，可能顧客需要的僅僅是一句真誠的道歉或者關於某一問題的合理解釋而已，這些並不需要一線員工一級一級向上級請示。因為顧客最害怕的就是無休止的等待，更不願意被人從某個部門或某個人推到另一個部門或另一個人。因此，最容易接觸到顧客的一線員工應該成為即時處理顧客投訴的一支重要力量。然而，一線員工往往並不清楚應該怎樣處理顧客投訴。因此，企業應該利用各種形式，定期對其進行培訓，教他們如何傾聽顧客投訴、如何選擇恰當的解決方案，迅速採取行動。

（五）鼓勵和培訓顧客投訴

有多種方法可以用來鼓勵和追蹤抱怨，可以透過滿意調查、重大事件研究等方式。員工始終要處於顧客抱怨的監聽前線，在一線發現顧客不滿意和服務失誤的根源，他們應該受到鼓勵報告這些訊息，例如，提供顧客回饋卡，免費撥打電話、電子信箱的地址或網址等，以便顧客可以方便地宣洩不滿或發表其他評論。作為一個企業，應該激勵顧客的投訴行為，而不是聽任他們「走、說和呱呱亂叫」，聽任他們與組織外的其他人或組織分享他們的苦惱，上述渠道往往被企業用來收集建議和讚揚，但它們的突出才能體現在收集服務失敗的有關訊息和顧客的意見，透過對借助以上手段獲取的訊息的監測，服務企業能夠識別哪些是需要採取服務補救的顧客，並發現服務提供系統的哪些環節需給予特別關注。

在鼓勵顧客投訴的基礎上，企業還要採用各種方式培訓顧客如何進行投訴。如透過顧客能夠接觸到的媒介，告知顧客企業接受顧客投訴的部門的聯繫方式和工作程序。要使顧客能夠輕鬆容易地進行抱怨。既鼓勵抱怨也包括教會顧客怎樣抱怨。有時候顧客不知道跟誰講，程序是什麼，或者涉及到什麼。最好是這些過程儘可能簡單，顧客最不願意見到的就是當其不滿意時，還要去面對一個複雜的、難以進行的投訴過程。

國航地面服務部推出的「心語」服務就是要在每年新年來臨之際，給每一位曾經投訴過的旅客寄去一張新年賀卡，向旅客表示節日的問候，對以前給旅客旅

行造成的不愉快再次表示歉意，同時向旅客宣傳地面服務部在服務工作方面的變化，希望旅客繼續乘坐國航航班並對他們的工作給予監督。

應方便顧客投訴。企業應儘可能降低顧客投訴的成本，減少其花在投訴上的時間、精力、金錢等。目前許多企業的投訴制度複雜繁瑣，難以使用，一些投訴步驟支離破碎，許多顧客不得不在幾個不同的地方投訴，填寫各種表格。

第五節 關於服務補救的幾個問題

‖ 一、如何平息顧客憤怒

（一）如何看待顧客憤怒

以尊敬與理解的態度正確看待顧客憤怒。樹立「旅客總是對的」的觀點，這是處理好旅客投訴的第一步，儘量減少與旅客的對抗心理和情緒，理解和尊重旅客，給旅客發洩不滿的機會。對此，與顧客接觸的員工應予以充分的理解，尊重旅客，給旅客發洩的機會，不要與旅客進行無謂的爭辯。要知道憤怒的顧客也是顧客，瞭解顧客憤怒的原因，絕不可以憤怒對憤怒。

（二）平息憤怒的技巧

充分傾聽。旅客投訴時，員工應仔細傾聽旅客的訴說，讓旅客把話說完，切勿胡亂解釋或隨便打斷旅客的講述；旅客講話或大聲吵嚷時，員工要表現出足夠的耐心，絕不能隨旅客的情緒波動而波動。遇到旅客故意挑剔、無理取鬧，要耐心聽取其意見，不要與之大聲爭辯，使事態不致擴大或影響其他旅客。講話要多用文明用語，儘量避免濫用「微笑服務」，以免讓旅客產生「出了問題，你還幸災樂禍」的錯覺。同時，要注意語音、語調和講話音量的大小。

（三）平息顧客憤怒的禁止法則

立刻與顧客擺道理；

急於作出結論；

一味地道歉；

對顧客說，這事經常發生，令顧客感到不誠心；

挑顧客的毛病；

過多使用專門術語；

改變話題。

‖ 二、內部服務補救問題

以往的服務補救研究主要侷限於對顧客的服務補救，而對內部服務補救問題研究得甚少。事實上，隨著內部營銷理論的興起，內部服務補救已經成為理論界和企業界無法迴避的問題。在內部營銷過程中，員工感知服務品質對於提高員工滿意率和忠誠度起著至關重要的作用。美國的詹姆斯‧赫斯克特等人曾對此進行過長期的實證研究，證實了僱員滿意、忠誠與顧客滿意、忠誠之間所謂「滿意鏡」現象的存在，並將其視為服務利潤鏈上最為重要的一環。因此，企業必須注重內部的服務補救與員工滿意和忠誠互動關係的研究，以內部服務補救提高員工滿意率，並進而提高顧客的忠誠度和企業的競爭力。

在中國，越來越多的乘客開始使用投訴的權利，在這種壓力的影響下，航空公司也把投訴率的高低作為衡量本公司服務水準的一個尺度，這些也導致了許多航空公司不惜採用一些過於極端的做法，比如對被投訴員工「先懲罰，後調查，再處理」等。航空公司無底線地退讓除了給某些「刁蠻」旅客一種軟弱可欺的印象之外，更多地暴露了航空公司服務理念的保守性，並因此產生許多負面效應，助長極少數問題旅客的氣焰，使他們動輒以投訴相要挾來達到自己的目的。長期下去，勢必使航空公司的許多規定根本無法實施。航空公司的極端做法也給服務人員造成了極大的心理壓力，這樣必然影響他們的工作情緒，即使設了委屈獎也無濟於事。

在國外，許多航空公司一直採取列出「不受歡迎旅客的名單」的舉措，對少數問題旅客，這是合理的處理方式。

三、服務補救中的顧客細分

美國學者Jacques Homvitz把進行投訴的顧客分為四種：質量監督型（20%～30%）、理智型（20%～25%）、談判型（30%～40%）和受害型（5%～20%）。

質量監督型的顧客想要告訴你什麼正在變糟，因此為了他們下次的光臨和購買，你必須改進；理智型的顧客想要他們的問題得到答覆；談判型的顧客想得到賠償；受害型的顧客需要同情。對症下藥，解決問題。其實有很多旅客只是一時氣盛，並不一定非要解決什麼問題，而是尋求心理上、情感上的溝通。工作人員要耐心地反覆解釋溝通，用熱情、周到、細緻的服務贏得旅客的理解和支持，並妥善安置旅客，盡最大努力減少旅客的損失。

許多公司還沒有認識到這樣的分類有助於投訴的管理，便於跟蹤服務；將各種數據訊息集中分析，有助於改進組織行為，提高公司的整體服務水準。

四、投訴處理與服務補救的異同

一般來說，出現服務失誤後，即時地修復、快速地反應是必不可少的，但對於投訴處理和服務補救的不同看法直接導致不同的結果。

芬蘭服務研究專家格羅魯斯對傳統的抱怨處理和服務補救進行了區別。顧客抱怨處理是指，當遇到服務失誤的顧客向企業提出抱怨（投訴）時，企業分析這些抱怨，從管理角度進行處理，儘可能地以較低的成本來解決，除非無法避免，企業不會對顧客進行賠償。而服務補救則不同，它所關注的是與顧客建立長期的關係。服務補救的方式有三種：被動性補救（即傳統的投訴處理）防禦性補救和進攻性補救。

案例

一齊託運的行李，卻上了不同的飛機

朋友乘飛機從南京到北京，有三件行李託運。但到了首都機場，在行李領取

處只拿到兩件，苦等另外一件近一個小時，仍不見蹤影。這件裝有大量重要材料、票據及現金的行李箱如果丟失，將對朋友的北京之行造成不可估量的損失。朋友焦急地向機場工作人員求助，得到的只有冷冰冰的一句：「怎麼會這樣？你登記一下，過三個小時再來電話問問吧。」

乘客託運的行李無故丟失，機場工作人員不僅沒有給予乘客感情上的安慰，更沒有任何聽上去可以理解的理由，倒像是乘客自己犯了什麼錯，給機場添了麻煩。看著託運數量、金額、航班號等訊息俱全的行李託運票據，朋友百思不得其解，又不知在這種情況下，該找誰說理。

費時費力跟機場交涉近兩個小時無果，朋友只好離開機場入住酒店，期待三個小時以後的電話查詢能有好的結果。到酒店後大約一小時，接到機場打來的電話，說行李找到了，原因是「行李沒和人坐一趟飛機」，「自己」乘坐下一班飛機抵京了，並通知朋友可以來領取了。失而復得本應該高興，可是朋友覺得很彆扭。箱子怎麼會自己走失？到底是哪個環節出了問題？耽誤乘客近兩個小時的時間誰負責？為什麼自始至終沒有人說過一句道歉的話？沒聽到任何合乎情理的解釋，沒有過失的乘客還得自己往返幾十公里去機場取行李。在朋友的要求下，又等了兩個小時，機場把行李送到了酒店。看著與自己走失四個多小時的行李箱，朋友感慨，機場的服務真差勁。

（資料來源：拂曉，《人民日報》）

像行李的丟失這種由工作人員失誤造成的問題，機場完全可以根據查詢結果，為乘客提供幾種可能的解釋，並幫助查找，讓乘客放心。可是，機場的工作人員不具備應有的服務意識。所以，我們常常看到許多人寧願自己受累，隨身攜帶行李乘坐飛機，也不願託運，生怕丟失或行李破損。其背後的原因是對機場的服務沒有把握。如果大家由於缺乏對機場的信任，把很多的行李帶進客艙，將給飛行的安全和效率帶來負面影響，降低機場的運行效率。

在這個事例中，可以有三種補救方式：

消極補救方式：機場服務人員只有冷冰冰的一句：「怎麼會這樣？你登記一下，過三個小時來電話問問吧。」沒有任何解釋，讓乘客等待查詢結果。這種處

理服務失誤的方式，沒有考慮顧客的情緒，會直接影響顧客感知服務的品質。

防禦性補救方式：接待投訴的員工告訴顧客，自己先掏錢購買所需物品，等查詢結果出來後，由機場報銷。這種補救模式對顧客感知服務品質的負面影響比前者要小得多。顧客從一開始就明白，他們能夠放心購買自己需要的物品，所以透過這種補救，也許會挽回服務失誤帶來的損失。

積極性補救方式：機場在顧客提出投訴的現場立即解決問題，由機場提出各種補救方案，如在特定的商店內，機場出資給顧客購買所需物品。出現服務失誤後，立即解決，而不是等到服務過程結束後。服務補救已經成為服務主流程中一個不可分割的組成部分。

本章小結

1.在空服服務過程中，難免會出現服務失誤，引發旅客抱怨或投訴等危機事件。本章論述了在出現服務失誤時，即時採取補救措施，是彌補服務失誤、減少給航空公司帶來不利影響、控制事態進一步發展的有效途徑。

2.本章全面闡述了空服服務補救的概念、服務失誤產生的原因。

3.本章說明了服務補救的基本策略。

思考與練習

複習題

1.什麼是補救？什麼是空服服務補救？

2.請舉例說明空服服務失誤的原因。

3.請說明空服服務補救的具體策略。

思考題

1.乘客自身原因造成的空服服務失誤還應該補救嗎？

2.服務補救與顧客忠誠度的關係。

第九章 空服服務職業素質及職業道德

本章導讀

服務水準和服務品質是一個航空公司形象的重要體現，一個優秀的空服人員要具有較高的素質，空服人員的職業素質決定了其服務水準的高低。本章全面闡述空服人員的職業素質和要求；結合實際情況介紹航空公司對空服人員的職業形象和職業規範的要求；最後，本章深入分析了空服人員的職業道德要求。透過本章學習，使讀者明確：空服服務不是一般的簡單服務，工作內容涉及向旅客介紹航線地標、機上設施、乘機常識；隨時滿足旅客的各種需求；客艙衛生的檢查、物品的增添擺放等。作為空中乘務人員，要有嫻熟的專業技術，較高的文化修養和豐富的社會知識。

重點提示

1.明確空服人員職業素質的概念與內涵，加深對空服服務工作的理解。

2.理解空服服務工作的職業特點，以及對空服人員的職業要求。

3.掌握空服人員應具備的職業形象和職業規範，並清楚提高空服人員職業素質的途徑。

4.瞭解空服人員應掌握的一些社會知識、專業知識和專業術語。

5.理解加強空服人員職業道德的意義並掌握主要的職業道德規範。

案例

旅客心臟病發作 乘務組緊急救治

大年初三，國航重慶公司4344航班陳冬梅乘務組從深圳飛往重慶，航班正常上客，旅客人數155人，就在飛機已退離登機橋時，後艙空服員陶柏圭向乘務

長陳冬梅報告有位旅客心臟病發作，要求下飛機。乘務長立即前往詢問情況、即時地報告了機長，並馬上通知地面有關醫務人員。

空服員從詢問中得知該旅客本來就有心臟病，但忘記帶藥了，稱乘務組預備的硝酸甘油沒有效果。此時，空服員們相互配合，有條不紊地展開了救治行動：陶柏圭已經打開了通風孔並解開了旅客的上衣扣，幫助她保持呼吸暢通，客艙裡滿滿的都是人，空氣很不好，為使空氣流通，她還拿起一本書輕輕地扇；侯媛媛在旁邊協助疏散圍觀的旅客，維持機艙秩序；空服員彭利平也在旁邊等著隨時接應幫忙。旅客的情況越來越糟，乘務長決定讓她含服一片硝酸甘油，能緩和一下也好。彭利平立即拿出早已準備好的藥迅速喂她服下。救護車趕來了，陶柏圭、侯媛媛、彭利平三人，兩人攙扶病人，一人抱氧氣袋，把她扶下了飛機。因外面風太大，病人一遇冷風就要倒地，三位空服員就蹲在地上，讓病人靠在她們身上，儘量讓她舒服。空服員與地面人員配合默契，搶救過程非常順利，直到即時趕來的地面醫護人員將病人接走。作為只飛了不到一個月的新空服員陶柏圭，在緊急情況下，絲毫不慌亂，非常沉穩地處理突發事件，應變能力強，條理非常清楚，體現了一名空服員應具備的素質。

第一節 空服人員的職業素質和要求

民航作為服務性行業，是宣傳文明禮儀、傳播文明理念、展示文明形象的重要窗口。空服人員服務水準的高低直接決定了航空公司的企業形象，提高空服人員的服務水準是各航空公司競爭的焦點，而空服人員的職業素質是關鍵。

作為空中乘務人員，要有強烈的事業心，熱愛自己的本職工作。要有嫻熟的專業技術，較高的文化修養和豐富的社會知識，反應靈敏，具有較好的語言表達能力，遇事沉著，處理問題果斷。每個空服員必須有團結協作的精神，大家都要有強烈的集體榮譽感，高度的責任感。

一、空服人員在民航運輸中的重要作用

（一）空服人員代表著航空公司的形象

如今，很多航空公司在招收空中乘務人員的時候非常重視外貌，並且很多航空公司把擁有美麗的空中空服員作為對外宣傳的重點，這確實吸引來了不少旅客，空中空服員成為公司形象的代言人，出現在各種大型廣告牌上，這樣既宣傳了公司，也為公司創造了經濟效益和社會效益。事實上，空服人員對航空公司的形象塑造非常重要，但其得體的語言、真誠的微笑、優質的服務更能使旅客有一種賓至如歸的感覺，對樹立一個航空公司的形象將造成至關重要的作用。可以說，空中服務人員的言談舉止、服務態度體現了航空公司的服務水準，代表了航空公司的形象。

（二）空服人員對飛機飛行安全方面的保障

飛行安全是衡量航空公司工作好壞的重要標誌，空中乘務人員在飛機上不但要為旅客提供熱情周到的服務，更重要的是提供機上安全的保證。飛機在飛行過程中，難免會出現緊急情況，這時，空中空服員的沉著冷靜給旅客帶來的將是信任和信心。空中空服員對旅客情緒的安撫可以避免旅客的驚慌，避免造成客艙的混亂，因此，空中空服員只有掌握一些應急常識，遇事沉著冷靜才能最大限度地降低旅客的損失乃至災難。

（三）空服人員對航空公司經濟效益的作用

空服服務是一種服務工作，與第三產業的其他服務一樣，屬於非生產勞動，是一種透過提供一定的勞務活動，提供一定的服務產品，創造特定的使用價值的勞動。目前，中國的航空服務已經逐漸對外開放，市場競爭日趨激烈，在供過於求的市場競爭中，只有提供優質的服務，才能夠吸引到更多的旅客，從而創造更多的經濟效益。

║ 二、空服服務工作的職業特點

在「全國乘務話民航」活動中調查顯示，有46.2%和28.3%的乘客認為空服的優質服務有利於樹立企業形象，促進公司經濟效益。這說明空服服務好壞，直

接影響著公司的生存和發展,所以,無論從自身工作小的方面,還是從航空公司、民航系統乃至國家形象這些大的方面來看,空服人員都應具有必備的職業禮儀修養。

（一）窗口性

空服服務是航空運輸中直接面對旅客的窗口,它直接代表著中國民航和各航空公司的形象。在激烈的市場競爭中,空服員服務品質的好壞,與航空公司的經濟效益密切相關。

（二）印象性

空服員的言談舉止、服務態度是給所有乘坐民航飛機旅客留下的第一印象。在一定程度上體現了一個國家、一個民族的精神面貌,是航空公司服務水準的重要體現。

（三）安全的保證

空服員不僅要在飛機上為旅客提供熱情周到的服務,更重要的是提供機上的安全保證,在任何特殊情況下,盡力減少旅客不必要的傷亡,這是乘務工作的一個重要特點。

（四）服務的特殊性

空服員在服務中要面對形形色色的旅客,這些旅客可能來自不同國家、不同地區,他們有不同職業、年齡、地位、不同風俗習慣,因此空服員要提高自己的文化修養,瞭解不同國家、不同地區的文化習俗,同時要掌握不同旅客的心理特點及需求,這樣才能做好服務工作。

三、空服人員職業素質和要求

案例

一位乘客的感受

「顧客是上帝」,但我所經歷的卻是截然相反的一面。我搭乘的某航空公司

從海口到廣州的晚班波音737客機，又延誤了，大家都拖著疲憊的腳步，無奈地等待著……終於到22：50登機了，來到機艙門口，那一個個空服都板著臉，都不HELPFUL，我們那個團老人家比較多，手裡都拿著幾袋的東西，但他們似乎沒有絲毫要幫忙的意思，都像竹竿似的站在一邊，沒等乘客完全坐好，感覺飛機已經開始滑行了，一位老大爺正要拿出手機（可能是通知家人來接機），一名短髮空服人員走過來語氣僵硬、凶巴巴地衝著老人家說：「老伯，請把手機關掉，在飛機上這可不是好玩的事情！」此話一出，老人家自然也非常不滿，於是老人就回駁，空服和老人吵起來了，這時另外兩位男空服員也走了過來。一位好打抱不平的女孩開始指責那空服的惡劣態度，說道：「人家是老人家，你這是什麼態度嘛？怎麼這樣說話？」想不到那男空服員惡狠狠地而且帶有威脅性地來了一句：「小姐，你注意一下你說話的口氣！」哦，天啊！究竟這些空服人員有沒有經過專業訓練啊？受不了了！這樣一個偌大的航空公司如果都是此般素質的服務人員，後果不堪設想！

應該說，目前中國航空運輸企業空中空服員的綜合素質還比較低，尤其與一些航空運輸發達的國家相比還有很大差距，這種差距源於對空中乘務的認識，表現為服務品質的差距，而這種差距從本質上說是由空服人員自身的素質造成的。一個優秀的空服人員應該能夠把服務看做自己工作中的一項職責，無論何時、何地都能在潛意識裡表現出來，其自身的素質表現出一種持久的和可持續發展的狀態，絕不會因一時工作激情的消失而消失，而能貫穿於乘務工作的始終。

（一）職業素質的概念

所謂素質，《現代漢語詞典》的解釋是：在心理學上指人的神經系統和感覺器官上先天的特點，即強調素質是一個人先天的品質。事實上，人的素質也可以透過後天的學習和實踐得到，而後天的影響也必然會造成一定的作用，因此，素質是在先天生成的基礎上，在後天教育和社會環境的影響中所獲得的知識、品德、才能、個性、心理等各方面狀態的總和。

簡單地說，職業素質是勞動者對社會職業瞭解與適應能力的一種綜合體現，從事本職工作，以及待人、接物、處事所應履行的職責。其主要表現在職業興

趣、職業能力、職業個性及職業情緒等方面。

影響和制約職業素質的因素很多，主要包括：受教育程度、實踐經驗、社會環境、工作經歷，以及自身的一些基本狀況（如身體狀況）等。一般說來，勞動者能否順利就業並取得成就，在很大程度上取決於本人的職業素質，職業素質越高的人，獲得成功的機會就會越多。

（二）空服人員的職業素質

空服人員應該具備基本的職業素質，空中空服員是公司的形象，同時也是和旅客直接進行交流的窗口。在遇到更改機型、航班延誤、服務不周等事件時，要具有較強的心理素質和應對能力，懂得換位思考，能以誠懇的態度和謙和的服務去感染客人，得到他們的理解，盡力避免因乘務工作的失誤而使公司形象受損。空服人員的職業素質包括：

1.業務素質

較強的業務素質是優秀空服人員素質的關鍵。要學習掌握空服人員基本的航空禮儀知識。空服人員的工作是一項難度較大、複雜而艱巨的工作，工作人員的能力和業務素質直接影響到對旅客服務的效率和服務效果。航空公司的旅客形形色色，出現的問題和性質各不相同，不允許空服人員在工作時墨守成規，相反，必須根據不同的時空條件採取相應的措施，予以合理處理。因此，要求空服人員必須具備較高的業務素質，充分發揮其主觀能動性和創造性。

一般說來，其業務能力主要表現在以下幾個方面：

（1）過硬的服務技能。在客艙服務過程中，空服人員對有關客艙安全管理規定要爛熟於心，並掌握各種緊急狀況的處理方法，保持客艙的環境衛生，為旅客提供令人滿意的餐飲服務，另外，還要針對特殊旅客的不同情況和要求，為其提供特色服務。這些技能是空服人員最基本的業務素質，把這些服務做到最佳，是獲得旅客滿意的基本條件。

（2）較強的組織協調能力和靈活的工作方法。空服人員應有計劃，有步驟地安排服務工作，提供讓乘客滿意的優質服務。在客艙服務過程中，掌握服務程

序，並靈活應付乘客可能出現的問題。由於乘客的職業、身分的不同，服務需求也不同，空中空服員應具有較強的觀察力和準確的判斷力，在與乘客短暫的交往中，透過乘客的著裝、表情、言談、舉止，判斷出乘客不同的服務需求，並在服務工作中有針對性地做好，使乘客滿意。

（3）正確分析、處理、解決問題，提高處理事故的能力。沉著分析，果斷決定，正確處理意外情況是空服人員最重要的能力之一。飛機在飛行時，客艙內可能出現的意外情況有很多，有可能是常規性的，有些可能是空服人員沒有經歷過的，能否妥善處理事故是對空服人員的嚴峻考驗。臨危不懼，頭腦清醒，遇事不亂，處理果斷，辦事利索，積極主動，隨機應變是空服人員處理事故應具備的能力。

2.文化素質

（1）語言知識。古人云：「工欲善其事，必先利其器。」空服人員若沒有過硬的語言能力，就根本談不上優質服務，若沒有扎實的語言功底，也不可能順利地進行文化交流，因而完成高水準的空服服務工作需要過硬的語言能力和扎實的語言功底，這要以豐富的語言知識為基礎。

（2）文化知識。文化知識包括歷史、地理、宗教、民族、風俗民情、風物特產、文學藝術、古典建築和園林等諸方面的知識。對文化知識的綜合理解、融會貫通和靈活運用，對空服人員來說具有特別重要的意義，它是一名合格空服人員的必備條件。目前，中國空服人員在這方面存在的主要問題是，知識面較窄或只求一知半解。

（3）美學知識。空服人員不僅要向旅客傳播知識，也要傳遞美的訊息，讓他們獲得美的享受。一名合格的空服人員要懂得什麼是美，知道美在何處，並善於用生動形象的語言向具有不同審美情趣的旅客介紹美，而且還要用美學知識指導自己的儀容、儀態，因為空服人員代表著國家（地區），其本身就是旅客的審美對象。中外航空公司對空服人員的審美標準有一定的差異，比較而言，一些中國國內航空公司更多地看重外在的東西，而國外航空公司更看重一個人內在的表達。如親和力、溝通技巧、服務意識、應變能力、誠實度、忠誠度。

（4）政治、經濟、社會知識。由於旅客來自不同國家的不同社會階層，他們中一些人往往對目的地的某些政治、經濟和社會問題比較關注，詢問有關政治、經濟和社會問題，有的人還常常把本國本地的社會問題同出訪目的地的社會問題進行比較。另外，在旅遊過程中，旅客隨時可能見到或聽到目的地的某些社會現象，也引發他們對某些社會問題的思考，要求空服人員給予相應的解釋。所以，空服人員掌握相關的社會學知識，熟悉國家的社會、政治、經濟體制，瞭解當地的風土民情、婚喪嫁娶習俗、宗教信仰情況和禁忌習俗等就顯得十分必要。

3.心理素質

心理素質是心理活動的綜合體現。在一個游泳池邊，一個年輕的女子正端著托盤為坐在水邊的幾個人服務。突然，一個男子起身將女子推入水中。這不是一次意外，這是一家外國航空公司招聘空服時的一道現場測試題，考查應試者的應變能力、心理素質和身體素質。

飛行反恐的現實需要也要求空服人員具有良好的心理素質。一旦飛機遇到緊急情況，一兩千人排成100公尺的長隊需要緊急疏散，空服人員不僅要自己保持冷靜，還要能夠安撫旅客的緊張情緒並迅速疏導旅客有序地離開，如果自己先嚇得腿發軟手直抖，那是肯定不行的。

4.身體素質

身體素質即體質，包括體育運動速度、耐力、靈活性、敏捷性等，是空服人員學習掌握其他素質的前提。空服服務本身要求乘務人員能夠適應較辛苦的工作，能夠在飛行中完成各種工作，這就對空服人員的身體素質提出了較高的要求。

（三）空服工作的職業要求

空中空服員的工作性質與一般的企業員工的工作性質是截然不同的，其服務對像是人而不是物。因而，對空中空服員的要求就更高。空服員要想真正擔當起服務工作的責任，做到優質服務，自身必須達到空服工作的職業要求。一名合格的空中空服員必須要有良好的文化修養和社會知識，具備過硬的服務技能和技

巧，才能做好服務工作。

空服服務有一套非常可行的職業規範要求，服務要求能夠做到標準化、規範化、程序化、制度化。為了符合職業規範的要求，空服人員應當具有較強的服務觀念和服務意識，能夠主動、熱情、周到、認真負責、任勞任怨地為乘客服務。

1.有較強的服務理念和服務意識

在激烈的市場競爭中，服務品質的高低決定了企業是否能夠生存，市場競爭的核心實際上是服務的競爭。民航企業最關心的是旅客。空服職業要求從業人員有較強的服務理念和服務意識，能夠意識到旅客的滿意是他們追求的目標。

2.要有良好的形象和言談舉止

希爾頓說過：「服務員的服飾、著裝、音容、笑貌乃至一舉一動都是產品質量的一部分。」

空服人員的儀表、著裝、言行、舉止不僅關係到公司企業的形象，而且代表著國家、民族的對外形象。每個空服員都是一個航空企業的形象窗口，傳播著企業的服務理念，服務文化及精神風貌，是一個航空企業贏得市場的有力資源。舉止是航空服務品質的重要部分，應體現時代對企業的要求。每個空服員都應以個人良好的文化素養、淵博的學識、精深的思維能力為核心，形成一種非凡的氣質和良好形象，自覺地把美麗、端莊、大方的外在形象特徵與專業化的服務形象特徵相結合，形成「內慧外秀」的良好空中空服員形象。

端莊大方的舉止和專業化形象不僅展示了服務人員的品質，也是維護民航和企業聲譽的內在要求，同時也體現出空服人員的職業價值、職業理想和愛崗敬業的精神。

3.有吃苦耐勞的精神

空服人員在人們的眼中是在空中飛來飛去的令人羨慕的職業，但在實際工作中卻承擔了人們所想不到的辛苦。飛遠程航線有時差的不同，飛國內航線有各種旅客的不同，工作中遇到的困難和特殊情況隨時都會發生，沒有吃苦耐勞的精神，就承受不了工作的壓力，做不好服務工作。

4.具備親和力

旅客選擇乘坐飛機旅行，就是要求得到安全、舒適、快捷的服務，這也是民航對社會的承諾。空中空服員作為空中服務的承擔者，其服務態度和技能至關重要。空中空服員應該具有較強的親和力，春風化雨。一個具有親和力的空服員，更容易拉近與乘客之間的距離，更容易被乘客所接受、所認可，更容易開展工作。同時，一個具有親和力的空服員，不僅僅讓乘客從視覺上感受到她的外在魅力，更能從內心深層次傳達出她的親切、善良與熱情。空中空服員應該養成熱情大方的性格。空中服務工作是一項與人直接打交道的工作，每天在飛機上要接觸上千名旅客，隨時需要與旅客進行溝通，沒有開朗的性格就無法勝任此項工作。

5.微笑服務

微笑服務是空服服務工作的職責所在。微笑服務，以向乘客奉獻愛心、奉獻熱情、奉獻親切友善，顯示出熱情待人、平等待人、尊重他人的職業操守和職業道德，顯示出空服服務的高品質。空服人員面部表情應當以微笑為主，養成微笑服務的意識。

微笑服務，是空中空服員維護民航和公司形象聲譽的內在要求。空中空服員是航空公司最直接也是受關注度最大的窗口，與乘客接觸最多，其形象、態度、行為、技能等直接具體地影響民航（航空公司）的聲望，空中空服員能否微笑服務，既反映著空中空服員個人的工作素養與工作狀態，也體現著民航（航空公司）的管理經營水準。

微笑服務，是空中空服員愛崗敬業、顧客至上的職業價值理念、理想的具體表現。做好空服服務工作，就要熱愛自己的崗位，尊敬自己的行業和事業，把乘客當成賓客，以賓客為上。微笑服務，是空中空服員自信、涵養、文明的內在特質在工作中的外現，也是個性形象的最佳體現途徑。展示自我形象和自我價值，展示對別人的尊重，把微笑當做禮物，慷慨地奉獻給乘客，就能營造出空中空服員與乘客之間和睦相處、共度旅途的美好氛圍。能否微笑服務，實際上成為一個空中空服員是否自信、有涵養和文明的表徵。

微笑要遵循一定的原則：主動微笑、自然大方微笑、真誠健康地微笑、掌握

微笑的最佳時機和微笑維持的原則、對微笑對像一視同仁。

6.與乘客有效溝通

空服人員要和形形色色的旅客打交道，在飛行中也可能遇到各種各樣的困難。因此，空服人員要善於和旅客交流和溝通，特別是掌握說話的技巧。乘務人員應當主動、積極、熱情地問候乘客。問候要清晰、柔和，注意問候的人物、時間及乘客的心情。

航空公司要求乘務人員語言得體簡約、舉止得當、服務規範，能夠針對不同乘客的實際情況和乘客實現有效溝通，要能夠婉轉表達否定的意思。面部表情應當和肢體動作保持一致，能夠機智地使用機艙服務用語，避免不當語言出現。

7.優雅的儀態儀表

乘務人員應當衣著整潔、樸素、高雅；要重視和保持良好的職業形象；必須有良好的個人衛生，保持整體儀容美觀。

第二節 空服人員的職業形象和行為規範

案例

紫色空姐服裝喜慶、典雅、時尚

有別於2005年張揚的黃色，廈航2006年的空姐服裝改走典雅制服的路線。這款兩件套的中式服裝融入了傳統中式服裝與空姐制服的元素，裡面為一件紫色及膝旗袍，外面則是一件織錦緞的明黃色外套，外套上繡有紫色祥雲和團花圖案，象徵春節的吉祥圓滿。整套服裝色彩協調，典雅而不刻板，喜慶而又莊重，個性卻不張揚，傳統融合著時尚。

一提起空姐，人們腦海中首先想到的詞就是「美麗大方、熱情端莊」。可見美好的空服人員職業形像在人們心中的份量。空服人員行為大方文雅，熱情莊重，就能在接觸旅客時使客人內心產生良好的感覺，提高旅客的滿意度，從而為航空公司贏得更多的回頭客。因此空服職業和其他職業相比，空服人員的職業形

象更加重要。

空服人員除了按照航空公司的要求著裝和規範自己的言行舉止，同時還要儘可能地培養自己良好的氣質，表現出良好的風度。由於人的性格不同，氣質不同，內在修養不同，行為習慣不同，每個人的氣質和風度也各不相同。良好的風度需要很長的時間來培養和鍛鍊，尤其需要空服人員在長期的飛行中提高自己的文化素質，注重本身性格的培養和自身的修養，將外在的美和內在的美相結合形成空服完美的形象。

空服服務有一套非常可行的職業規範要求，要求服務標準化、規範化、程序化、制度化。其中，空服員的行為規範，主要是指空服員在乘務工作中所表現出來的站立、行走、動作、姿態。空服員的站姿要保持身直、挺胸、兩肩平正，要給旅客留下挺拔、舒展、健康和美好的印象。空服員的行為規範體現一名空服員的性格和心靈，反映出空服員的文明程度和心理狀態。它是旅客評價空服員態度和航空公司面貌的重要標誌之一，一名合格的空服員，應該表現出空服員良好的行為規範。

禮儀是空中乘務人員職業素養的一個重要組成部分，熱情、友善、大方的形像已經在人們心目中形成了固定的職業形象，具有豐富的禮儀知識，完美的氣質修養對於更好地表現服務藝術，贏得旅客的滿意具有重要的意義。

┃ 一、禮儀修養的基本要求

禮儀是人際交往中約定俗成的行為規範與準則，是對禮貌、禮節、儀表、儀式等具體形式的統稱。禮貌是在人際交往中透過語言、動作表現出來的謙虛和恭敬，它主要表現出一個人的品質和修養。

禮節是人們在社交場合表現尊重、友好、祝福、哀悼等慣用的形式，禮節實際上是禮貌的具體體現。

禮儀具有共同性，它跨越國家和民族的界限，不分年齡、性別、種族、階層，只要人類存在交往活動，人們就要透過禮儀來表達彼此的感情和尊重。

但是，由於民族信仰、習俗、地理環境和交通條件等影響，各個國家、地區和民族都有自己的、區別於其他領域的禮儀表達方式。因此，禮儀也因地域、民族的不同表現出形式上的差異性。

（一）空服人員的個人衛生要求

儀表是一個人的精神面貌、內在氣質的外在表現，對儀表美的總體要求應該是：儀容整潔，舉止大方，端莊穩重，不卑不亢，態度誠懇，待人親切；服飾整潔；彬彬有禮。具體要求可以概括為以下幾個方面：

1.個人衛生良好

做到勤洗澡、勤換衣襪、勤漱口，身體不潔淨會有異味或汗味。上班前不能喝酒，不吃蔥薑、韭菜、洋蔥等有刺激性氣味的食物，保持牙齒清潔口氣清新。此外，還應注意小節，保持指甲清潔。

2.整體效果良好

儀表美應當是整體的美，強調的是整體效果。對空姐來說，端莊秀麗的外表讓人羨慕。但儀表美不僅僅如此，它是各方面因素的和諧統一。同時還要和舉止、言談、修養等相聯繫，應與自己的職業、身分、年齡、性格、體型相襯，與周圍環境場合相協調，講究和諧的整體效果。

3.追求秀外慧中

儀表美必須是內在美與外在美的和諧統一，要有美的儀表，必須從提高個人的內在修養入手。如果沒有文明禮貌、文化修養、知識才能這些內在素質作基礎，那麼所有外在的容貌、服飾、打扮、舉止都會使人感到矯揉造作，就會在道德、智慧、風度等方面打折扣，而不會給人以美感，「金玉其外、敗絮其中」，只能令人厭惡。

（二）儀表要求

儀表能表現出一個人的年齡、地位、財富、職業和文化。對初次交往的人來說，儀表又是一種重要的吸引因素。

空服的專業化形象是在日常生活中逐漸學習和養成的，學習禮儀的目的就是樹立和塑造空服的形象，這包括外在和內在的兩個方面，內在的包括素質的提高，心靈的美與醜。外在的提高包括儀容儀表、語言行為等。

空中空服員的儀表包括容貌、姿態、服飾和個人衛生等方面，它是空服人員精神面貌的外在表現。空中空服員的儀表不僅代表自身的形象，還代表著航空公司以及國家的形象，展示著人格和航空公司的信譽和尊嚴，同時體現著社會的文明程度、道德水準，反映著民族和時代的風貌。

空服員的儀表著裝、言行舉止，不僅關係著公司的企業形象，而且代表著國家、民族的對外形象，是一個航空企業贏得市場的有力資源，應體現時代對企業的要求。

案例

南方航空公司空姐的新形象

據介紹，新制服設計方案是從來自法國、日本、澳大利亞、中國香港地區和內地的15家設計單位37份設計方案中挑選出來的，是法國著名服裝設計師的設計方案。但是，新制服在設計上充分體現了東方文化，整體採用了天青藍色和玫粉紅色，展現出具有國際競爭力的世界級航空公司的新風采。

1.面容及化妝

（1）女空服員在執行航班任務時化妝應以淡雅、清新、自然為宜。工作妝絕不可濃妝艷抹，不使用不健康顏色及亮彩色的口紅，口紅也不可塗得過於鮮紅。在飛行中應注意隨時補妝，保持良好的精神面貌，保持手和指甲修剪整潔。這樣可以給旅客一種飽滿的精神狀態。不佩戴過大的飾物、時裝手錶，不在旅客面前補妝、修飾。

（2）空姐在面部修飾時要注意衛生問題，認真保持面部的健康狀況，防止由於個人不講究衛生使面部經常疙疙瘩瘩或長滿痤瘡。

（3）注意面部局部的修飾，保持眉毛、眼角、耳部、鼻部的清潔，不要當眾擤鼻子、挖耳朵。

（4）注意口腔衛生，堅持刷牙、洗牙，在上飛機的前一天不吃帶味的食物。

（5）注意手部的美化，手和手指甲應隨時保持清潔，要養成勤洗手的好習慣，尤其在飛機上進洗手間後一定要洗，手上要經常擦潤膚霜，以保持手部的柔軟，要養成經常剪指甲的好習慣，不要將指甲留得過長，給旅客一種不衛生的感覺。

2.服飾

服飾是人體的外在包裝，它包括衣、褲、裙、帽、襪、手套及各種配飾。服飾是一種無聲的語言，它體現了一個人的個性、身分、涵養及其心理狀態，直接代表了一個人的品格。

空服人員的服飾，不同於其他職業的服飾，航空公司有關服飾往往作出相應規定，空服人員必須在飛行時按規定著裝。值勤時，同一航班乘務組空服員可根據航線季節、天氣變化及個人身體素質著裝。

乾淨整潔的服裝會給旅客帶來清新舒服的感覺。在著工作服時，應保持工作服乾淨整潔，每次上飛機前，應將工作服熨燙平整，工作裝不允許出現皺紋、殘破、汙漬、髒物、異味。皮鞋應保持光亮、無破損。著制服時須扣好紐扣。在為旅客提供餐飲服務時要戴圍裙，保持圍裙熨燙平整、乾淨。

3.髮型

空服員身著制服時，要注意保持髮型整潔美觀、大方自然、統一規範、修飾得體。髮型以乘務業務規定的標準髮型為主，不留怪異髮型。

（1）女空服員髮型

①以髻髮、短髮、盤髮、捲髮四種髮型為準；

②燙髮不得蓬亂，要求美觀、自然、修飾得體；

③短髮最短不得低於耳垂底部，最長不得超過襯衫領；

④瀏海長度保持在眉毛上方；

⑤染髮只可以染成均勻的自然黑色或自然棕黑色。

（2）男空服員髮型

以平頭、分頭、背頭為主，隨時保持整潔。雙側鬢角不得蓋住雙耳，前側頭髮保持在眉毛上方，頭髮不得長於襯衫衣領。不留鬍鬚。

‖ 二、行為規範

良好的儀態是一種規範、一種修養、一種風度，它與美好的容貌相比是更深層次的美。空服員在工作期間應保持良好的體態，合理使用形體語言。

（一）空服員站、坐、行走、蹲姿應大方、得體、規範

1.站姿規範

站立是人們生活中最常見的姿勢之一，是別人關注度最大的方面。也是空服基本功之一。站姿要求挺拔優雅，即「站如松」。

2.坐姿規範

坐是舉止的主要內容之一，正確的坐姿給人安詳穩重的印象。坐姿文雅並非一項簡易的技能，坐姿不正確，不但不美觀，而且還使身體畸形。優美的坐姿的基本要求是「坐如鐘」。

3.走姿規範

人的行走相對於站、坐、蹲等姿勢來說，具有一個明顯的特點，就是行走是一種動態體型美，是一種流動的姿態造型美。所以，走姿美具有獨特的特點。即：「行如風」，走起路來像風一樣的輕。

4.其他姿勢及儀態

空服員在工作區域應著裝大方。與旅客、領導、同事相遇，應微笑示意、駐足讓道、主動問好，指示方位時五指併攏，自然明確。

空服員在任何時候均以禮貌平和的方式講話。工作交談應耐心輕聲，避免旅

客聽到、誤解。

上下樓梯時要保持身體的自然向上挺直。下樓梯前要停一停，掃視樓梯後，用感覺來掌握行走的快慢高低，沿梯而下。不要低頭看梯，而是眼睛平視前方。

低頭取物品時或拾起落在地上的東西時，最好走近物品，上體正直、單腿下蹲，利用蹲和屈膝的動作，慢慢地向下拿取，以顯文雅，不要只彎上身，翹臀。

（二）注意避免不雅動作行為

不雅的動作行為一定要避免，下面是一些基本提示：

在眾人之中，應力求避免從身體內發出的各種異常的聲音。

參加航班服務前，不宜吃帶有強烈刺激性氣味的食物（如蔥、蒜、韭菜、洋蔥等），以免因口腔異味而引起服務對象的不悅。

公共場合不得用手抓撓身體的任何部位。不要當眾抓耳撓腮、挖鼻孔、搓泥垢。若身體不適非做不可，則應去洗手間完成。

在人群集中的地方特別要注意與交談者低聲細語，聲音的大小以不引起他人注意為宜。

對陌生人不要盯視或評頭品足。當他人作私人談話時，不可接近。他人需要自己幫助時，要盡力而為。見別人有不幸之事，不可有嘲笑、起鬨之舉動。自己的行為妨礙了他人應致歉。得到別人的幫助應該立即致謝。

‖ 三、空服人員的行為原則

1.保持良好精神面貌的原則

空服服務中只有保持愉快的心情，為旅客服務時動作才會親切、笑容才不會虛假。因此要在服務中一直保持著良好的精神面貌和愉快的心情，特別是面對個別旅客的無禮煩擾時。把旅客當親人，在為旅客服務中尋找樂趣，這樣在服務中才不是應付，服務動作才會最美。

2.保持良好姿態不鬆懈的原則

空服人員的儀表儀態是經過長期訓練和堅持養成的，必須注意其保持性和一貫性，不能是訓練時良好，工作時差。空服人員應該嚴格遵守服務程序和標準，長期不鬆懈。

3.保持穩定和平衡的原則

空服人員無論在艙門口迎賓、還是在客艙內為乘客放取行李、在飛行途中為乘客服務等工作中，保持穩定和平衡都非常重要。否則，不僅會影響空服形象，甚至會出現傷害自己或傷害旅客的嚴重事故，如碰傷、摔傷、燙傷等。

第三節 空服人員的服務職責

┃ 一、客艙空服員職責

（1）乘務長應全程監控服務工作、客艙安全，並確保服務品質。乘務人員應認真履行各崗位職責，瞭解本區域旅客的特殊要求，完成好空中服務工作。

（2）客艙空服員按照分工負責本區域旅客的服務工作，服務中嚴格按照本公司服務程序，瞭解本區域旅客的特殊要求，有針對性地做好服務工作。

（3）負責本服務區內的客艙、廁所衛生的檢查、物品的增添、空中廁所衛生的清潔、書報雜誌的擺放、整理和分發。

（4）乘務人員應微笑禮貌服務，使用文明敬語，主動與旅客交談溝通。按照客艙部下發的服務計劃、程序提供各類服務。提供各類服務時，應同時配合語言的服務。應為頭等艙、公務艙和CIP旅客提供姓氏服務並按其需求提供餐飲服務；主動向旅客介紹航線地標、機上設備、乘機知識、耐心細緻地回答詢問。

（5）適時調節客艙溫度和燈光，保持環境安靜、舒適、清潔。

（6）遇有飛機延誤，應即時廣播原因，空服員到客艙安撫旅客，延誤20分鐘以上需為旅客加水。地面等待期間，如果客艙溫度較高，應隨時為旅客加水，乘務長應按延誤服務標準為旅客提供服務，協助旅客解決相關問題。

‖ 二、廚房空服員職責

（1）廚房區域空服員應保持廚房清潔，物品安放符合客艙安全要求，操作動作要輕。

（2）根據飛行時間、開餐時間、地區溫差，合理冷藏餐食、酒類及飲品。

（3）參照食品特性合理調節溫度、時間，烘烤餐食。

（4）一等艙、公務艙瓷餐具要保溫。

（5）認真檢查、填寫供應品回收單，並按規定鉛封。

（6）負責管理廚房內食品、供應品的檢查，確保餐食及其他食品的質量。

（7）熟練掌握廚房設備的使用方法、負責廚房區域內安全設備的檢查，起飛、落地時按規定關閉廚房電源，放置好廚房用品。

（8）做好餐飲服務工作的各項準備工作，按照規定烘烤餐食，保持冷熱飲及餐食的溫度。

（9）確保廚房整潔、餐具乾淨無汙物、各種物品擺放整齊美觀。

（10）與客艙服務員搞好配合，按公司服務工作分工做好客艙服務工作。

‖ 三、廣播員職責

（1）在主任乘務長的領導下，除完成本服務區域的服務工作外，同時承擔客艙內的廣播服務。

（2）在航班上，按照本公司規定的廣播內容，適時向旅客進行中、外文廣播。如廣播介紹《知音卡》和機上衛星電話。

（3）遇有航班延誤、顛簸等特殊情況時，即時用中、外文廣播通知旅客。

（4）廣播時，要親切、熱情，發音準確、清晰，語調柔和，廣播速度聲音適中。

▌ 四、消防員職責

（1）消防員在執行任務中除執行本區域職責外，還要在機長領導下負責機上的消防滅火工作，即時消除火情隱患。

（2）消防員必須熟悉主貨艙滅火設備，內話機系統，緊急設備的位置及操作使用方法，併負責貨艙隔煙門的鑰匙。

（3）起飛前，檢查貨艙內的設備、行李有無鬆散，如不符合要求，應立即報告機長。

（4）飛行中，不得少於30分鐘檢查主貨艙區域。

（5）如火已撲滅，客艙或主貨艙如果有煙，應在機長的指揮下排煙。

第四節 空服人員職業素質的提高

北京申奧成功，中國加入世貿組織都是民航事業快速發展的機遇。據估算，在2005年—2020年15年間，中國民航將淨增就業崗位50萬個～70萬個。每年需增加空港、地勤服務人員4萬～5萬人。同時，全國各航空公司有相當數量的自然減員，都需要大量專業服務人員即時補充。

目前在中國，有很多正在規劃建設和即將建設的中、小型機場。飛機、機場越多，需要的空服、安檢、民航運輸與管理、民航商務英語等專業的畢業生越多。近年來，已有多家大學開設了空中乘務專業，民航企業也陸續吸收大學生到空中乘務崗位，使空中乘務人員的文化素質得到較大提高，這與航空企業的市場化轉型幾乎是同步實現的。但是面對服務行業的高速發展，中國空中乘務人員的服務意識、人員素質、服務能力已明顯不能適應航空發展的需求，空中服務人員的技能和素質還需要提高。民航企業日益激烈的競爭和乘客對服務不斷提高的要求，對空服人員的職業素質和業務能力提出了挑戰，那麼如何提高空服人員的素質呢？

‖ 一、提高空服人員入門的門檻

小資料

某航空公司空服招聘條件

1.學歷

女：空中乘務專業中專以上畢業生，其他專業招收全日制大專（含）以上畢業生。英語本科畢業生（優先考慮擇優錄取）；韓語或日語熟練，空中乘務專業中專以上畢業生（優先考慮擇優錄取）。

男：空中乘務專業中專以上畢業生，其他專業招收全日製大專（含）以上畢業生。

謝絕在校學生報考，現場報到時必須出具畢業證原件。

2.語言

（1）普通話標準不低於國家標準的二級水準：要求聲韻母發音清楚，方言語調不明顯；

（2）現場報到時出示外語等級證書原件，要求符合下列條件之一：

a.英語本科畢業生須取得專業英語四級證書且口語流利；

b.非英語專業本科畢業生須取得大學英語四級證書且口語流利；大專畢業生須透過英語應用能力A級考試（相當於大學英語三級水準）或取得大學英語三級以上水準的英語證書，口語流利；

c.日語專業畢業生須取得《日語能力測試3級》以上證書；

d.母語為韓語的朝鮮族畢業生須同時具有較高英語或日語水準（或其他外語特長）；

e.無外語證書應聘者，須參加筆試英語。

3.年齡

年滿18週歲（未婚），具體年齡要求如下：

乘務專業中專畢業生、其他專業大專畢業生，不超過23歲；

本科畢業生，不超過24歲。

4.外形

女：五官端正，面容較好，氣質佳；

男：五官端正，體格健康。

5.身高

女：1.65公尺～1.72公尺

男：1.75公尺～1.85公尺

6.體重

女：〔身高（cm）-110（cm）〕（kg）（正負10%以內）

男：〔身高（cm）-105（cm）〕（kg）（正負10%以內）

7.體檢標準

符合中國民用航空總局頒布的CCAR67FS空服員體檢標準。

重點要求：

a.外觀無畸形，如「X」形腿、「O」形腿、無四環素牙等；

b.身體裸露部分無疤痕、無傳染性疾病、無腋臭等；

c.視力：無色盲，無色弱。

①（女）空服員遠視力標準：達到中國民用航空總局行業標準，矯正遠視力達到0.5（C字表）及以上；

②（男）安全員遠視力標準：每眼未矯正遠視力應達到0.7（C 字表）或以上方可評定為合格；若佩戴任何形式的矯正鏡則評定為不合格。

8.最低政審要求

①未受到刑事處罰和勞動教養處罰；

②未正在被國家機關偵察、起訴、審判；

③無其他嚴重違法行為；

④未參加非法組織；

⑤現實表現良好，品行端正；

⑥無精神病史。

詳情根據民航總局的有關規定執行。

航空公司挑選空服人員時內容包括：

1.面視。五官端正、膚色好；身材勻稱；性格開朗、舉止端莊。

例如，空姐的建議身高為 160cm～172cm。下身長應超過上身長2cm以上。

2.體檢。因為空中服務需要個體長期空中作業，所以空服人員需要具備良好的生理與心理條件。空姐應具有良好的心理品質和社會適應能力，身體狀況可以滿足空中服務工作的需要。不應有先天性或後天獲得性異常疾病和活動的、潛在的、急性或慢性的疾病，以及創傷、損傷或手術後遺症。

3.特殊條件。包含對精神、神經系統、呼吸系統、循環系統、消化系統、泌尿生殖系統、造血系統、新陳代謝、免疫、內分泌系統、運動系統的全面檢查，對皮膚及其附屬器、眼及其附屬器、耳鼻咽喉及口腔的全面檢查。

4.文化及綜合素質的考核。包括語言、地理、歷史等知識的考核。

5.情景模擬。以實際的行為組成，現場考核空服人員的表達能力、反應能力和心理素質等。

目前，很多航空公司出於對公司形象的考慮，在招收服務人員時總是比較注重外表，如容貌、身高、體重、形體等。而對內在的知識以及素養在招聘和選拔的時候考核的不多，所以導致了僅僅利用親和的外表來吸引旅客。為了航空公司的利益和航空公司的發展，在招收服務人員時，不能僅僅以外貌取人，更關鍵的

是要求有高素質、有內涵的人來從事這項工作。

外航招收中國空姐對外在條件的要求寬鬆得多，更注重心理素質等內在素養。據瞭解，外航的初選空姐條件為：未婚、身體健康、品貌端莊、視力良好、身高不低於1.60公尺、年齡20週歲至26週歲之間、大專以上學歷、能講標準的普通話和英語。

案例

廈航——不設高學歷門檻

「我們這次招聘的人員都是從事服務行業，沒必要設置過高的學歷門檻。」廈門航空有限公司的康先生對記者說。廈航要招聘55人，其中空服人員30人，機務員25人。機務員要求學歷在大專以上，而空服人員只要中專以上，在整個招聘會現場，很難再找到像廈航對應聘人員如此低的學歷要求。

廈航採用的是現場面試初選，把基本符合條件的同學的簡歷留下，然後另選時間進行筆試和全面的面試，擇優錄取。招聘會開始兩個多小時的時間裡，廈航對三四十位同學進行初選，但留在招聘人員手中的簡歷並不太多。康先生說：「我們是抱著很大期望來的，當然希望能招到最滿意的！」

‖ 二、培訓

案例

挪威航空公司使用Saba的學習系統培訓員工

Saba宣布，挪威最大的航空公司SAS Braathens使用Saba的學習管理系統為員工培訓飛行安全方面的在線課程。

由於「911事件」的影響，歐盟要求其成員國的所有航空從業人員必須接受培訓，以應對航空安全中的恐怖事件，因此航空業目前面臨巨大的安全培訓需求，以順應複雜的調整和規則變化。SAS Braathens已經購買了Saba的企業在線學習系統來幫助其員工的培訓和資格認證，讓初學者透過虛擬的飛行環境向有經驗

的員工學習。使用在線培訓方式，可以使員工不用脫離工作崗位而得到培訓。

應用在線學習系統對許多人來說是個新的挑戰，其中主要是學習觀念方面的。SAS人力資源系統的IT技術負責人說，「這是一個新的思維方式，需要克服障礙來使用戶使用學習系統，SAS Braathens用了兩個面授課為參與培訓的員工介紹課程。到目前為止，這個課程的培訓取得了很大的成功，有大約90%的人使用這個學習系統。」

培訓一直被認為是服務利潤鏈中的關鍵部分，同時也是服務企業成功的一個關鍵因素。提升空服人員的素質，提高招收空服人員的要求是必要的，但是對在崗空服人員的要求也是不可以放鬆的。培訓是必需的，而不是可選的。即使在經濟情況不好時，也不能被省去。每個人都要接受培訓。從辦公室助理、包裹處理員到普通空服員，都要接受培訓。

例如，新加坡航空高度重視培訓，這是他們人力資源和服務戰略方面的重點。他們在培訓方面的花費很多。新加坡航空公司，對待培訓幾乎到了虔誠的程度。任何時候，不管你有多老，你都要學習，包括高級副總裁，都要經常被送去培訓。新加坡航空在基礎設施和技術方面投入了大量的資金。新加坡航空特別重視培訓一線的員工，培訓的一個重點是訓練一線員工的能力，讓他們能處理客戶高期望帶來的高標準要求及其帶來的壓力。

（一）對新來的員工培訓

航空公司應開設相關的培訓班，對剛錄用的招聘者培訓，對他所從事的工作和公司的情況進行培訓，使他們盡快熟悉工作、適應崗位的需要。並充分瞭解他應盡的義務和職責及公司的相關制度和航班、航線知識。

訊息卡

均　集團上海吉祥航空有限公司大規模新員培訓

均　集團上海吉祥航空有限公司大規模新員培訓於2006年7月開始，集團人力資源部與吉祥航空人力資源部分別於12日、20日組織兩次大規模的新員工入職典禮暨新員工培訓。兩次培訓的人數總計達到130餘人，涵蓋客艙部、安全標

準監察部、維修工程部、運行控制部、商務部、行政管理部等11個部門的新入職員工，其中大部分為應屆本科畢業生。

在培訓期間，新員工參觀了位於均　國際廣場37　樓的創業展示廳，直觀地瞭解了均　的創業歷程，感受到均　集團的創業精神；系統地學習了行政辦公規範、人事管理制度、財務報銷流程等公司相關的制度。當天贏得新員工最多掌聲的，是安監部顧問李世遠所做的航空安全講座。他以理論和案例相結合的講課方式，充分調動了新員工的聽課積極性；以寓教於樂的形式，將航空安全這一航空公司最為緊要的理念深深地印入了每個聽課學員的心中。

（二）在職培訓

對在職的員工進行培訓是為了使員工透過學習不斷提高業務素質和服務水準，從而達到新的工作目標要求。培訓可以採用多種形式，如可以透過一些活動，提高航空公司員工的道德水準，提高應變能力，增強團隊協作精神。目前，中國空服人員的培訓機構一般有三大部分，納入國民高等教育體系的空服專業教育（包括招收應屆高中生和地方大學學生的大學專科教育），職業培訓機構開展的專業教育，以及中外民航院校與航空企業合作的聯合職業培訓。

案例

鷹聯航空公司市場部員工體驗式素質培訓紀實

為增強團隊凝聚力，鷹聯航空公司市場部全體員工於2006年11月3日～4日在龍泉陽光體育城參加了體驗式素質拓展培訓，公司相關部門也受邀參加了此次培訓。鷹聯航空公司市場部開展此次活動是以塑造團隊合作精神，訓練人際溝通協調能力，挖掘個人潛力和培養頑強鬥志為目的的學員透過培訓獲得一些知識和感悟，提升自身素質，為團隊創造了效益。60多名學員組成了由他們自己命名的「金鷹隊」、「鷹姿隊」、「飛虎隊」、「彩虹隊」四個隊，並為自己的團隊設計了隊旗、隊歌和隊呼以鼓舞士氣，參加了針對「團隊文化、智慧的流露，增強隊員歸屬感及凝聚力」、「溝通和發揮團隊協作能力」、「如何適應陌生環境、確定分享目標、正確下達及接受指令」、「合理利用資源、學會傾聽、學習方法、計劃的重要性」、「讓學員找到歸屬感、學會感恩」、「有效的溝通訊息

及信任」、「在特定環境下完成訊息傳遞」等項目設計的「旗人旗事」、「信任背摔」、「盲人方陣」、「過電網」、「叢林危機」、「人造機車」、「烽火時代」、「把信送給加西亞」等活動的體驗培訓，學員們透過自己的參與和領會，明白了概念與活動內容的關係，再經培訓老師的層層分析，從而深刻感悟到個人與團隊的關係，檢視自己的心態，反省自己的信念和管理決策模式，跨越障礙，縮短行為與目標的差距。

（三）職能培訓和綜合知識培訓

職能培訓是訓練員工具體工作的技能，使他們在技術方面有足夠的能力和信心。如核心的職能培訓：機艙服務、飛行操作、商業培訓、IT、安全、機場服務培訓和工程。綜合知識培訓是指語言（如外語）、歷史、宗教、救助等相關知識的培訓。

（四）考核和激勵

對航空公司人員的考核和激勵也是提高航空素質的一個重要手段。一般來説航空公司對員工的考核包括對員工的品行的考核、工作態度的考核、素質的考核、能力的考核以及工作適應性的考核。

在考核的基礎上給員工激勵。如很多航空公司透過實行各個層面的崗位聘任制度和員工考核制度，改革薪酬分配製度，有效激發員工的工作積極性和創造性，提高航空服務技能。有的航空公司將空姐受到乘客投訴的次數直接與其收入掛鉤，這樣能夠使空姐在為乘客服務時以乘客滿意為目標，提高了乘客的滿意度。

第五節 空服人員職業道德規範

案例

冰冷的態度

在踏上某航空公司飛機的那一刻，我不曾在飛機上看到任何有關新年的跡

象，倒是在空服員臉上找到了當天天氣的跡象（比較冷）。現在走在飛機過道上的好像是一家人，老老少少打扮得十分國際化，大大小小的行李也不少，他們在各自的座位邊的走道上停下來開始放行李，後面人因此不得不放慢前進的步伐，這時空服員的聲音響起：「麻煩把過道讓一下！」她的聲音因為生硬的力度需要用一個驚嘆號來形容，她的臉也毫不示弱——拉得細細長長。

停在過道最前面的是這一家人的老頭老太太，他們在齊心協力地用四隻手把行李往行李架上推，後面的隊伍完全停了下來，站在一旁的空服員開始催促了：「麻煩把過道讓一下！」隨著停止的時間延長，空服員的生硬也升級了，索性「麻煩」二字也省去了。但她嚴厲的命令對於老人來說是不奏效的，或者說在心理上是奏效的，兩位老人被催得有些誠惶誠恐了，但在行動上卻是不奏效的，人不夠高，行李對他們來說似乎太重，四隻手推了一分多鐘也沒推進去，老人後面一位男乘客放完自己行李後擠到老人後面幫忙推，見通道完全被堵死，空服員這才伸出了一隻手比較專業地調整了一下行李的位置，行李這才被推進了行李架。

我在靠窗的座位上坐了下來，一坐下就感覺頭頂一陣涼颼颼的，抬頭找了一下，沒有找到可以關閉風源的按鈕。默默地忍受了幾分鐘之後，覺得吹得太冷了，原本有些就感冒咳嗽，怕身體承受不了，便按了一下服務呼叫按鈕，一個空服員過來了。

「是你嗎？什麼事？！」她氣勢洶洶地問道。

這種沒禮貌的態度讓我有些震驚，同時看到她臉上的「驚嘆號」已經由於極度的不耐煩扭曲成了「S」形了，而且她的簡潔到不用禮貌詞的口吻馬上讓我覺得我不應該叫她。這讓我感覺到我面對的不是一個空服員而是一個在課堂上抓到學生搞小動作的老師，這著實讓我感到有些不安，我帶著原本有些感冒的嗓音小聲說：「能不能幫我把風關掉？有些冷。」

「什麼？」她沒有聽清楚，反問。

「風，有風，空調風。」我邊說邊用手指了指頭頂。

她終於明白怎麼回事，用手去探我頭頂上方的三個空調調節鈕，可是感覺風

不是從那裡吹出來的，所以她的手移到後面一排座位上方的調節鈕，這時非常滑稽的一幕出現了，她說：「是風啊，你可以叫後面的人幫你關一下嘛！」

我聽到她這麼一說有些愣住了，我試圖讓自己明白我為什麼不能叫她來做這件事。我找不到答案，就說：「能不能給我拿一條毛毯？」

「沒有毛毯，短途航線！」她說，依然是「S」形的臉，依然是冷酷的簡潔語。我的腦袋再一次短路了，因為我要在這短短幾個字中找到毛毯和距離之間的邏輯關係，但是無論我怎麼思考，毛毯似乎還是只和溫度有關。

當我還在努力尋找毛毯和距離之間的關係時，後面的女乘客實在看不過去了，生氣地對旁邊的人說：「短途航線沒有毛毯，哪有這樣的道理！」

飛機客艙服務是民航運輸服務的重要組成部分，它直接反映了航空公司的服務品質。在激烈的航空市場競爭中，直接為旅客服務的空中乘務人員，對航空公司占領市場，贏得更多的回頭客起著至關重要的作用。空中空服員除了具備一定的職業素質之外，還應具有相當的職業道德，這樣才能真正贏得乘客。

‖ 一、職業道德的內涵及養成

（一）職業道德的內涵

職業道德是指從事一定職業的人，在職業活動中必須遵循的行為規範和行為準則。職業道德的主要內容，從道義上規定人們以什麼樣的思想、感情、態度、作風和行為對待自己的工作。提倡職業道德，對維護社會正常秩序，促進社會風氣好轉以及提高個人的道德素養等方面起著積極的作用。

職業道德和社會道德有著密切的聯繫。職業道德是一般社會道德的特殊形式，是社會道德的主體部分，是指從業人員在職業活動中應該遵守的、主要依靠社會輿論、傳統習慣和內心信念來維持的行為規範的總和，是一般社會道德在職業工作領域中的具體體現。

（二）良好職業道德的養成

職業道德養成要有五個基本因素，即職業認識、職業感情、職業意志、職業信念、職業行為和習慣，即在不斷提高職業認識的基礎上，逐步加深職業感情，磨煉職業意志，進而堅定信念，以養成良好的職業行為和習慣，達到具有高尚職業道德的目的。

1.提高職業認識

就是要按照職業道德的要求，深刻認識自己所從事的職業的性質、地位和作用，明確服務的對象、操作規程和達到的目標，認識自己在職業活動中應該承擔的責任和義務，以提高熱愛本職工作的自覺性。

2.培養職業感情

就是在提高熱愛本職工作的基礎上，從高處著想，低處著手，一點一滴地培養自己的職業感情，以不斷加深對自身職業的光榮感和責任感。

3.磨煉職業意志

就是要求從事職業活動和履行職業職責的服務人員，在給客人提供優質服務的過程中，為了達到職業理想，要有堅強的意志，克服和解決各種矛盾，處理好內外的人際關係，從而在職業崗位上作出貢獻。

4.堅定職業信念

要求在不同崗位上的服務人員，不僅幹一行、愛一行、專一行，而且要堅定職業理想和信念。崗位沒有貴賤之分，關鍵在於在工作中出類拔萃，為實現職業理想而堅持不懈。

5.養成良好的職業行為和習慣

行為和習慣是在職業認識、情感、意志和信念的支配下所採取的行為，經過反覆實踐，當良好的職業行為成為自覺的行動而習以為常的時候，就形成職業習慣。

以上各個因素之間，是相互聯繫、相互作用、相互促進的，只有透過所有職業因素的相互作用，從業者才能達到良好的職業道德目的。

‖ 二、空服人員職業道德

（一）空服人員職業道德的內涵

空服人員職業道德是指從事空服服務的人員，在空服服務過程中必須遵循的行為規範和行為準則。

人的基本的道德品質和空服這個職業本身的職業道德要求是空服人員職業道德的兩個基本內涵。其中，人的基本的道德品質是基礎，空服職業的道德要求是基本特徵。

空服人員的職業道德不專指職業品德方面的行為標準，這只是狹義上的。從現代意義上講，空服人員除了具備應有的職業品德外，還應有足夠的業務能力和服務技巧。空中空服員要熱愛民航事業，具有高度的工作責任心和全心全意為人民服務的精神，忠於職守，熱愛乘務工作，具有良好的工作態度和責任心。在服務中做到主動、熱情、周到、有禮貌。工作作風應該是誠信嚴實，認真負責。

（二）空服人員職業道德的作用

1.職業道德是提高航空公司利潤的重要力量

空服職業道德共同的基本要求是愛崗、敬業。當員工確立了相應的職業道德，並將它變為自己的信念、義務與榮譽感時，就能正確地認識和處理個人與乘客、個人與航空公司的利益關係，就可以在工作中發揮自己的積極性與創造性，為航空公司的利益貢獻更大的力量。

2.職業道德是形成航空公司良好形象的重要因素

航空公司的形象是公眾對航空公司特色的綜合反映。特別是由於空服人員直接與乘客打交道，航空公司的形象很大程度上是空服人員在為乘客服務中逐漸在人們心中樹立起來的。職業道德要求空服人員為客人服務，講道德，履行自己的職業義務，注意禮儀，為乘客提供優質服務，這樣才可能在服務的同時，形成一種良好的社會關係和社會形象。

3.可以使乘務人員在工作和生活中不斷地自我完善

　　一個員工是否成才，能否成為優秀的乘務人員，主要依靠職業生活實踐中的學習和鍛鍊，職業道德是職業生活的指南，幫助選擇具體的人生道路，形成具體的人生觀和職業理想。歷史和現實告訴人們，一個員工能否成才，並不在於優越的客觀條件，而在於他是否具有高尚的職業道德。忠於職守、愛崗敬業、團結等優良品質，可以使一名乘務人員在他的事業道路上迅速成才。

‖ 三、空服職業道德的主要規範

1.遵紀守法，敬業愛崗

　　這是空服人員正確處理個人與集體，個人與社會，個人與國家的一種行為準則。空服人員必須遵守國家的法律、法規，自覺地執行行業和所在航空公司的各項規章制度，嚴格按空服服務操作規程辦事。

　　熱愛本職工作，一個人如果熱愛自己所從事的事業，就會把對事業的追求作為自己的奮鬥目標，就會刻苦鑽研業務，不斷開拓自己的知識領域，增強自己的服務技能，為乘客提供高質量的服務。

　　空服人員應將個人的抱負與事業的成功緊密結合起來，立足本職工作，刻苦鑽研業務，不斷進取，全身心地投入到工作之中，熱情地為旅客提供服務。

　　此外，空服人員在思想道德方面還要有高尚的情操，力求做到「財賄不足以動其心，爵祿不足以移其志」，更不能做違法亂紀的事。

2.樹立「乘客至上」的服務觀念

　　空服員要真正認識到「在我們的社會裡，人人都是服務對象，人人又都在為他人服務」的道理，真正把服務工作當做一項高尚的事業來經營。

　　經常開展「假如我是一名乘客」這樣的討論活動，把自己放到乘客的位置上，設身處地地想一想，乘客需要什麼，空服員應該怎樣服務。

　　空服人員心中有乘客，把乘客看成客人、朋友、親人，想乘客之所想，急乘客之所急，有了這種境界，諸如善解人意，熱情周到，任勞任怨等種種美德，就

會在實際工作中表現出來。反之，即使有淵博的知識，高超的技能，笑容再美，也不會做好空中服務工作，更不會受到乘客的歡迎。

根據航空服務的特點，堅持「主動服務，得理讓人」的服務原則。「主動服務」就是要求空服員在工作中做到勤宣傳，勤流動，勤服務，善於觀察乘客的心理動態，主動為乘客排憂解難。「得理讓人」是避免和個別乘客發生爭吵，使賓客有賓至如歸的感覺的好辦法，具體體現在主動、熱情、耐心、周到四個方面。

主動：全心全意、自覺地把服務工作做在客人提出要求之前。

熱情：如親人一樣，微笑，態度和藹，言語親切，動作認真，助人為樂。

耐心：做到問多不厭，事多不煩，遇事不躁，發生矛盾時，嚴於律己，恭敬謙讓。

周到：處處關心，幫助客人排憂解難，使賓客滿意。

3.好學上進，提高業務

好學上進，提高業務是空服人員的一項重要職業道德規範。只有豐富的業務知識和熟練的職業技能以及過硬的基本功，才能為乘客提供優質服務，才能盡到自己的職業責任，才能為企業贏得聲譽，才能為航空公司發展作出貢獻。

好學上進，提高業務，也就成了一種道德義務，不能只將其理解為一種業務要求。只有這樣的空服人員才能為乘客提供優質服務，盡到職業責任，同時求得自身發展，進而達到道德知行統一的要求。提高服務技巧和技術水準，虛心學習，幹一行，愛一行，專一行，並運用到工作實踐中，不斷改進操作技能，提高服務品質。

4.團結協作，顧全大局

空服人員正確處理同事之間、個人和集體之間以及局部利益與整體利益之間，眼前利益與長遠利益之間等相互關係，要本著團結協作，顧全大局的道德規範。它要求空服人員，擺正個人、集體、國家三者的關係，自覺做到個人利益服從集體利益，局部利益服從整體利益，眼前利益服務長遠利益。這是一種較高的

道德要求，但又是在空服職業活動中經常遇到的，而且要妥善解決的問題，每個人都須以此為準則，並在自己的職業實踐中努力做到。只有這樣，才能維護航空公司的整體形象，給客人提供優質服務。

5.樹立文明禮貌的職業風尚

（1）有端莊、文雅的儀表。

（2）使用文明禮貌、準確生動、簡練親切的服務語言。

（3）尊老愛幼，關心照顧殘疾客人和年邁體弱的客人。

（4）嚴格遵守服務紀律，各項服務按操作程序和操作細則進行。

（5）在接待中講究禮節、禮貌。

小資料

優秀空服員應具備的品格

優秀空服員大多具備五種優秀的個人品格，即：責任心、愛心、包容心、同情心和耐心。

優秀空服員具備的第一種品格——責任心

通俗地講，責任心就是一個人自覺地把分內的事情做好。乘務工作既是服務工作，也是安全工作，既關係到航空公司服務水準的高低，更關係到旅客生命和國家財產的安全，責任重大，需要空服員以高度的責任心認真對待，可以說，責任心是一名優秀空服員應該具備的最基本條件。同時，乘務組的構成和乘務服務工作的特點也要求空服員必須具有高度的責任心。目前公司大部分乘務組是根據任務要求臨時組成的一個團隊，乘務組員之間的相互瞭解本身就有侷限，加之客艙服務工作中的號位限制，使乘務長在客艙中的監管難以時時到位，這就要求空服員以高度的責任心，自覺地履行好自己的職責，做好分內的工作和其他空服員之間的相互配合，為優質服務打好基礎。另外，乘務服務工作靈活性較強的特點也決定了優秀的空中服務有賴於服務人員強烈的責任心。完成乘務服務規定的程序只是走了乘務工作最基本的一步，真正優秀的服務需要空服員發揮主觀能動

性，竭力滿足旅客的合理需求，甚至服務在旅客開口之前。就要達到這樣的標準，空服員沒有高度的責任心是不可能實現的。

優秀空服員具備的第二種品格——愛心

空服員的愛心首先是對空中服務工作本身的熱愛。熟悉空中服務工作的人都知道，看似高雅、輕鬆的乘務工作實際是非常勞累和枯燥的工作，如果沒有建立在對乘務工作深刻理解基礎上的熱愛，就很難長久地保持對這份工作的激情和熱情。具體地說，對乘務工作的熱愛就是要甘於平凡，樂於助人——要能夠從枯燥的安全檢查中，認識到簡單的動作對於數以千萬計的旅客生命和國家財產的重要性；從繁複累贅的端茶送水中感受到人性關懷的溫暖；從日復一日的迎來送往中體會到人與人的尊重，從而真正理解空服工作的意義。只有對乘務工作的熱愛，才能吸引空服員積極探索服務工作中的有關知識，激發他們的工作熱情，克服工作中的各種困難。從這個意義上說，對服務工作本身的熱愛是空服員搞好優質服務的原動力。

服務是人際交往，優質服務是愉快的人際交往，是美好的情感在人與人之間的共鳴，而愛心是美好情感的基礎。一個優秀的空中服務員，他首先應該是一個與人為善、充滿愛心的人，以愛心為基礎的服務才是真誠的服務。如果沒有真摯的愛心，只依靠技能、技巧來服務的空服員，永遠不可能真正為航空公司留住旅客，也不可能成為一名優秀的空服員。

優秀空服員的第三種品格——包容心

一個優秀的空服員一定是一個可以包容旅客的「過失」的人。空服員和旅客的關係是一種特殊的人際關係。從「旅客」這個特殊的身分來看，他的言行只需向法律、法規負責，而空服員除了必須對法律負責之外，還要向公司條規、職業道德、社會公德、甚至旅客的感受負責，因此，這種人際關係沒有「公平」可言。旅客作為相對的「自由人」，可以在法律規章允許的範圍內、在自己的道德認知水準上提出自己的需求，宣洩個人的情緒，這些需求和情緒完全可能超出普通人的心理承受範圍，給別人帶來傷害，而作為空服員卻必須能夠包容這一般人難以理解的言行，要具有超過普通人對傷害的接受度——這就考驗著空服員的包

容心。

包容心是空服員的職業需要，包容心不僅可以化解空服員與旅客之間的不快，還能化解空服員工作和生活中的負面情緒，使之保持陽光心態，在任何時候都快樂而積極地為旅客服務。

優秀空服員的第四種品格——同情心

英國著名哲學家培根說：「同情是一切內在的道德和尊嚴中最高的美德。」同情心就是當他人有困難或遭到不幸時，自己的內心世界產生出的一種不好受、憐憫，進而想在道義上、方法上或物質上幫助他人解決困難的內心感受，是感人之所感，甚至是人與人之間的一種互相的「心靈感應」。服務工作面對的旅客來自天南海北，他們有著不同的背景和經歷，當他們聚集在客艙這個特殊的空間裡，會有各種不同的心理感受。一般來說，初次乘機的旅客希望得到空服員不動聲色的即時指點來化解緊張的情緒和茫然的感覺；生病的旅客需要特意的關照和問候來克服病痛和不安；無人陪伴兒童旅客需要更多的陪伴來抵禦陌生環境下的孤獨感；老年旅客需要即時的幫助以避免手腳不便造成的困難和尷尬……富有同情心的空服員能夠從旅客的舉止言談中敏銳地察覺到不同旅客的困難和需求，即時提供細心、周到、有針對性的服務。在服務實踐中，有很多例子證明：富有同情心的空中空服員能夠很好地展示優質服務的魅力，從而使服務工作達到令人「動心」的效果。

優秀空服員的第五種品格——耐心

耐心是空服員在工作中化解矛盾的一種重要素質。我們說優質服務是服務三元素所共同營造的和諧統一的美好境界，在服務的三元素中，最難把握的就是服務對象——旅客的情緒和舉動。要使旅客在旅程中愉快、自然地配合空服員的工作，需要空服員不厭其煩地關注和滿足旅客的合理需求，即時化解出現的問題和矛盾，努力營造一種積極解決問題的氛圍感染旅客。尤其是在航班飛行不正常、旅客情緒激動的情況下，更需要空服員以極大的耐心來安慰或感動旅客。

耐心也是使空服員把「職業要求」轉化成為「職業素質」的一種動力。從乘務學員到職業空服員再到優秀空服員，每個人都有一段距離需要跨越，這期間必

然有這樣或那樣的困難和阻力，能否最終跨越則需要空服員保持足夠的耐心，只有耐得住辛苦、委屈、壓抑、枯燥和誘惑的人才最終能夠堅持到成功。

本章小結

1.本章全面闡述了空服人員職業素質的內涵，並對空服人員應具備的政治、業務、文化、心理、身體素質等進行了分析。

2.本章結合實際介紹了航空公司對空服人員的職業形象和職業規範的要求。

3.本章說明了空服人員的職業道德規範及養成良好職業道德的主要因素。

4.本章分析了提高空服人員職業素質的途徑。

思考與練習

複習題

1.空服人員的職業素質要求有哪些？

2.舉例說明空服人員的行為規範。

3.航空公司應該採取什麼措施來提高空服人員的職業素質？

思考題

1.空服人員的職業形象對於航空公司來說有什麼樣的意義？

2.如何提高空服人員的職業道德？

國家圖書館出版品預行編目(CIP)資料

空服服務概論 / 高宏、安玉新、王化峰、薛兵旺 編著. -- 第一版.
-- 臺北市 : 崧博出版 : 崧燁文化發行，2019.02

  面 ; 公分
POD
ISBN 978-957-735-681-9(平裝)

1.航空勤務員 2.航空運輸管理

557.948   108001904

書　名：空服服務概論

作　者：高宏、安玉新、王化峰、薛兵旺 編著

發行人：黃振庭

出版者：崧博出版事業有限公司

發行者：崧燁文化事業有限公司

E-mail：sonbookservice@gmail.com

粉絲頁　　　　　網　址：

地　址：台北市中正區重慶南路一段六十一號八樓 815 室

8F.-815, No.61, Sec. 1, Chongqing S. Rd., Zhongzheng

Dist., Taipei City 100, Taiwan (R.O.C.)

電　話：(02)2370-3310 傳　真：(02) 2370-3210

總經銷：紅螞蟻圖書有限公司

地　址：台北市內湖區舊宗路二段 121 巷 19 號

電　話:02-2795-3656　　傳真:02-2795-4100　網址：

印　刷：京峯彩色印刷有限公司（京峰數位）

　　　本書版權為旅遊教育出版社所有授權崧博出版事業股份有限公司獨家發行
電子書及繁體書繁體字版。若有其他相關權利及授權需求請與本公司聯繫。

定價：500元

發行日期：2019 年 02 月第一版

◎ 本書以POD印製發行